PERZISCH

WOORDENSCHAT

THEMATISCHE WOORDENLIJST

NEDERLANDS
PERZISCH

De meest bruikbare woorden
Om uw woordenschat uit te breiden en
uw taalvaardigheid aan te scherpen

9000 woorden

Thematische woordenschat Nederlands-Perzisch - 9000 woorden

Door Andrey Taranov

Woordenlijsten van T&P Books zijn bedoeld om u woorden van een vreemde taal te helpen leren, onthouden, en bestudering. Dit woordenboek is ingedeeld in thema's en behandelt alle belangrijk terreinen van het dagelijkse leven, bedrijven, wetenschap, cultuur, etc.

Het proces van het leren van woorden met behulp van de op thema's gebaseerde aanpak van T&P Books biedt u de volgende voordelen:

- Correct gegroepeerde informatie is bepalend voor succes bij opeenvolgende stadia van het leren van woorden
- De beschikbaarheid van woorden die van dezelfde stam zijn maakt het mogelijk om woordgroepen te onthouden (in plaats van losse woorden)
- Kleine groepen van woorden faciliteren het proces van het aanmaken van associatieve verbindingen, die nodig zijn bij het consolideren van de woordenschat
- Het niveau van talenkennis kan worden ingeschat door het aantal geleerde woorden

T&P Books Publishing
www.tpbooks.com

ISBN: 978-1-78716-722-3

Dit boek is ook beschikbaar in e-boek formaat.
Gelieve www.tpbooks.com te bezoeken of de belangrijkste online boekwinkels.

PERZISCHE WOORDENSCHAT
nieuwe woorden leren

T&P Books woordenlijsten zijn bedoeld om u te helpen vreemde woorden te leren, te onthouden, en te bestuderen. De woordenschat bevat meer dan 9000 veel gebruikte woorden die thematisch geordend zijn.

- De woordenlijst bevat de meest gebruikte woorden
- Aanbevolen als aanvulling bij welke taalcursus dan ook
- Voldoet aan de behoeften van de beginnende en gevorderde student in vreemde talen
- Geschikt voor dagelijks gebruik, bestudering en zelftestactiviteiten
- Maakt het mogelijk om uw woordenschat te evalueren

Bijzondere kenmerken van de woordenschat

- De woorden zijn gerangschikt naar hun betekenis, niet volgens alfabet
- De woorden worden weergegeven in drie kolommen om bestudering en zelftesten te vergemakkelijken
- Woorden in groepen worden verdeeld in kleine blokken om het leerproces te vergemakkelijken
- De woordenschat biedt een handige en eenvoudige beschrijving van elk buitenlands woord

De woordenschat bevat 256 onderwerpen zoals:

Basisconcepten, getallen, kleuren, maanden, seizoenen, meeteenheden, kleding en accessoires, eten & voeding, restaurant, familieleden, verwanten, karakter, gevoelens, emoties, ziekten, stad, dorp, bezienswaardigheden, winkelen, geld, huis, thuis, kantoor, werken op kantoor, import & export, marketing, werk zoeken, sport, onderwijs, computer, internet, gereedschap, natuur, landen, nationaliteiten en meer ...

INHOUDSOPGAVE

UITSPRAAKGIDS

T&P fonetisch alfabet	Perzisch voorbeeld	Nederlands voorbeeld
['] (ayn)	[da'vā] دعوا	stemhebbende faryngale fricatief
['] (hamza)	[ta'id] تایید	glottisslag
[a]	[ravad] رود	acht
[ā]	[ātaš] آتش	aan, maart
[b]	[bānk] بانک	hebben
[č]	[čand] چند	Tsjechië, cello
[d]	[haštād] هشتاد	Dank u, honderd
[e]	[ešq] عشق	delen, spreken
[f]	[fandak] فندک	feestdag, informeren
[g]	[logo] لوگو	goal, tango
[h]	[giyāh] گیاه	het, herhalen
[i]	[jazire] جزیره	bidden, tint
[j]	[jašn] جشن	jeans, jungle
[k]	[kāj] کاج	kennen, kleur
[l]	[limu] لیمو	delen, luchter
[m]	[mājarā] ماجرا	morgen, etmaal
[n]	[norvež] نروژ	nemen, zonder
[o]	[golf] گلف	overeenkomst
[p]	[operā] اپرا	parallel, koper
[q]	[lāqar] لاغر	liegen, gaan
[r]	[raqam] رقم	roepen, breken
[s]	[sup] سوپ	spreken, kosten
[š]	[duš] دوش	shampoo, machine
[t]	[tarjome] ترجمه	tomaat, taart
[u]	[niru] نیرو	hoed, doe
[v]	[varšow] ورشو	beloven, schrijven
[w]	[rowšan] روشن	twee, willen
[x]	[kāx] کاخ	licht, school
[y]	[biyābān] بیابان	New York, januari
[z]	[zanjir] زنجیر	zeven, zesde
[ž]	[žuan] ژوئن	journalist, rouge

11

AFKORTINGEN
gebruikt in de woordenschat

Nederlandse afkortingen

abn	-	als bijvoeglijk naamwoord
bijv.	-	bijvoorbeeld
bn	-	bijvoeglijk naamwoord
bw	-	bijwoord
enk.	-	enkelvoud
enz.	-	enzovoort
form.	-	formele taal
inform.	-	informele taal
mann.	-	mannelijk
mil.	-	militair
mv.	-	meervoud
on.ww.	-	onovergankelijk werkwoord
ontelb.	-	ontelbaar
ov.	-	over
ov.ww.	-	overgankelijk werkwoord
telb.	-	telbaar
vn	-	voornaamwoord
vrouw.	-	vrouwelijk
vw	-	voegwoord
vz	-	voorzetsel
wisk.	-	wiskunde
ww	-	werkwoord

Nederlandse artikelen

de	-	gemeenschappelijk geslacht
de/het	-	gemeenschappelijk geslacht, onzijdig
het	-	onzijdig

BASISBEGRIPPEN

Basisbegrippen Deel 1

1. Voornaamwoorden

ik	man	من
jij, je	to	تو

hij, zij, het	u	او
wij, we	mā	ما
jullie	šomā	شما
zij, ze	ān-hā	آنها

2. Begroetingen. Begroetingen. Afscheid

Hallo!	salām	سلام
Goedemorgen!	sobh bexeyr	صبح بخیر
Goedemiddag!	ruz bexeyr!	روز بخیر!
Goedenavond!	asr bexeyr	عصربخیر

gedag zeggen (groeten)	salām kardan	سلام کردن
Hoi!	salām	سلام
groeten (het)	salām	سلام
verwelkomen (ww)	salām kardan	سلام کردن
Hoe gaat het met u?	haletān četowr ast?	حالتان چطور است؟
Hoe is het?	četorid?	چطورید؟
Is er nog nieuws?	če xabar?	چه خبر؟

Tot ziens! (form.)	xodāhāfez	خداحافظ
Doei!	bāy bāy	بای بای
Tot snel! Tot ziens!	be omid-e didār!	به امید دیدار!
Vaarwel!	xodāhāfez!	خداحافظ!
afscheid nemen (ww)	xodāhāfezi kardan	خداحافظی کردن
Tot kijk!	tā bezudi!	تا بزودی!

Dank u!	motešakker-am!	متشکرم!
Dank u wel!	besyār motešakker-am!	بسیار متشکرم!
Graag gedaan	xāheš mikonam	خواهش می کنم
Geen dank!	tašakkor lāzem nist	تشکر لازم نیست
Geen moeite.	qābel-i nadārad	قابلی ندارد

Excuseer me, ... (inform.)	bebaxšid!	ببخشید!
excuseren (verontschuldigen)	baxšidan	بخشیدن

zich verontschuldigen	ozr xāstan	عذر خواستن
Mijn excuses.	ozr mixāham	عذرمی خواهم

Het spijt me!	bebaxšid!	ببخشید!
vergeven (ww)	baxšidan	بخشیدن
Maakt niet uit!	mohem nist	مهم نیست
alsjeblieft	lotfan	لطفاً

Vergeet het niet!	farāmuš nakonid!	فراموش نكنید!
Natuurlijk!	albate!	البته!
Natuurlijk niet!	albate ke neh!	البته كه نه!
Akkoord!	besyār xob!	بسیارخوب!
Zo is het genoeg!	bas ast!	بس است!

3. Hoe aan te spreken

Excuseer me, ...	bebaxšid!	ببخشید!
meneer	āqā	آقا
mevrouw	xānom	خانم
juffrouw	xānom	خانم
jongeman	mard-e javān	مرد جوان
jongen	pesar bače	پسر بچه
meisje	doxtar bačče	دختربچه

4. Kardinale getallen. Deel 1

nul	sefr	صفر
een	yek	یک
twee	do	دو
drie	se	سه
vier	čāhār	چهار

vijf	panj	پنج
zes	šeš	شش
zeven	haft	هفت
acht	hašt	هشت
negen	neh	نه

tien	dah	ده
elf	yāzdah	یازده
twaalf	davāzdah	دوازده
dertien	sizdah	سیزده
veertien	čāhārdah	چهارده

vijftien	pānzdah	پانزده
zestien	šānzdah	شانزده
zeventien	hefdah	هفده
achttien	hijdah	هیجده
negentien	nuzdah	نوزده

twintig	bist	بیست
eenentwintig	bist-o yek	بیست ویک
tweeëntwintig	bist-o do	بیست ودو
drieëntwintig	bist-o se	بیست وسه
dertig	si	سی

eenendertig	si-yo yek	سی ویک
tweeëndertig	si-yo do	سی ودو
drieëndertig	si-yo se	سی وسه

veertig	čehel	چهل
eenenveertig	čehel-o yek	چهل ویک
tweeënveertig	čehel-o do	چهل ودو
drieënveertig	čehel-o se	چهل وسه

vijftig	panjāh	پنجاه
eenenvijftig	panjāh-o yek	پنجاه ویک
tweeënvijftig	panjāh-o do	پنجاه ودو
drieënvijftig	panjāh-o se	پنجاه وسه

zestig	šast	شصت
eenenzestig	šast-o yek	شصت ویک
tweeënzestig	šast-o do	شصت ودو
drieënzestig	šast-o se	شصت وسه

zeventig	haftād	هفتاد
eenenzeventig	haftād-o yek	هفتاد ویک
tweeënzeventig	haftād-o do	هفتاد ودو
drieënzeventig	haftād-o se	هفتاد وسه

tachtig	haštād	هشتاد
eenentachtig	haštād-o yek	هشتاد ویک
tweeëntachtig	haštād-o do	هشتاد ودو
drieëntachtig	haštād-o se	هشتاد وسه

negentig	navad	نود
eenennegentig	navad-o yek	نود ویک
tweeënnegentig	navad-o do	نود ودو
drieënnegentig	navad-o se	نود وسه

5. Kardinale getallen. Deel 2

honderd	sad	صد
tweehonderd	devist	دویست
driehonderd	sisad	سیصد
vierhonderd	čāhārsad	چهارصد
vijfhonderd	pānsad	پانصد

zeshonderd	šešsad	ششصد
zevenhonderd	haftsad	هفتصد
achthonderd	haštsad	هشتصد
negenhonderd	nohsad	نهصد

duizend	hezār	هزار
tweeduizend	dohezār	دوهزار
drieduizend	se hezār	سه هزار
tienduizend	dah hezār	ده هزار
honderdduizend	sad hezār	صد هزار
miljoen (het)	milyun	میلیون
miljard (het)	milyārd	میلیارد

6. Ordinale getallen

eerste (bn)	avvalin	اولین
tweede (bn)	dovvomin	دومین
derde (bn)	sevvomin	سومین
vierde (bn)	čāhāromin	چهارمین
vijfde (bn)	panjomin	پنجمین
zesde (bn)	šešomin	ششمین
zevende (bn)	haftomin	هفتمین
achtste (bn)	haštomin	هشتمین
negende (bn)	nohomin	نهمین
tiende (bn)	dahomin	دهمین

7. Getallen. Breuken

breukgetal (het)	kasr	کسر
half	yek dovvom	یک دوم
een derde	yek sevvom	یک سوم
kwart	yek čāhārom	یک چهارم
een achtste	yek panjom	یک هشتم
een tiende	yek dahom	یک دهم
twee derde	do sevvom	دو سوم
driekwart	se čāhārrom	سه چهارم

8. Getallen. Eenvoudige berekeningen

aftrekking (de)	tafriq	تفریق
aftrekken (ww)	tafriq kardan	تفریق کردن
deling (de)	taqsim	تقسیم
delen (ww)	taqsim kardan	تقسیم کردن
optelling (de)	jam'	جمع
erbij optellen	jam' kardan	جمع کردن
(bij elkaar voegen)		
optellen (ww)	ezāfe kardan	اضافه کردن
vermenigvuldiging (de)	zarb	ضرب
vermenigvuldigen (ww)	zarb kardan	ضرب کردن

9. Getallen. Diversen

cijfer (het)	raqam	رقم
nummer (het)	adad	عدد
telwoord (het)	adadi	عددی
minteken (het)	manfi	منفی
plusteken (het)	mosbat	مثبت
formule (de)	formul	فرمول
berekening (de)	mohāsebe	محاسبه

tellen (ww)	šemordan	شمردن
bijrekenen (ww)	mohāsebe kardan	محاسبه کردن
vergelijken (ww)	moqāyse kardan	مقایسه کردن

Hoeveel?	čeqadr?	چقدر؟
som (de), totaal (het)	jam'-e kol	جمع کل
uitkomst (de)	natije	نتیجه
rest (de)	bāqimānde	باقیمانده

enkele (bijv. ~ minuten)	čand	چند
weinig (bw)	kami	کمی
restant (het)	baqiye	بقیه
anderhalf	yek-o nim	یک و نیم
dozijn (het)	dojin	دوجین

middendoor (bw)	be do qesmat	به دو قسمت
even (bw)	be tāsavi	به تساوی
helft (de)	nim	نیم
keer (de)	daf'e	دفعه

10. De belangrijkste werkwoorden. Deel 1

aanbevelen (ww)	towsie kardan	توصیه کردن
aandringen (ww)	esrār kardan	اصرار کردن
aankomen (per auto, enz.)	residan	رسیدن
aanraken (ww)	lams kardan	لمس کردن
adviseren (ww)	nasihat kardan	نصیحت کردن

afdalen (on.ww.)	pāyin āmadan	پایین آمدن
afslaan (naar rechts ~)	pičidan	پیچیدن
antwoorden (ww)	javāb dādan	جواب دادن
bang zijn (ww)	tarsidan	ترسیدن
bedreigen (bijv. met een pistool)	tahdid kardan	تهدید کردن

bedriegen (ww)	farib dādan	فریب دادن
beëindigen (ww)	be pāyān resāndan	به پایان رساندن
beginnen (ww)	šoru' kardan	شروع کردن
begrijpen (ww)	fahmidan	فهمیدن
beheren (managen)	edāre kardan	اداره کردن

beledigen (met scheldwoorden)	towhin kardan	توهین کردن
beloven (ww)	qowl dādan	قول دادن
bereiden (koken)	poxtan	پختن
bespreken (spreken over)	bahs kardan	بحث کردن

bestellen (eten ~)	sefāreš dādan	سفارش دادن
bestraffen (een stout kind ~)	tanbih kardan	تنبیه کردن
betalen (ww)	pardāxtan	پرداختن
betekenen (beduiden)	ma'ni dāštan	معنی داشتن
betreuren (ww)	afsus xordan	افسوس خوردن
bevallen (prettig vinden)	dust dāštan	دوست داشتن
bevelen (mil.)	farmān dādan	فرمان دادن

17

bevrijden (stad, enz.)	āzād kardan	آزاد کردن
bewaren (ww)	hefz kardan	حفظ کردن
bezitten (ww)	sāheb budan	صاحب بودن

bidden (praten met God)	do'ā kardan	دعا کردن
binnengaan (een kamer ~)	vāred šodan	وارد شدن
breken (ww)	šekastan	شکستن
controleren (ww)	kontorol kardan	کنترل کردن
creëren (ww)	ijād kardan	ایجاد کردن

deelnemen (ww)	šerekat kardan	شرکت کردن
denken (ww)	fekr kardan	فکر کردن
doden (ww)	koštan	کشتن
doen (ww)	anjām dādan	انجام دادن
dorst hebben (ww)	tešne budan	تشنه بودن

11. De belangrijkste werkwoorden. Deel 2

een hint geven	sarnax dādan	سرنخ دادن
eisen (met klem vragen)	darxāst kardan	درخواست کردن
excuseren (vergeven)	baxšidan	بخشیدن
existeren (bestaan)	vojud dāštan	وجود داشتن
gaan (te voet)	raftan	رفتن

gaan zitten (ww)	nešastan	نشستن
gaan zwemmen	ābtani kardan	آبتنی کردن
geven (ww)	dādan	دادن
glimlachen (ww)	labxand zadan	لبخند زدن
goed raden (ww)	hads zadan	حدس زدن

grappen maken (ww)	šuxi kardan	شوخی کردن
graven (ww)	kandan	کندن

hebben (ww)	dāštan	داشتن
helpen (ww)	komak kardan	کمک کردن
herhalen (opnieuw zeggen)	tekrār kardan	تکرار کردن
honger hebben (ww)	gorosne budan	گرسنه بودن

hopen (ww)	omid dāštan	امید داشتن
horen (waarnemen met het oor)	šenidan	شنیدن
huilen (wenen)	gerye kardan	گریه کردن
huren (huis, kamer)	ejāre kardan	اجاره کردن
informeren (informatie geven)	āgah kardan	آگاه کردن

instemmen (akkoord gaan)	movāfeqat kardan	موافقت کردن
jagen (ww)	šekār kardan	شکار کردن
kennen (kennis hebben van iemand)	šenāxtan	شناختن
kiezen (ww)	entexāb kardan	انتخاب کردن
klagen (ww)	šekāyat kardan	شکایت کردن

kosten (ww)	qeymat dāštan	قیمت داشتن
kunnen (ww)	tavānestan	توانستن

lachen (ww)	xandidan	خندیدن
laten vallen (ww)	andāxtan	انداختن
lezen (ww)	xāndan	خواندن

liefhebben (ww)	dust dāštan	دوست داشتن
lunchen (ww)	nāhār xordan	ناهار خوردن
nemen (ww)	bardāštan	برداشتن
nodig zijn (ww)	hāmi budan	حامی بودن

12. De belangrijkste werkwoorden. Deel 3

onderschatten (ww)	dast-e kam gereftan	دست کم گرفتن
ondertekenen (ww)	emzā kardan	امضا کردن
ontbijten (ww)	sobhāne xordan	صبحانه خوردن
openen (ww)	bāz kardan	باز کردن
ophouden (ww)	bas kardan	بس کردن
opmerken (zien)	motevajjeh šodan	متوجه شدن

opscheppen (ww)	be rox kešidan	به رخ کشیدن
opschrijven (ww)	neveštan	نوشتن
plannen (ww)	barnāmerizi kardan	برنامه ریزی کردن
prefereren (verkiezen)	tarjih dādan	ترجیح دادن
proberen (trachten)	talāš kardan	تلاش کردن
redden (ww)	najāt dādan	نجات دادن

rekenen op …	hesāb kardan	حساب کردن
rennen (ww)	davidan	دویدن
reserveren (een hotelkamer ~)	rezerv kardan	رزرو کردن
roepen (om hulp)	komak xāstan	کمک خواستن
schieten (ww)	tirandāzi kardan	تیراندازی کردن
schreeuwen (ww)	faryād zadan	فریاد زدن

schrijven (ww)	neveštan	نوشتن
souperen (ww)	šām xordan	شام خوردن
spelen (kinderen)	bāzi kardan	بازی کردن
spreken (ww)	harf zadan	حرف زدن

stelen (ww)	dozdidan	دزدیدن
stoppen (pauzeren)	motevaghef šodan	متوقف شدن

studeren (Nederlands ~)	dars xāndan	درس خواندن
sturen (zenden)	ferestādan	فرستادن
tellen (optellen)	šemordan	شمردن
toebehoren aan …	ta'alloq dāštan	تعلق داشتن

toestaan (ww)	ejāze dādan	اجازه دادن
tonen (ww)	nešān dādan	نشان دادن

twijfelen (onzeker zijn)	šok dāštan	شک داشتن
uitgaan (ww)	birun raftan	بیرون رفتن
uitnodigen (ww)	da'vat kardan	دعوت کردن
uitspreken (ww)	talaffoz kardan	تلفظ کردن
uitvaren tegen (ww)	da'vā kardan	دعوا کردن

13. De belangrijkste werkwoorden. Deel 4

vallen (ww)	oftādan	افتادن
vangen (ww)	gereftan	گرفتن
veranderen (anders maken)	avaz kardan	عوض کردن
verbaasd zijn (ww)	mote'ajjeb šodan	متعجب شدن
verbergen (ww)	penhān kardan	پنهان کردن
verdedigen (je land ~)	defā' kardan	دفاع کردن
verenigen (ww)	mottahed kardan	متحد کردن
vergelijken (ww)	moqāyse kardan	مقایسه کردن
vergeten (ww)	farāmuš kardan	فراموش کردن
vergeven (ww)	baxšidan	بخشیدن
verklaren (uitleggen)	touzih dādan	توضیح دادن
verkopen (per stuk ~)	foruxtan	فروختن
vermelden (praten over)	zekr kardan	ذکر کردن
versieren (decoreren)	tazyin kardan	تزیین کردن
vertalen (ww)	tarjome kardan	ترجمه کردن
vertrouwen (ww)	etminān kardan	اطمینان کردن
vervolgen (ww)	edāme dādan	ادامه دادن
verwarren (met elkaar ~)	qāti kardan	قاطی کردن
verzoeken (ww)	xāstan	خواستن
verzuimen (school, enz.)	qāyeb budan	غایب بودن
vinden (ww)	peydā kardan	پیدا کردن
vliegen (ww)	parvāz kardan	پرواز کردن
volgen (ww)	donbāl kardan	دنبال کردن
voorstellen (ww)	pišnahād dādan	پیشنهاد دادن
voorzien (verwachten)	pišbini kardan	پیش بینی کردن
vragen (ww)	porsidan	پرسیدن
waarnemen (ww)	mošāhede kardan	مشاهده کردن
waarschuwen (ww)	hošdār dādan	هشدار دادن
wachten (ww)	montazer budan	منتظر بودن
weerspreken (ww)	moxalefat kardan	مخالفت کردن
weigeren (ww)	rad kardan	رد کردن
werken (ww)	kār kardan	کار کردن
weten (ww)	dānestan	دانستن
willen (verlangen)	xāstan	خواستن
zeggen (ww)	goftan	گفتن
zich haasten (ww)	ajale kardan	عجله کردن
zich interesseren voor ...	alāqe dāštan	علاقه داشتن
zich vergissen (ww)	eštebāh kardan	اشتباه کردن
zich verontschuldigen	ozr xāstan	عذر خواستن
zien (ww)	didan	دیدن
zijn (ww)	budan	بودن
zoeken (ww)	jostoju kardan	جستجو کردن
zwemmen (ww)	šenā kardan	شنا کردن
zwijgen (ww)	sāket māndan	ساکت ماندن

14. Kleuren

kleur (de)	rang	رنگ
tint (de)	teyf-e rang	طيف رنگ
kleurnuance (de)	rangmaye	رنگمایه
regenboog (de)	rangin kamān	رنگین کمان
wit (bn)	sefid	سفید
zwart (bn)	siyāh	سياه
grijs (bn)	xākestari	خاکستری
groen (bn)	sabz	سبز
geel (bn)	zard	زرد
rood (bn)	sorx	سرخ
blauw (bn)	abi	آبی
lichtblauw (bn)	ābi rowšan	آبی روشن
roze (bn)	surati	صورتی
oranje (bn)	nārenji	نارنجی
violet (bn)	banafš	بنفش
bruin (bn)	qahve i	قهوه ای
goud (bn)	talāyi	طلایی
zilverkleurig (bn)	noqre i	نقره ای
beige (bn)	baž	بژ
roomkleurig (bn)	kerem	کرم
turkoois (bn)	firuze i	فیروزه ای
kersrood (bn)	ālbāluyi	آلبالویی
lila (bn)	banafš yasi	بنفش یاسی
karmijnrood (bn)	zereški	زرشکی
licht (bn)	rowšan	روشن
donker (bn)	tire	تیره
fel (bn)	rowšan	روشن
kleur-, kleurig (bn)	rangi	رنگی
kleuren- (abn)	rangi	رنگی
zwart-wit (bn)	siyāh-o sefid	سياه و سفید
eenkleurig (bn)	yek rang	یک رنگ
veelkleurig (bn)	rangārang	رنگارنگ

15. Vragen

Wie?	če kas-i?	چه کسی؟
Wat?	če čiz-i?	چه چیزی؟
Waar?	kojā?	کجا؟
Waarheen?	kojā?	کجا؟
Waarvandaan?	az kojā?	از کجا؟
Wanneer?	če vaqt?	چه وقت؟
Waarom?	čerā?	چرا؟
Waarom?	čerā?	چرا؟
Waarvoor dan ook?	barā-ye če?	برای چه؟

Hoe?	četor?	چطور؟
Wat voor ...?	kodām?	کدام؟
Welk?	kodām?	کدام؟

Aan wie?	barā-ye ki?	برای کی؟
Over wie?	dar bāre-ye ki?	درباره کی؟
Waarover?	darbāre-ye či?	درباره چی؟
Met wie?	bā ki?	با کی؟

| Hoeveel? | čeqadr? | چقدر؟ |
| Van wie? | māl-e ki? | مال کی؟ |

16. Voorzetsels

met (bijv. ~ beleg)	bā	با
zonder (~ accent)	bedune	بدون
naar (in de richting van)	be	به
over (praten ~)	rāje' be	راجع به
voor (in tijd)	piš az	پیش از
voor (aan de voorkant)	dar moqābel	در مقابل

onder (lager dan)	zir	زیر
boven (hoger dan)	bālā-ye	بالای
op (bovenop)	ruy	روی
van (uit, afkomstig van)	az	از
van (gemaakt van)	az	از

| over (bijv. ~ een uur) | tā | تا |
| over (over de bovenkant) | az bālāye | از بالای |

17. Functiewoorden. Bijwoorden. Deel 1

Waar?	kojā?	کجا؟
hier (bw)	in jā	این جا
daar (bw)	ānjā	آنجا

| ergens (bw) | jā-yi | جایی |
| nergens (bw) | hič kojā | هیچ کجا |

| bij ... (in de buurt) | nazdik | نزدیک |
| bij het raam | nazdik panjere | نزدیک پنجره |

Waarheen?	kojā?	کجا؟
hierheen (bw)	in jā	این جا
daarheen (bw)	ānjā	آنجا
hiervandaan (bw)	az injā	از اینجا
daarvandaan (bw)	az ānjā	از آنجا

dichtbij (bw)	nazdik	نزدیک
ver (bw)	dur	دور
in de buurt (van ...)	nazdik	نزدیک
dichtbij (bw)	nazdik	نزدیک

niet ver (bw)	nazdik	نزدیک
linker (bn)	čap	چپ
links (bw)	dast-e čap	دست چپ
linksaf, naar links (bw)	be čap	به چپ

rechter (bn)	rāst	راست
rechts (bw)	dast-e rāst	دست راست
rechtsaf, naar rechts (bw)	be rāst	به راست

vooraan (bw)	jelo	جلو
voorste (bn)	jelo	جلو
vooruit (bw)	jelo	جلو

achter (bw)	aqab	عقب
van achteren (bw)	az aqab	از عقب
achteruit (naar achteren)	aqab	عقب

midden (het)	vasat	وسط
in het midden (bw)	dar vasat	در وسط

opzij (bw)	pahlu	پهلو
overal (bw)	hame jā	همه جا
omheen (bw)	atrāf	اطراف

binnenuit (bw)	az daxel	از داخل
naar ergens (bw)	jā-yi	جایی
rechtdoor (bw)	mostaqim	مستقیم
terug (bijv. ~ komen)	aqab	عقب

ergens vandaan (bw)	az har jā	از هر جا
ergens vandaan (en dit geld moet ~ komen)	az yek jā-yi	از یک جایی

ten eerste (bw)	avvalan	اولاً
ten tweede (bw)	dumā	دوما
ten derde (bw)	sālesan	ثالثاً

plotseling (bw)	nāgahān	ناگهان
in het begin (bw)	dar avval	در اول
voor de eerste keer (bw)	barā-ye avvalin bār	برای اولین بار
lang voor ... (bw)	xeyli vaqt piš	خیلی وقت پیش
opnieuw (bw)	az now	از نو
voor eeuwig (bw)	barā-ye hamiše	برای همیشه

nooit (bw)	hič vaqt	هیچ وقت
weer (bw)	dobāre	دوباره
nu (bw)	alān	الان
vaak (bw)	aqlab	اغلب
toen (bw)	ān vaqt	آن وقت
urgent (bw)	foran	فوراً
meestal (bw)	ma'mulan	معمولاً

trouwens, ... (tussen haakjes)	rāst-i	راستی
mogelijk (bw)	momken ast	ممکن است
waarschijnlijk (bw)	ehtemālan	احتمالاً

misschien (bw)	šāyad	شاید
trouwens (bw)	bealāve	بعلاوه
daarom ...	be hamin xāter	به همین خاطر
in weerwil van ...	alāraqm	علیرغم
dankzij ...	be lotf	به لطف

wat (vn)	če?	چه؟
dat (vw)	ke	که
iets (vn)	yek čiz-i	یک چیزی
iets	yek kāri	یک کاری
niets (vn)	hič čiz	هیچ چیز

wie (~ is daar?)	ki	کی
iemand (een onbekende)	yek kas-i	یک کسی
iemand	yek kas-i	یک کسی
(een bepaald persoon)		

niemand (vn)	hič kas	هیچ کس
nergens (bw)	hič kojā	هیچ کجا
niemands (bn)	māl-e hičkas	مال هیچ کس
iemands (bn)	har kas-i	هر کسی

zo (Ik ben ~ blij)	xeyli	خیلی
ook (evenals)	ham	هم
alsook (eveneens)	ham	هم

18. Functiewoorden. Bijwoorden. Deel 2

Waarom?	čerā?	چرا؟
om een bepaalde reden	be dalil-i	به دلیلی
omdat ...	čon	چون
voor een bepaald doel	barā-ye maqsudi	برای مقصودی

en (vw)	va	و
of (vw)	yā	یا
maar (vw)	ammā	اما
voor (vz)	barā-ye	برای

te (~ veel mensen)	besyār	بسیار
alleen (bw)	faqat	فقط
precies (bw)	daqiqan	دقیقا
ongeveer (~ 10 kg)	taqriban	تقریباً

omstreeks (bw)	taqriban	تقریباً
bij benadering (bn)	taqribi	تقریبی
bijna (bw)	taqriban	تقریباً
rest (de)	baqiye	بقیه

de andere (tweede)	digar	دیگر
ander (bn)	digar	دیگر
elk (bn)	har	هر
om het even welk	har	هر
veel (grote hoeveelheid)	ziyād	زیاد
veel mensen	besyāri	بسیاری

iedereen (alle personen)	hame	همه
in ruil voor ...	dar avaz	در عوض
in ruil (bw)	dar barābar	در برابر
met de hand (bw)	dasti	دستی
onwaarschijnlijk (bw)	baid ast	بعید است
waarschijnlijk (bw)	ehtemālan	احتمالاً
met opzet (bw)	amdan	عمداً
toevallig (bw)	tasādofi	تصادفی
zeer (bw)	besyār	بسیار
bijvoorbeeld (bw)	masalan	مثلاً
tussen (~ twee steden)	beyn	بین
tussen (te midden van)	miyān	میان
zoveel (bw)	in qadr	این قدر
vooral (bw)	maxsusan	مخصوصاً

Basisbegrippen Deel 2

19. Dagen van de week

maandag (de)	došanbe	دوشنبه
dinsdag (de)	se šanbe	سه شنبه
woensdag (de)	čāhāršanbe	چهارشنبه
donderdag (de)	panj šanbe	پنج شنبه
vrijdag (de)	jom'e	جمعه
zaterdag (de)	šanbe	شنبه
zondag (de)	yek šanbe	یک شنبه
vandaag (bw)	emruz	امروز
morgen (bw)	fardā	فردا
overmorgen (bw)	pas fardā	پس فردا
gisteren (bw)	diruz	دیروز
eergisteren (bw)	pariruz	پریروز
dag (de)	ruz	روز
werkdag (de)	ruz-e kāri	روز کاری
feestdag (de)	ruz-e jašn	روز جشن
verlofdag (de)	ruz-e ta'til	روز تعطیل
weekend (het)	āxar-e hafte	آخر هفته
de hele dag (bw)	tamām-e ruz	تمام روز
de volgende dag (bw)	ruz-e ba'd	روز بعد
twee dagen geleden	do ruz-e piš	دو روز پیش
aan de vooravond (bw)	ruz-e qabl	روز قبل
dag-, dagelijks (bn)	ruzāne	روزانه
elke dag (bw)	har ruz	هر روز
week (de)	hafte	هفته
vorige week (bw)	hafte-ye gozašte	هفته گذشته
volgende week (bw)	hafte-ye āyande	هفته آینده
wekelijks (bn)	haftegi	هفتگی
elke week (bw)	har hafte	هر هفته
twee keer per week	do bār dar hafte	دو بار درهفته
elke dinsdag	har sešanbe	هر سه شنبه

20. Uren. Dag en nacht

morgen (de)	sobh	صبح
's morgens (bw)	sobh	صبح
middag (de)	zohr	ظهر
's middags (bw)	ba'd az zohr	بعد ازظهر
avond (de)	asr	عصر
's avonds (bw)	asr	عصر

nacht (de)	šab	شب
's nachts (bw)	šab	شب
middernacht (de)	nesfe šab	نصفه شب

seconde (de)	sānie	ثانیه
minuut (de)	daqiqe	دقیقه
uur (het)	sā'at	ساعت
halfuur (het)	nim sā'at	نیم ساعت
kwartier (het)	yek rob'	یک ربع
vijftien minuten	pānzdah daqiqe	پانزده دقیقه
etmaal (het)	šabāne ruz	شبانه روز

zonsopgang (de)	tolu-'e āftāb	طلوع آفتاب
dageraad (de)	sahar	سحر
vroege morgen (de)	sobh-e zud	صبح زود
zonsondergang (de)	qorub	غروب

's morgens vroeg (bw)	sobh-e zud	صبح زود
vanmorgen (bw)	emruz sobh	امروز صبح
morgenochtend (bw)	fardā sobh	فردا صبح
vanmiddag (bw)	emruz zohr	امروز ظهر
's middags (bw)	ba'd az zohr	بعد ازظهر
morgenmiddag (bw)	fardā ba'd az zohr	فردا بعد ازظهر
vanavond (bw)	emšab	امشب
morgenavond (bw)	fardā šab	فردا شب

klokslag drie uur	sar-e sā'at-e se	سر ساعت ۳
ongeveer vier uur	nazdik-e sā'at-e čāhār	نزدیک ساعت ۴
tegen twaalf uur	nazdik zohr	نزدیک ظهر

over twintig minuten	bist daqiqe-ye digar	۲۰ دقیقه دیگر
over een uur	yek sā'at-e digar	یک ساعت دیگر
op tijd (bw)	be moqe'	به موقع

kwart voor ...	yek rob' be	یک ربع به
binnen een uur	yek sā'at-e digar	یک ساعت دیگر
elk kwartier	har pānzdah daqiqe	هر ۵۱ دقیقه
de klok rond	šabāne ruz	شبانه روز

21. Maanden. Seizoenen

januari (de)	žānvie	ژانویه
februari (de)	fevriye	فوریه
maart (de)	mārs	مارس
april (de)	āvril	آوریل
mei (de)	meh	مه
juni (de)	žuan	ژوئن

juli (de)	žuiye	ژوئیه
augustus (de)	owt	اوت
september (de)	septāmbr	سپتامبر
oktober (de)	oktobr	اکتبر
november (de)	novāmbr	نوامبر
december (de)	desāmr	دسامبر

lente (de)	bahār	بهار
in de lente (bw)	dar bahār	در بهار
lente- (abn)	bahāri	بهاری
zomer (de)	tābestān	تابستان
in de zomer (bw)	dar tābestān	در تابستان
zomer-, zomers (bn)	tābestāni	تابستانی
herfst (de)	pāyiz	پاییز
in de herfst (bw)	dar pāyiz	در پاییز
herfst- (abn)	pāyizi	پاییزی
winter (de)	zemestān	زمستان
in de winter (bw)	dar zemestān	در زمستان
winter- (abn)	zemestāni	زمستانی
maand (de)	māh	ماه
deze maand (bw)	in māh	این ماه
volgende maand (bw)	māh-e āyande	ماه آینده
vorige maand (bw)	māh-e gozašte	ماه گذشته
een maand geleden (bw)	yek māh qabl	یک ماه قبل
over een maand (bw)	yek māh digar	یک ماه دیگر
over twee maanden (bw)	do māh-e digar	۲ماه دیگر
de hele maand (bw)	tamām-e māh	تمام ماه
een volle maand (bw)	tamām-e māh	تمام ماه
maand-, maandelijks (bn)	māhāne	ماهانه
maandelijks (bw)	māhāne	ماهانه
elke maand (bw)	har māh	هر ماه
twee keer per maand	do bār dar māh	دو بار درماه
jaar (het)	sāl	سال
dit jaar (bw)	emsāl	امسال
volgend jaar (bw)	sāl-e āyande	سال آینده
vorig jaar (bw)	sāl-e gozašte	سال گذشته
een jaar geleden (bw)	yek sāl qabl	یک سال قبل
over een jaar	yek sāl-e digar	یک سال دیگر
over twee jaar	do sāl-e digar	۲سال دیگر
het hele jaar	tamām-e sāl	تمام سال
een vol jaar	tamām-e sāl	تمام سال
elk jaar	har sāl	هر سال
jaar-, jaarlijks (bn)	sālāne	سالانه
jaarlijks (bw)	sālāne	سالانه
4 keer per jaar	čāhār bār dar sāl	چهار بار در سال
datum (de)	tārix	تاریخ
datum (de)	tārix	تاریخ
kalender (de)	taqvim	تقویم
een half jaar	nim sāl	نیم سال
zes maanden	nim sāl	نیم سال
seizoen (bijv. lente, zomer)	fasl	فصل
eeuw (de)	qarn	قرن

22. Tijd. Diversen

tijd (de)	zamān	زمان
ogenblik (het)	lahze	لحظه
moment (het)	lahze	لحظه
ogenblikkelijk (bn)	āni	آنی
tijdsbestek (het)	baxši az zamān	بخشی از زمان
leven (het)	zendegi	زندگی
eeuwigheid (de)	abadiyat	ابدیت

epoche (de), tijdperk (het)	asr	عصر
era (de), tijdperk (het)	dowre	دوره
cyclus (de)	čarxe	چرخه
periode (de)	dowre	دوره
termijn (vastgestelde periode)	mohlat	مهلت

toekomst (de)	āyande	آینده
toekomstig (bn)	āyande	آینده
de volgende keer	daf'e-ye ba'd	دفعه بعد

verleden (het)	gozašte	گذشته
vorig (bn)	gozašte	گذشته
de vorige keer	daf'e-ye gozašte	دفعه گذشته

later (bw)	ba'dan	بعداً
na (~ het diner)	ba'd az	بعد از
tegenwoordig (bw)	aknun	اکنون
nu (bw)	alān	الان
onmiddellijk (bw)	foran	فوراً
snel (bw)	be zudi	به زودی
bij voorbaat (bw)	az qabl	از قبل

lang geleden (bw)	moddathā piš	مدت ها پیش
kort geleden (bw)	axiran	اخیراً
noodlot (het)	sarnevešt	سرنوشت
herinneringen (mv.)	xāterāt	خاطرات
archief (het)	āršiv	آرشیو

tijdens … (ten tijde van)	dar zamān	در زمان
lang (bw)	tulāni	طولانی
niet lang (bw)	kutāh	کوتاه
vroeg (bijv. ~ in de ochtend)	zud	زود
laat (bw)	dir	دیر

voor altijd (bw)	barā-ye hamiše	برای همیشه
beginnen (ww)	šoru' kardan	شروع کردن
uitstellen (ww)	mowkul kardan	موکول کردن

tegelijkertijd (bw)	ham zamān	هم زمان
voortdurend (bw)	dāemi	دائمی
voortdurend	dāemi	دائمی
tijdelijk (bn)	movaqqati	موقتی

soms (bw)	gāh-i	گاهی
zelden (bw)	be nodrat	به ندرت

vaak (bw)   aqlab   اغلب

23. Tegenovergestelden

rijk (bn)	servatmand	ثروتمند
arm (bn)	faqir	فقیر
ziek (bn)	bimār	بیمار
gezond (bn)	sālem	سالم
groot (bn)	bozorg	بزرگ
klein (bn)	kučak	کوچک
snel (bw)	sariʿ	سریع
langzaam (bw)	āheste	آهسته
snel (bn)	sariʿ	سریع
langzaam (bn)	āheste	آهسته
vrolijk (bn)	xošhāl	خوشحال
treurig (bn)	qamgin	غمگین
samen (bw)	bāham	باهم
apart (bw)	jodāgāne	جداگانه
hardop (~ lezen)	boland	بلند
stil (~ lezen)	be ārāmi	به آرامی
hoog (bn)	boland	بلند
laag (bn)	kutāh	کوتاه
diep (bn)	amiq	عمیق
ondiep (bn)	sathi	سطحی
ja	bale	بله
nee	neh	نه
ver (bn)	dur	دور
dicht (bn)	nazdik	نزدیک
ver (bw)	dur	دور
dichtbij (bw)	nazdik	نزدیک
lang (bn)	derāz	دراز
kort (bn)	kutāh	کوتاه
vriendelijk (goedhartig)	mehrbān	مهربان
kwaad (bn)	badjens	بدجنس
gehuwd (mann.)	mote'ahhel	متاهل
ongehuwd (mann.)	mojarrad	مجرد
verbieden (ww)	mamnuʿ kardan	ممنوع کردن
toestaan (ww)	ejāze dādan	اجازه دادن
einde (het)	pāyān	پایان
begin (het)	šoruʿ	شروع

| linker (bn) | čap | چپ |
| rechter (bn) | rāst | راست |

| eerste (bn) | avvalin | اولین |
| laatste (bn) | āxarin | آخرین |

| misdaad (de) | jenāyat | جنایت |
| bestraffing (de) | mojāzāt | مجازات |

| bevelen (ww) | farmān dādan | فرمان دادن |
| gehoorzamen (ww) | etā'at kardan | اطاعت کردن |

| recht (bn) | mostaqim | مستقیم |
| krom (bn) | monhani | منحنی |

| paradijs (het) | behešt | بهشت |
| hel (de) | jahannam | جهنم |

| geboren worden (ww) | motevalled šodan | متولد شدن |
| sterven (ww) | mordan | مردن |

| sterk (bn) | nirumand | نیرومند |
| zwak (bn) | za'if | ضعیف |

| oud (bn) | kohne | کهنه |
| jong (bn) | javān | جوان |

| oud (bn) | qadimi | قدیمی |
| nieuw (bn) | jadid | جدید |

| hard (bn) | soft | سفت |
| zacht (bn) | narm | نرم |

| warm (bn) | garm | گرم |
| koud (bn) | sard | سرد |

| dik (bn) | čāq | چاق |
| dun (bn) | lāqar | لاغر |

| smal (bn) | bārik | باریک |
| breed (bn) | vasi' | وسیع |

| goed (bn) | xub | خوب |
| slecht (bn) | bad | بد |

| moedig (bn) | šojā' | شجاع |
| laf (bn) | tarsu | ترسو |

24. Lijnen en vormen

vierkant (het)	morabba'	مربع
vierkant (bn)	morabba'	مربع
cirkel (de)	dāyere	دایره
rond (bn)	gard	گرد

driehoek (de)	mosallas	مثلث
driehoekig (bn)	mosallasi	مثلثی

ovaal (het)	beyzi	بیضی
ovaal (bn)	beyzi	بیضی
rechthoek (de)	mostatil	مستطیل
rechthoekig (bn)	mostatil	مستطیل

piramide (de)	heram	هرم
ruit (de)	lowz-i	لوزی
trapezium (het)	zuzanaqe	ذوزنقه
kubus (de)	moka'ab	مکعب
prisma (het)	manšur	منشور

omtrek (de)	mohit-e monhani	محیط منحنی
bol, sfeer (de)	kare	کره
bal (de)	kare	کره
diameter (de)	qotr	قطر
straal (de)	šo'ā'	شعاع
omtrek (~ van een cirkel)	mohit	محیط
middelpunt (het)	markaz	مرکز

horizontaal (bn)	ofoqi	افقی
verticaal (bn)	amudi	عمودی
parallel (de)	movāzi	موازی
parallel (bn)	movāzi	موازی

lijn (de)	xat	خط
streep (de)	xat	خط
rechte lijn (de)	xatt-e mostaqim	خط مستقیم
kromme (de)	monhani	منحنی
dun (bn)	nāzok	نازک
omlijning (de)	borun namā	برون نما

snijpunt (het)	taqāto'	تقاطع
rechte hoek (de)	zāvie-ye qāem	زاویه قائم
segment (het)	qet'e	قطعه
sector (de)	baxš	بخش
zijde (de)	taraf	طرف
hoek (de)	zāvie	زاویه

25. Meeteenheden

gewicht (het)	vazn	وزن
lengte (de)	tul	طول
breedte (de)	arz	عرض
hoogte (de)	ertefā'	ارتفاع

diepte (de)	omq	عمق
volume (het)	hajm	حجم
oppervlakte (de)	masāhat	مساحت

gram (het)	garm	گرم
milligram (het)	mili geram	میلی گرم

kilogram (het)	kilugeram	کیلوگرم
ton (duizend kilo)	ton	تن
pond (het)	pond	پوند
ons (het)	ons	اونس

meter (de)	metr	متر
millimeter (de)	mili metr	میلی متر
centimeter (de)	sãntimetr	سانتیمتر
kilometer (de)	kilumetr	کیلومتر
mijl (de)	mãyel	مایل

duim (de)	inč	اینچ
voet (de)	fowt	فوت
yard (de)	yãrd	یارد

vierkante meter (de)	metr morabba'	متر مربع
hectare (de)	hektãr	هکتار

liter (de)	litr	لیتر
graad (de)	daraje	درجه
volt (de)	volt	ولت
ampère (de)	ãmper	آمپر
paardenkracht (de)	asb-e boxãr	اسب بخار

hoeveelheid (de)	meqdãr	مقدار
een beetje ...	kami	کمی
helft (de)	nim	نیم
dozijn (het)	dojin	دوجین
stuk (het)	tã	تا

afmeting (de)	andãze	اندازه
schaal (bijv. ~ van 1 op 50)	meqyãs	مقیاس

minimaal (bn)	haddeaqal	حداقل
minste (bn)	kučaktarin	کوچکترین
medium (bn)	motevasset	متوسط
maximaal (bn)	haddeaksar	حداکثر
grootste (bn)	bištarin	بیشترین

26. Containers

glazen pot (de)	šišeh konserv	شیشه کنسرو
blik (conserven~)	quti	قوطی
emmer (de)	satl	سطل
ton (bijv. regenton)	boške	بشکه

ronde waterbak (de)	tašt	تشت
tank (bijv. watertank-70-ltr)	maxzan	مخزن
heupfles (de)	qomqome	قمقمه
jerrycan (de)	dabbe	دبه
tank (bijv. ketelwagen)	maxzan	مخزن

beker (de)	livãn	لیوان
kopje (het)	fenjãn	فنجان

schoteltje (het)	na'lbeki	نعلبکی
glas (het)	estekān	استکان
wijnglas (het)	gilās-e šarāb	گیلاس شراب
pan (de)	qāblame	قابلمه
fles (de)	botri	بطری
flessenhals (de)	gardan-e botri	گردن بطری
karaf (de)	tong	تنگ
kruik (de)	pārč	پارچ
vat (het)	zarf	ظرف
pot (de)	sofāl	سفال
vaas (de)	goldān	گلدان
flacon (de)	botri	بطری
flesje (het)	viyāl	ویال
tube (bijv. ~ tandpasta)	tiyub	تیوب
zak (bijv. ~ aardappelen)	kise	کیسه
tasje (het)	pākat	پاکت
pakje (~ sigaretten, enz.)	baste	بسته
doos (de)	ja'be	جعبه
kist (de)	sanduq	صندوق
mand (de)	sabad	سبد

27. Materialen

materiaal (het)	mādde	ماده
hout (het)	deraxt	درخت
houten (bn)	čubi	چوبی
glas (het)	šiše	شیشه
glazen (bn)	šiše i	شیشه ای
steen (de)	sang	سنگ
stenen (bn)	sangi	سنگی
plastic (het)	pelāstik	پلاستیک
plastic (bn)	pelāstiki	پلاستیکی
rubber (het)	lāstik	لاستیک
rubber-, rubberen (bn)	lāstiki	لاستیکی
stof (de)	pārče	پارچه
van stof (bn)	pārče-i	پارچه ی
papier (het)	kāqaz	کاغذ
papieren (bn)	kāqazi	کاغذی
karton (het)	kārton	کارتن
kartonnen (bn)	kārtoni	کارتونی
polyethyleen (het)	polietilen	پلیاتیلن
cellofaan (het)	solofān	سلوفان

multiplex (het)	taxte-ye čand lāyi	تخته چند لایی
porselein (het)	čini	چینی
porseleinen (bn)	čini	چینی
klei (de)	xāk-e ros	خاک رس
klei-, van klei (bn)	sofāli	سفالی
keramiek (de)	serāmik	سرامیک
keramieken (bn)	serāmiki	سرامیکی

28. Metalen

metaal (het)	felez	فلز
metalen (bn)	felezi	فلزی
legering (de)	ālyiāž	آلیاژ

goud (het)	talā	طلا
gouden (bn)	talā	طلا
zilver (het)	noqre	نقره
zilveren (bn)	noqre	نقره

ijzer (het)	āhan	آهن
ijzeren	āhani	آهنی
staal (het)	fulād	فولاد
stalen (bn)	fulādi	فولادی
koper (het)	mes	مس
koperen (bn)	mesi	مسی

aluminium (het)	ālominiyom	آلومینیوم
aluminium (bn)	ālominiyomi	آلومینیومی
brons (het)	boronz	برنز
bronzen (bn)	boronzi	برنزی

messing (het)	berenj	برنج
nikkel (het)	nikel	نیکل
platina (het)	pelātin	پلاتین
kwik (het)	jive	جیوه
tin (het)	qalʿ	قلع
lood (het)	sorb	سرب
zink (het)	ruy	روی

MENS

Mens. Het lichaam

29. Mensen. Basisbegrippen

mens (de)	ensān	انسان
man (de)	mard	مرد
vrouw (de)	zan	زن
kind (het)	kudak	کودک
meisje (het)	doxtar	دختر
jongen (de)	pesar bače	پسر بچه
tiener, adolescent (de)	nowjavān	نوجوان
oude man (de)	pirmard	پیرمرد
oude vrouw (de)	pirzan	پیرزن

30. Menselijke anatomie

organisme (het)	orgānism	ارگانیسم
hart (het)	qalb	قلب
bloed (het)	xun	خون
slagader (de)	sorxrag	سرخرگ
ader (de)	siyāhrag	سیاهرگ
hersenen (mv.)	maqz	مغز
zenuw (de)	asab	عصب
zenuwen (mv.)	a'sāb	اعصاب
wervel (de)	mohre	مهره
ruggengraat (de)	sotun-e faqarāt	ستون فقرات
maag (de)	me'de	معده
darmen (mv.)	rude	روده
darm (de)	rude	روده
lever (de)	kabed	کبد
nier (de)	kolliye	کلیه
been (deel van het skelet)	ostexān	استخوان
skelet (het)	eskelet	اسکلت
rib (de)	dande	دنده
schedel (de)	jomjome	جمجمه
spier (de)	azole	عضله
biceps (de)	azole-ye dosar	عضلهٔ دوسر
triceps (de)	azole-ye se sar	عضلهٔ سه سر
pees (de)	tāndon	تاندون
gewricht (het)	mofassal	مفصل

longen (mv.)	rie	ريه
geslachtsorganen (mv.)	andām hā-ye tanāsol-i	اندام های تناسلی
huid (de)	pust	پوست

31. Hoofd

hoofd (het)	sar	سر
gezicht (het)	surat	صورت
neus (de)	bini	بینی
mond (de)	dahān	دهان

oog (het)	češm	چشم
ogen (mv.)	češm-hā	چشم ها
pupil (de)	mardomak	مردمک
wenkbrauw (de)	abru	ابرو
wimper (de)	može	مژه
ooglid (het)	pelek	پلک

tong (de)	zabān	زبان
tand (de)	dandān	دندان
lippen (mv.)	lab-hā	لب ها
jukbeenderen (mv.)	ostexānhā-ye gune	استخوان های گونه
tandvlees (het)	lase	لثه
gehemelte (het)	saqf-e dahān	سقف دهان

neusgaten (mv.)	surāxhā-ye bini	سوراخ های بینی
kin (de)	čāne	چانه
kaak (de)	fak	فک
wang (de)	gune	گونه

voorhoofd (het)	pišāni	پیشانی
slaap (de)	gijgāh	گیجگاه
oor (het)	guš	گوش
achterhoofd (het)	pas gardan	پس گردن
hals (de)	gardan	گردن
keel (de)	galu	گلو

haren (mv.)	mu-hā	مو ها
kapsel (het)	model-e mu	مدل مو
haarsnit (de)	model-e mu	مدل مو
pruik (de)	kolāh-e gis	کلاه گیس

snor (de)	sebil	سبیل
baard (de)	riš	ریش
dragen (een baard, enz.)	gozāštan	گذاشتن
vlecht (de)	muy-ye bāfte	موی بافته
bakkebaarden (mv.)	xatt-e riš	خط ریش

ros (roodachtig, rossig)	muqermez	موقرمز
grijs (~ haar)	sefid-e mu	سفید مو
kaal (bn)	tās	طاس
kale plek (de)	tāsi	طاسی
paardenstaart (de)	dom-e asbi	دم اسبی
pony (de)	čatri	چتری

32. Menselijk lichaam

hand (de)	dast	دست
arm (de)	bāzu	بازو
vinger (de)	angošt	انگشت
teen (de)	šast-e pā	شصت پا
duim (de)	šost	شست
pink (de)	angošt-e kučak	انگشت کوچک
nagel (de)	nāxon	ناخن
vuist (de)	mošt	مشت
handpalm (de)	kaf-e dast	کف دست
pols (de)	moč-e dast	مچ دست
voorarm (de)	sā'ed	ساعد
elleboog (de)	āranj	آرنج
schouder (de)	ketf	کتف
been (rechter ~)	pā	پا
voet (de)	pā	پا
knie (de)	zānu	زانو
kuit (de)	sāq	ساق
heup (de)	rān	ران
hiel (de)	pāšne-ye pā	پاشنهٔ پا
lichaam (het)	badan	بدن
buik (de)	šekam	شکم
borst (de)	sine	سینه
borst (de)	sine	سینه
zijde (de)	pahlu	پهلو
rug (de)	pošt	پشت
lage rug (de)	kamar	کمر
taille (de)	dur-e kamar	دور کمر
navel (de)	nāf	ناف
billen (mv.)	nešiman-e gāh	نشیمن گاه
achterwerk (het)	bāsan	باسن
huidvlek (de)	xāl	خال
moedervlek (de)	xāl-e mādarzād	خال مادرزاد
tatoeage (de)	xāl kubi	خال کوبی
litteken (het)	jā-ye zaxm	جای زخم

Kleding en accessoires

33. Bovenkleding. Jassen

kleren (mv.)	lebās	لباس
bovenkleding (de)	lebās-e ru	لباس رو
winterkleding (de)	lebās-e zemestāni	لباس زمستانی
jas (de)	pāltow	پالتو
bontjas (de)	pālto-ye pustin	پالتوی پوستین
bontjasje (het)	kot-e pustin	کت پوستین
donzen jas (de)	kāpšan	کاپشن
jasje (bijv. een leren ~)	kot	کت
regenjas (de)	bārāni	بارانی
waterdicht (bn)	zed-e āb	ضد آب

34. Heren & dames kleding

overhemd (het)	pirāhan	پیراهن
broek (de)	šalvār	شلوار
jeans (de)	jin	جین
colbert (de)	kot	کت
kostuum (het)	kat-o šalvār	کت و شلوار
jurk (de)	lebās	لباس
rok (de)	dāman	دامن
blouse (de)	boluz	بلوز
wollen vest (de)	jeliqe-ye kešbāf	جلیقه کشباف
blazer (kort jasje)	kot	کت
T-shirt (het)	tey šarr-at	تی شرت
shorts (mv)	šalvarak	شلوارک
trainingspak (het)	lebās-e varzeši	لباس ورزشی
badjas (de)	howle-ye hamām	حوله حمام
pyjama (de)	pižāme	پیژامه
sweater (de)	poliver	پلیور
pullover (de)	poliver	پلیور
gilet (het)	jeliqe	جلیقه
rokkostuum (het)	kat-e dāman gerd	کت دامن گرد
smoking (de)	esmoking	اسموکینگ
uniform (het)	oniform	اونیفورم
werkkleding (de)	lebās-e kār	لباس کار
overall (de)	rupuš	روپوش
doktersjas (de)	rupuš	روپوش

35. Kleding. Ondergoed

ondergoed (het)	lebās-e zir	لباس زیر
herenslip (de)	šort-e bākser	شورت باکسر
slipjes (mv.)	šort-e zanāne	شورت زنانه
onderhemd (het)	zir-e pirāhan-i	زیر پیراهنی
sokken (mv.)	jurāb	جوراب
nachthemd (het)	lebās-e xāb	لباس خواب
beha (de)	sine-ye band	سینه بند
kniekousen (mv.)	sāq	ساق
panty (de)	jurāb-e šalvāri	جوراب شلواری
nylonkousen (mv.)	jurāb-e sāqeboland	جوراب ساقه بلند
badpak (het)	māyo	مایو

36. Hoofddeksels

hoed (de)	kolāh	کلاه
deukhoed (de)	šāpo	شاپو
honkbalpet (de)	kolāh beysbāl	کلاه بیس بال
kleppet (de)	kolāh-e taxt	کلاه تخت
baret (de)	kolāh barre	کلاه بره
kap (de)	kolāh-e bārāni	کلاه بارانی
panamahoed (de)	kolāh-e dowre-ye boland	کلاه دوره بلند
gebreide muts (de)	kolāh-e bāftani	کلاه بافتنی
hoofddoek (de)	rusari	روسری
dameshoed (de)	kolāh-e zanāne	کلاه زنانه
veiligheidshelm (de)	kolāh-e imeni	کلاه ایمنی
veldmuts (de)	kolāh-e pādegān	کلاه پادگان
helm, valhelm (de)	kolāh-e imeni	کلاه ایمنی
bolhoed (de)	kolāh-e namadi	کلاه نمدی
hoge hoed (de)	kolāh-e ostovānei	کلاه استوانه ای

37. Schoeisel

schoeisel (het)	kafš	کفش
schoenen (mv.)	putin	پوتین
vrouwenschoenen (mv.)	kafš	کفش
laarzen (mv.)	čakme	چکمه
pantoffels (mv.)	dampāyi	دمپایی
sportschoenen (mv.)	kafš katān-i	کفش کتانی
sneakers (mv.)	kafš katān-i	کفش کتانی
sandalen (mv.)	sandal	صندل
schoenlapper (de)	kaffāš	کفاش
hiel (de)	pāšne-ye kafš	پاشنۀ کفش

paar (een ~ schoenen)	yek joft	یک جفت
veter (de)	band-e kafš	بند کفش
rijgen (schoenen ~)	band-e kafš bastan	بند کفش بستن
schoenlepel (de)	pāšne keš	پاشنه کش
schoensmeer (de/het)	vāks	واکس

38. Textiel. Weefsel

katoen (de/het)	panbe	پنبه
katoenen (bn)	panbe i	پنبه ای
vlas (het)	katān	کتان
vlas-, van vlas (bn)	katāni	کتانی

zijde (de)	abrišam	ابریشم
zijden (bn)	abrišami	ابریشمی
wol (de)	pašm	پشم
wollen (bn)	pašmi	پشمی

fluweel (het)	maxmal	مخمل
suède (de)	jir	جیر
ribfluweel (het)	maxmal-e kebriti	مخمل کبریتی

nylon (de/het)	nāylon	نایلون
nylon-, van nylon (bn)	nāyloni	نایلونی
polyester (het)	poliester	پلی‌استر
polyester- (abn)	poliester	پلاستر

leer (het)	čarm	چرم
leren (van leer gemaak)	čarmi	چرمی
bont (het)	xaz	خز
bont- (abn)	xaz	خز

39. Persoonlijke accessoires

handschoenen (mv.)	dastkeš	دستکش
wanten (mv.)	dastkeš-e yek angošti	دستکش یک انگشتی
sjaal (fleece ~)	šāl-e gardan	شال گردن

bril (de)	eynak	عینک
brilmontuur (het)	qāb	قاب
paraplu (de)	čatr	چتر
wandelstok (de)	asā	عصا
haarborstel (de)	bores-e mu	برس مو
waaier (de)	bādbezan	بادبزن

das (de)	kerāvāt	کراوات
strikje (het)	pāpiyon	پاپیون
bretels (mv.)	band šalvār	بند شلوار
zakdoek (de)	dastmāl	دستمال

| kam (de) | šāne | شانه |
| haarspeldje (het) | sanjāq-e mu | سنجاق مو |

| schuifspeldje (het) | sanjāq-e mu | سنجاق مو |
| gesp (de) | sagak | سگک |

| broekriem (de) | kamarband | کمربند |
| draagriem (de) | tasme | تسمه |

handtas (de)	keyf	کیف
damestas (de)	keyf-e zanāne	کیف زنانه
rugzak (de)	kule pošti	کوله پشتی

40. Kleding. Diversen

mode (de)	mod	مد
de mode (bn)	mod	مد
kledingstilist (de)	tarrāh-e lebas	طراح لباس

kraag (de)	yaqe	یقه
zak (de)	jib	جیب
zak- (abn)	jibi	جیبی
mouw (de)	āstin	آستین
lusje (het)	band-e āviz	بند آویز
gulp (de)	zip	زیپ

rits (de)	zip	زیپ
sluiting (de)	sagak	سگک
knoop (de)	dokme	دکمه
knoopsgat (het)	surāx-e dokme	سوراخ دکمه
losraken (bijv. knopen)	kande šodan	کنده شدن

naaien (kleren, enz.)	duxtan	دوختن
borduren (ww)	golduzi kardan	گلدوزی کردن
borduursel (het)	golduzi	گلدوزی
naald (de)	suzan	سوزن
draad (de)	nax	نخ
naad (de)	darz	درز

vies worden (ww)	kasif šodan	کثیف شدن
vlek (de)	lakke	لکه
gekreukt raken (ov. kleren)	čoruk šodan	چروک شدن
scheuren (ov.ww.)	pāre kardan	پاره کردن
mot (de)	šab parre	شب پره

41. Persoonlijke verzorging. Schoonheidsmiddelen

tandpasta (de)	xamir-e dandān	خمیر دندان
tandenborstel (de)	mesvāk	مسواک
tanden poetsen (ww)	mesvāk zadan	مسواک زدن

scheermes (het)	tiq	تیغ
scheerschuim (het)	kerem-e riš tarāši	کرم ریش تراشی
zich scheren (ww)	riš tarāšidan	ریش تراشیدن
zeep (de)	sābun	صابون

shampoo (de)	šāmpu	شامپو
schaar (de)	qeyči	قیچی
nagelvijl (de)	sohan-e nāxon	سوهان ناخن
nagelknipper (de)	nāxon gir	ناخن گیر
pincet (het)	mučin	موچین

cosmetica (mv.)	lavāzem-e ārāyeši	لوازم آرایشی
masker (het)	māsk	ماسک
manicure (de)	mānikur	مانیکور
manicure doen	mānikur kardan	مانیکور کردن
pedicure (de)	pedikur	پدیکور

cosmetica tasje (het)	kife lavāzem-e ārāyeši	کیف لوازم آرایشی
poeder (de/het)	pudr	پودر
poederdoos (de)	ja'be-ye pudr	جعبهٔ پودر
rouge (de)	sorxāb	سرخاب

parfum (de/het)	atr	عطر
eau de toilet (de)	atr	عطر
lotion (de)	losiyon	لوسیون
eau de cologne (de)	odkolon	اودکلن

oogschaduw (de)	sāye-ye češm	سایه چشم
oogpotlood (het)	medād čašm	مداد چشم
mascara (de)	rimel	ریمل

lippenstift (de)	mātik	ماتیک
nagellak (de)	lāk-e nāxon	لاک ناخن
haarlak (de)	esperey-ye mu	اسپری مو
deodorant (de)	deodyrant	دئودورانت

crème (de)	kerem	کرم
gezichtscrème (de)	kerem-e surat	کرم صورت
handcrème (de)	kerem-e dast	کرم دست
antirimpelcrème (de)	kerem-e zedd-e čoruk	کرم ضد چروک
dagcrème (de)	kerem-e ruz	کرم روز
nachtcrème (de)	kerem-e šab	کرم شب
dag- (abn)	ruzāne	روزانه
nacht- (abn)	šab	شب

tampon (de)	tāmpon	تامپون
toiletpapier (het)	kāqaz-e tuālet	کاغذ توالت
föhn (de)	sešovār	سشوار

42. Juwelen

sieraden (mv.)	javāherāt	جواهرات
edel (bijv. ~ stenen)	qeymati	قیمتی
keurmerk (het)	ayār	عیار

ring (de)	angoštar	انگشتر
trouwring (de)	halqe	حلقه
armband (de)	alangu	النگو
oorringen (mv.)	gušvāre	گوشواره

halssnoer (het)	gardan band	گردن بند
kroon (de)	tāj	تاج
kralen snoer (het)	gardan band	گردن بند

diamant (de)	almās	الماس
smaragd (de)	zomorrod	زمرد
robijn (de)	yāqut	یاقوت
saffier (de)	yāqut-e kabud	یاقوت کبود
parel (de)	morvārid	مروارید
barnsteen (de)	kahrobā	کهربا

43. Horloges. Klokken

polshorloge (het)	sā'at-e moči	ساعت مچی
wijzerplaat (de)	safhe-ye sā'at	صفحهٔ ساعت
wijzer (de)	aqrabe	عقربه
metalen horlogeband (de)	band-e sāat	بند ساعت
horlogebandje (het)	band-e čarmi	بند چرمی

batterij (de)	bātri	باطری
leeg zijn (ww)	tamām šodan bātri	تمام شدن باتری
batterij vervangen	bātri avaz kardan	باطری عوض کردن
voorlopen (ww)	jelo oftādan	جلو افتادن
achterlopen (ww)	aqab māndan	عقب ماندن

wandklok (de)	sā'at-e divāri	ساعت دیواری
zandloper (de)	sā'at-e šeni	ساعت شنی
zonnewijzer (de)	sā'at-e āftābi	ساعت آفتابی
wekker (de)	sā'at-e zang dār	ساعت زنگ دار
horlogemaker (de)	sā'at sāz	ساعت ساز
repareren (ww)	ta'mir kardan	تعمیر کردن

Voedsel. Voeding

44. Voedsel

vlees (het)	gušt	گوشت
kip (de)	morq	مرغ
kuiken (het)	juje	جوجه
eend (de)	ordak	اردک
gans (de)	qāz	غاز
wild (het)	gušt-e šekār	گوشت شکار
kalkoen (de)	gušt-e buqalamun	گوشت بوقلمون

varkensvlees (het)	gušt-e xuk	گوشت خوک
kalfsvlees (het)	gušt-e gusāle	گوشت گوساله
schapenvlees (het)	gušt-e gusfand	گوشت گوسفند
rundvlees (het)	gušt-e gāv	گوشت گاو
konijnenvlees (het)	xarguš	خرگوش

worst (de)	kālbās	کالباس
saucijs (de)	sosis	سوسیس
spek (het)	beykon	بیکن
ham (de)	žāmbon	ژامبون
gerookte achterham (de)	rān xuk	ران خوک

paté (de)	pāte	پاته
lever (de)	jegar	جگر
gehakt (het)	hamberger	همبرگر
tong (de)	zabān	زبان

ei (het)	toxm-e morq	تخم مرغ
eieren (mv.)	toxm-e morq-ha	تخم مرغ ها
eiwit (het)	sefide-ye toxm-e morq	سفیده تخم مرغ
eigeel (het)	zarde-ye toxm-e morq	زرده تخم مرغ

vis (de)	māhi	ماهی
zeevruchten (mv.)	qazā-ye daryāyi	غذای دریایی
schaaldieren (mv.)	saxtpustān	سختپوستان
kaviaar (de)	xāviār	خاویار

krab (de)	xarčang	خرچنگ
garnaal (de)	meygu	میگو
oester (de)	sadaf-e xorāki	صدف خوراکی
langoest (de)	xarčang-e xārdār	خرچنگ خاردار
octopus (de)	hašt pā	هشت پا
inktvis (de)	māhi-ye morakkab	ماهی مرکب

steur (de)	māhi-ye xāviār	ماهی خاویار
zalm (de)	māhi-ye salemon	ماهی سالمون
heilbot (de)	halibut	هالیبوت
kabeljauw (de)	māhi-ye rowqan	ماهی روغن

makreel (de)	māhi-ye esqumeri	ماهی اسقومری
tonijn (de)	tan māhi	تن ماهی
paling (de)	mārmāhi	مارماهی

forel (de)	māhi-ye qezelālā	ماهی قزل آلا
sardine (de)	sārdin	ساردین
snoek (de)	ordak māhi	اردک ماهی
haring (de)	māhi-ye šur	ماهی شور

brood (het)	nān	نان
kaas (de)	panir	پنیر
suiker (de)	qand	قند
zout (het)	namak	نمک

rijst (de)	berenj	برنج
pasta (de)	mākāroni	ماکارونی
noedels (mv.)	rešte-ye farangi	رشته فرنگی

boter (de)	kare	کره
plantaardige olie (de)	rowqan-e nabāti	روغن نباتی
zonnebloemolie (de)	rowqan āftābgardān	روغن آفتاب گردان
margarine (de)	mārgārin	مارگارین

olijven (mv.)	zeytun	زیتون
olijfolie (de)	rowqan-e zeytun	روغن زیتون

melk (de)	šir	شیر
gecondenseerde melk (de)	šir-e čegāl	شیر چگال
yoghurt (de)	mās-at	ماست
zure room (de)	xāme-ye torš	خامة ترش
room (de)	saršir	سرشیر

mayonaise (de)	māyonez	مایونز
crème (de)	xāme	خامه

graan (het)	hobubāt	حبوبات
meel (het), bloem (de)	ārd	آرد
conserven (mv.)	konserv-hā	کنسرو ها

maïsvlokken (mv.)	bereštuk	برشتوک
honing (de)	asal	عسل
jam (de)	morabbā	مربا
kauwgom (de)	ādāms	آدامس

45. Drankjes

water (het)	āb	آب
drinkwater (het)	āb-e āšāmidani	آب آشامیدنی
mineraalwater (het)	āb-e ma'dani	آب معدنی

zonder gas	bedun-e gāz	بدون گاز
koolzuurhoudend (bn)	gāzdār	گازدار
bruisend (bn)	gāzdār	گازدار
ijs (het)	yax	یخ

met ijs	yax dār	یخ دار
alcohol vrij (bn)	bi alkol	بی الکل
alcohol vrije drank (de)	nušābe-ye bi alkol	نوشابهٔ بی الکل
frisdrank (de)	nušābe-ye xonak	نوشابهٔ خنک
limonade (de)	limunād	لیموناد
alcoholische dranken (mv.)	mašrubāt-e alkoli	مشروبات الکلی
wijn (de)	šarāb	شراب
witte wijn (de)	šarāb-e sefid	شراب سفید
rode wijn (de)	šarāb-e sorx	شراب سرخ
likeur (de)	likor	لیکور
champagne (de)	šāmpāyn	شامپاین
vermout (de)	vermut	ورموت
whisky (de)	viski	ویسکی
wodka (de)	vodkā	ودکا
gin (de)	jin	جین
cognac (de)	konyāk	کنیاک
rum (de)	araq-e neyšekar	عرق نیشکر
koffie (de)	qahve	قهوه
zwarte koffie (de)	qahve-ye talx	قهوهٔ تلخ
koffie (de) met melk	šir-qahve	شیرقهوه
cappuccino (de)	kāpočino	کاپوچینو
oploskoffie (de)	qahve-ye fowri	قهوه فوری
melk (de)	šir	شیر
cocktail (de)	kuktel	کوکتل
milkshake (de)	kuktele šir	کوکتل شیر
sap (het)	āb-e mive	آب میوه
tomatensap (het)	āb-e gowjefarangi	آب گوجه فرنگی
sinaasappelsap (het)	āb-e porteqāl	آب پرتقال
vers geperst sap (het)	āb-e mive-ye taze	آب میوهٔ تازه
bier (het)	ābejow	آبجو
licht bier (het)	ābejow-ye sabok	آبجوی سبک
donker bier (het)	ābejow-ye tire	آبجوی تیره
thee (de)	čāy	چای
zwarte thee (de)	čāy-e siyāh	چای سیاه
groene thee (de)	čāy-e sabz	چای سبز

46. Groenten

groenten (mv.)	sabzijāt	سبزیجات
verse kruiden (mv.)	sabzi	سبزی
tomaat (de)	gowje farangi	گوجه فرنگی
augurk (de)	xiyār	خیار
wortel (de)	havij	هویج
aardappel (de)	sib zamini	سیب زمینی
ui (de)	piyāz	پیاز

knoflook (de)	sir	سیر
kool (de)	kalam	کلم
bloemkool (de)	gol kalam	گل کلم
spruitkool (de)	koll-am boruksel	کلم بروکسل
broccoli (de)	kalam borokli	کلم بروکلی

rode biet (de)	čoqondar	چغندر
aubergine (de)	bādenjān	بادنجان
courgette (de)	kadu sabz	کدو سبز
pompoen (de)	kadu tanbal	کدو تنبل
raap (de)	šalqam	شلغم

peterselie (de)	ja'fari	جعفری
dille (de)	šavid	شوید
sla (de)	kāhu	کاهو
selderij (de)	karafs	کرفس
asperge (de)	mārčube	مارچوبه
spinazie (de)	esfenāj	اسفناج

erwt (de)	noxod	نخود
bonen (mv.)	lubiyā	لوبیا
maïs (de)	zorrat	ذرت
boon (de)	lubiyā qermez	لوبیا قرمز

peper (de)	felfel	فلفل
radijs (de)	torobče	تربچه
artisjok (de)	kangar farangi	کنگرفرنگی

47. Vruchten. Noten

vrucht (de)	mive	میوه
appel (de)	sib	سیب
peer (de)	golābi	گلابی
citroen (de)	limu	لیمو
sinaasappel (de)	porteqāl	پرتقال
aardbei (de)	tut-e farangi	توت فرنگی

mandarijn (de)	nārengi	نارنگی
pruim (de)	ālu	آلو
perzik (de)	holu	هلو
abrikoos (de)	zardālu	زردآلو
framboos (de)	tamešk	تمشک
ananas (de)	ānānās	آناناس

banaan (de)	mowz	موز
watermeloen (de)	hendevāne	هندوانه
druif (de)	angur	انگور
zure kers (de)	ālbālu	آلبالو
zoete kers (de)	gilās	گیلاس
meloen (de)	xarboze	خربزه

grapefruit (de)	gerip forut	گریپ فوروت
avocado (de)	āvokādo	اووکادو
papaja (de)	pāpāyā	پاپایا

mango (de)	anbe	انبه
granaatappel (de)	anār	انار

rode bes (de)	angur-e farangi-ye sorx	انگور فرنگی سرخ
zwarte bes (de)	angur-e farangi-ye siyāh	انگور فرنگی سیاه
kruisbes (de)	angur-e farangi	انگور فرنگی
bosbes (de)	zoqāl axte	زغال اخته
braambes (de)	šāh tut	شاه توت

rozijn (de)	kešmeš	کشمش
vijg (de)	anjir	انجیر
dadel (de)	xormā	خرما

pinda (de)	bādām zamin-i	بادام زمینی
amandel (de)	bādām	بادام
walnoot (de)	gerdu	گردو
hazelnoot (de)	fandoq	فندق
kokosnoot (de)	nārgil	نارگیل
pistaches (mv.)	peste	پسته

48. Brood. Snoep

suikerbakkerij (de)	širini jāt	شیرینی جات
brood (het)	nān	نان
koekje (het)	biskuit	بیسکویت

chocolade (de)	šokolāt	شکلات
chocolade- (abn)	šokolāti	شکلاتی
snoepje (het)	āb nabāt	آب نبات
cakeje (het)	nān-e širini	نان شیرینی
taart (bijv. verjaardags~)	širini	شیرینی

pastei (de)	keyk	کیک
vulling (de)	čāšni	چاشنی

confituur (de)	morabbā	مربا
marmelade (de)	mārmālād	مارمالاد
wafel (de)	vāfel	وافل
ijsje (het)	baotani	بستنی
pudding (de)	puding	پودینگ

49. Bereide gerechten

gerecht (het)	qazā	غذا
keuken (bijv. Franse ~)	qazā	غذا
recept (het)	dastur-e poxt	دستور پخت
portie (de)	pors	پرس

salade (de)	sālād	سالاد
soep (de)	sup	سوپ
bouillon (de)	pāye-ye sup	پایه سوپ
boterham (de)	sāndevič	ساندویچ

spiegelei (het)	nimru	نیمرو
hamburger (de)	hamberger	همبرگر
biefstuk (de)	esteyk	استیک

garnering (de)	moxallafāt	مخلفات
spaghetti (de)	espāgeti	اسپاگتی
aardappelpuree (de)	pure-ye sibi zamini	پورۀ سیب زمینی
pizza (de)	pitzā	پیتزا
pap (de)	šurbā	شوربا
omelet (de)	ommol-at	املت

gekòokt (in water)	āb paz	آب پز
gerookt (bn)	dudi	دودی
gebakken (bn)	sorx šode	سرخ شده
gedroogd (bn)	xošk	خشک
diepvries (bn)	yax zade	یخ زده
gemarineerd (bn)	torši	ترشی

zoet (bn)	širin	شیرین
gezouten (bn)	šur	شور
koud (bn)	sard	سرد
heet (bn)	dāq	داغ
bitter (bn)	talx	تلخ
lekker (bn)	xoš mazze	خوش مزه

koken (in kokend water)	poxtan	پختن
bereiden (avondmaaltijd ~)	poxtan	پختن
bakken (ww)	sorx kardan	سرخ کردن
opwarmen (ww)	garm kardan	گرم کردن

zouten (ww)	namak zadan	نمک زدن
peperen (ww)	felfel pāšidan	فلفل پاشیدن
raspen (ww)	rande kardan	رنده کردن
schil (de)	pust	پوست
schillen (ww)	pust kandan	پوست کندن

50. Kruiden

zout (het)	namak	نمک
gezouten (bn)	šur	شور
zouten (ww)	namak zadan	نمک زدن

zwarte peper (de)	felfel-e siyāh	فلفل سیاه
rode peper (de)	felfel-e sorx	فلفل سرخ
mosterd (de)	xardal	خردل
mierikswortel (de)	torob-e kuhi	ترب کوهی

condiment (het)	adviye	ادویه
specerij, kruiderij (de)	adviye	ادویه
saus (de)	ses	سس
azijn (de)	serke	سرکه

| anijs (de) | rāziyāne | رازیانه |
| basilicum (de) | reyhān | ریحان |

51

kruidnagel (de)	mixak	میخک
gember (de)	zanjefil	زنجفیل
koriander (de)	gešniz	گشنیز
kaneel (de/het)	dārčin	دارچین

sesamzaad (het)	konjed	کنجد
laurierblad (het)	barg-e bu	برگ بو
paprika (de)	paprika	پاپریکا
komijn (de)	zire	زیره
saffraan (de)	za'ferān	زعفران

51. Maaltijden

eten (het)	qazā	غذا
eten (ww)	xordan	خوردن

ontbijt (het)	sobhāne	صبحانه
ontbijten (ww)	sobhāne xordan	صبحانه خوردن
lunch (de)	nāhār	ناهار
lunchen (ww)	nāhār xordan	ناهار خوردن
avondeten (het)	šām	شام
souperen (ww)	šām xordan	شام خوردن

eetlust (de)	eštehā	اشتها
Eet smakelijk!	nuš-e jān	نوش جان

openen (een fles ~)	bāz kardan	باز کردن
morsen (koffie, enz.)	rixtan	ریختن
zijn gemorst	rixtan	ریختن

koken (water kookt bij 100°C)	jušidan	جوشیدن
koken (Hoe om water te ~)	jušāndan	جوشاندن
gekookt (~ water)	jušide	جوشیده
afkoelen (koeler maken)	sard kardan	سرد کردن
afkoelen (koeler worden)	sard šodan	سرد شدن

smaak (de)	maze	مزه
nasmaak (de)	maze	مزه

volgen een dieet	lāqar kardan	لاغر کردن
dieet (het)	režim	رژیم
vitamine (de)	vitāmin	ویتامین
calorie (de)	kālori	کالری

vegetariër (de)	giyāh xār	گیاه خوار
vegetarisch (bn)	giyāh xāri	گیاه خواری

vetten (mv.)	čarbi-hā	چربی ها
eiwitten (mv.)	porotein	پروتئین
koolhydraten (mv.)	karbohidrāt-hā	کربو هیدرات ها

snede (de)	qet'e	قطعه
stuk (bijv. een ~ taart)	tekke	تکه
kruimel (de)	zarre	ذره

52. Tafelschikking

lepel (de)	qāšoq	قاشق
mes (het)	kārd	کارد
vork (de)	čangāl	چنگال

kopje (het)	fenjān	فنجان
bord (het)	bošqāb	بشقاب
schoteltje (het)	na'lbeki	نعلبکی
servet (het)	dastmāl	دستمال
tandenstoker (de)	xelāl-e dandān	خلال دندان

53. Restaurant

restaurant (het)	resturān	رستوران
koffiehuis (het)	kāfe	کافه
bar (de)	bār	بار
tearoom (de)	qahve xāne	قهوه خانه

kelner, ober (de)	pišxedmat	پیشخدمت
serveerster (de)	pišxedmat	پیشخدمت
barman (de)	motesaddi-ye bār	متصدی بار

menu (het)	meno	منو
wijnkaart (de)	kārt-e šarāb	کارت شراب
een tafel reserveren	miz rezerv kardan	میز رزرو کردن

gerecht (het)	qazā	غذا
bestellen (eten ~)	sefāreš dādan	سفارش دادن
een bestelling maken	sefāreš dādan	سفارش دادن

aperitief (de/het)	mašrub-e piš qazā	مشروب پیش غذا
voorgerecht (het)	piš qazā	پیش غذا
dessert (het)	deser	دسر

rekening (de)	surat hesāb	صورت حساب
de rekening betalen	surat-e hesāb rā pardāxtan	صورت حساب را پرداختن
wisselgeld teruggeven	baqiye rā dādan	بقیه را دادن
fooi (de)	an'ām	انعام

Familie, verwanten en vrienden

54. Persoonlijke informatie. Formulieren

naam (de)	esm	اسم
achternaam (de)	nām-e xānevādegi	نام خانوادگی
geboortedatum (de)	tārix-e tavallod	تاریخ تولد
geboorteplaats (de)	mahall-e tavallod	محل تولد

nationaliteit (de)	melliyat	ملیت
woonplaats (de)	mahall-e sokunat	محل سکونت
land (het)	kešvar	کشور
beroep (het)	šoql	شغل

geslacht (ov. het vrouwelijk ~)	jens	جنس
lengte (de)	qad	قد
gewicht (het)	vazn	وزن

55. Familieleden. Verwanten

moeder (de)	mādar	مادر
vader (de)	pedar	پدر
zoon (de)	pesar	پسر
dochter (de)	doxtar	دختر

jongste dochter (de)	doxtar-e kučak	دختر کوچک
jongste zoon (de)	pesar-e kučak	پسر کوچک
oudste dochter (de)	doxtar-e bozorg	دختر بزرگ
oudste zoon (de)	pesar-e bozorg	پسر بزرگ

broer (de)	barādar	برادر
oudere broer (de)	barādar-e bozorg	برادر بزرگ
jongere broer (de)	barādar-e kučak	برادر کوچک
zuster (de)	xāhar	خواهر
oudere zuster (de)	xāhar-e bozorg	خواهر بزرگ
jongere zuster (de)	xāhar-e kučak	خواهر کوچک

neef (zoon van oom, tante)	pesar 'amu	پسر عمو
nicht (dochter van oom, tante)	doxtar amu	دختر عمو

mama (de)	māmān	مامان
papa (de)	bābā	بابا
ouders (mv.)	vāledeyn	والدین
kind (het)	kudak	کودک
kinderen (mv.)	bače-hā	بچه ها
oma (de)	mādarbozorg	مادربزرگ

opa (de)	pedar-bozorg	پدربزرگ
kleinzoon (de)	nave	نوه
kleindochter (de)	nave	نوه
kleinkinderen (mv.)	nave-hā	نوه ها

oom (de)	amu	عمو
tante (de)	xāle yā amme	خاله یا عمه
neef (zoon van broer, zus)	barādar-zāde	برادرزاده
nicht (dochter van broer, zus)	xāhar-zāde	خواهرزاده

schoonmoeder (de)	mādarzan	مادرزن
schoonvader (de)	pedar-šowhar	پدرشوهر
schoonzoon (de)	dāmād	داماد
stiefmoeder (de)	nāmādari	نامادری
stiefvader (de)	nāpedari	ناپدری

zuigeling (de)	nowzād	نوزاد
wiegenkind (het)	širxār	شیرخوار
kleuter (de)	pesar-e kučulu	پسر کوچولو

vrouw (de)	zan	زن
man (de)	šowhar	شوهر
echtgenoot (de)	hamsar	همسر
echtgenote (de)	hamsar	همسر

gehuwd (mann.)	mote'ahhel	متاهل
gehuwd (vrouw.)	mote'ahhel	متاهل
ongehuwd (mann.)	mojarrad	مجرد
vrijgezel (de)	mojarad	مجرد
gescheiden (bn)	talāq gerefte	طلاق گرفته
weduwe (de)	bive zan	بیوه زن
weduwnaar (de)	bive	بیوه

familielid (het)	xišāvand	خویشاوند
dichte familielid (het)	aqvām-e nazdik	اقوام نزدیک
verre familielid (het)	aqvām-e dur	اقوام دور
familieleden (mv.)	aqvām	اقوام

wees (de), weeskind (het)	yatim	یتیم
voogd (de)	qayyem	قیم
adopteren (een jongen te ~)	be pesari gereftan	به پسری گرفتن
adopteren (een meisje te ~)	be doxtari gereftan	به دختری گرفتن

56. Vrienden. Collega's

vriend (de)	dust	دوست
vriendin (de)	dust	دوست
vriendschap (de)	dusti	دوستی
bevriend zijn (ww)	dust budan	دوست بودن

makker (de)	rafiq	رفیق
vriendin (de)	rafiq	رفیق
partner (de)	šarik	شریک
chef (de)	ra'is	رئیس

baas (de)	ra'is	رئیس
eigenaar (de)	sāheb	صاحب
ondergeschikte (de)	zirdast	زیردست
collega (de)	hamkār	همکار
kennis (de)	āšnā	آشنا
medereiziger (de)	hamsafar	همسفر
klasgenoot (de)	ham kelās	هم کلاس
buurman (de)	hamsāye	همسایه
buurvrouw (de)	hamsāye	همسایه
buren (mv.)	hamsāye-hā	همسایه ها

57. Man. Vrouw

vrouw (de)	zan	زن
meisje (het)	doxtar	دختر
bruid (de)	arus	عروس
mooi(e) (vrouw, meisje)	zibā	زیبا
groot, grote (vrouw, meisje)	qad boland	قد بلند
slank(e) (vrouw, meisje)	xoš andām	خوش اندام
korte, kleine (vrouw, meisje)	qad kutāh	قد کوتاه
blondine (de)	mu bur	مو بور
brunette (de)	mu siyāh	مو سیاه
dames- (abn)	zanāne	زنانه
maagd (de)	bākere	باکره
zwanger (bn)	bārdār	باردار
man (de)	mard	مرد
blonde man (de)	mu bur	مو بور
bruinharige man (de)	mu siyāh	مو سیاه
groot (bn)	qad boland	قد بلند
klein (bn)	qad kutāh	قد کوتاه
onbeleefd (bn)	xašen	خشن
gedrongen (bn)	tanumand	تنومند
robuust (bn)	tanumand	تنومند
sterk (bn)	nirumand	نیرومند
sterkte (de)	niru	نیرو
mollig (bn)	čāq	چاق
getaand (bn)	sabze ru	سبزه رو
slank (bn)	xoš andām	خوش اندام
elegant (bn)	barāzande	برازنده

58. Leeftijd

leeftijd (de)	sen	سن
jeugd (de)	javāni	جوانی

jong (bn)	javān	جوان
jonger (bn)	kučaktar	کوچکتر
ouder (bn)	bozorgtar	بزرگتر

jongen (de)	mard-e javān	مرد جوان
tiener, adolescent (de)	nowjavān	نوجوان
kerel (de)	mard	مرد

| oude man (de) | pirmard | پیرمرد |
| oude vrouw (de) | pirzan | پیرزن |

volwassen (bn)	bāleq	بالغ
van middelbare leeftijd (bn)	miyānsāl	میانسال
bejaard (bn)	sālmand	سالمند
oud (bn)	mosen	مسن

pensioen (het)	mostamerri	مستمری
met pensioen gaan	bāznešaste šodan	بازنشسته شدن
gepensioneerde (de)	bāznešaste	بازنشسته

59. Kinderen

kind (het)	kudak	کودک
kinderen (mv.)	bače-hā	بچه ها
tweeling (de)	doqolu	دوقلو

wieg (de)	gahvāre	گهواره
rammelaar (de)	jeqjeqe	جغجغه
luier (de)	pušak	پوشک

speen (de)	pestānak	پستانک
kinderwagen (de)	kāleske	کالسکه
kleuterschool (de)	kudakestān	کودکستان
babysitter (de)	parastār bače	پرستار بچه

kindertijd (de)	kudaki	کودکی
pop (de)	arusak	عروسک
speelgoed (het)	asbāb bāzi	اسباب بازی
bouwspeelgoed (het)	xāne sāzi	خانه سازی
welopgevoed (bn)	bā tarbiyat	با تربیت
onopgevoed (bn)	bi tarbiyat	بی تربیت
verwend (bn)	lus	لوس

stout zijn (ww)	šeytanat kardan	شیطنت کردن
stout (bn)	bāziguš	بازیگوش
stoutheid (de)	šeytāni	شیطانی
stouterd (de)	šeytān	شیطان

| gehoorzaam (bn) | moti' | مطیع |
| ongehoorzaam (bn) | sarkeš | سرکش |

braaf (bn)	āqel	عاقل
slim (verstandig)	bāhuš	باهوش
wonderkind (het)	kudak nābeqe	کودک نابغه

60. Gehuwde paren. Gezinsleven

kussen (een kus geven)	busidan	بوسیدن
elkaar kussen (ww)	hamdigar rā busidan	همدیگررا بوسیدن
gezin (het)	xānevāde	خانواده
gezins- (abn)	xānevādegi	خانوادگی
paar (het)	zoj	زوج
huwelijk (het)	ezdevāj	ازدواج
thuis (het)	kāšāne	کاشانه
dynastie (de)	selsele	سلسله

date (de)	qarār	قرار
zoen (de)	buse	بوسه

liefde (de)	ešq	عشق
liefhebben (ww)	dust dāštan	دوست داشتن
geliefde (bn)	mahbub	محبوب

tederheid (de)	mehrbāni	مهربانی
teder (bn)	mehrbān	مهربان
trouw (de)	vafā	وفا
trouw (bn)	vafādār	وفادار
zorg (bijv. bejaarden~)	tavajjoh	توجه
zorgzaam (bn)	ba molāheze	با ملاحظه

jonggehuwden (mv.)	tāze ezdevāj karde	تازه ازدواج کرده
wittebroodsweken (mv.)	māh-e asal	ماه عسل
trouwen (vrouw)	ezdevāj kardan	ازدواج کردن
trouwen (man)	ezdevāj kardan	ازدواج کردن

bruiloft (de)	arusi	عروسی
gouden bruiloft (de)	panjāhomin sālgard-e arusi	پنجاهمین سالگرد عروسی
verjaardag (de)	sālgard	سالگرد

minnaar (de)	ma'šuq	معشوق
minnares (de)	ma'šuqe	معشوقه

overspel (het)	xiyānat	خیانت
overspel plegen (ww)	xiyānat kardan	خیانت کردن
jaloers (bn)	hasud	حسود
jaloers zijn (echtgenoot, enz.)	hasud budan	حسود بودن
echtscheiding (de)	talāq	طلاق
scheiden (ww)	talāq gereftan	طلاق گرفتن

ruzie hebben (ww)	da'vā kardan	دعوا کردن
vrede sluiten (ww)	āšti kardan	آشتی کردن
samen (bw)	bāham	باهم
seks (de)	seks	سکس

geluk (het)	xošbaxti	خوشبختی
gelukkig (bn)	xošbaxt	خوشبخت
ongeluk (het)	badbaxti	بدبختی
ongelukkig (bn)	badbaxt	بدبخت

Karakter. Gevoelens. Emoties

61. Gevoelens. Emoties

gevoel (het)	ehsās	احساس
gevoelens (mv.)	ehsāsat	احساسات
voelen (ww)	ehsās kardan	احساس کردن
honger (de)	gorosnegi	گرسنگی
honger hebben (ww)	gorosne budan	گرسنه بودن
dorst (de)	tešnegi	تشنگی
dorst hebben	tešne budan	تشنه بودن
slaperigheid (de)	xāb āludegi	خواب آلودگی
willen slapen	xābālud budan	خواب آلود بودن
moeheid (de)	xastegi	خستگی
moe (bn)	xaste	خسته
vermoeid raken (ww)	xaste šodan	خسته شدن
stemming (de)	xolq	خلق
verveling (de)	bi hoselegi	بی حوصلگی
zich vervelen (ww)	hosele sar raftan	حوصله سررفتن
afzondering (de)	guše nešini	گوشه نشینی
zich afzonderen (ww)	guše nešini kardan	گوشه نشینی کردن
bezorgd maken	negarān kardan	نگران کردن
bezorgd zijn (ww)	negarān šodan	نگران شدن
zorg (bijv. geld~en)	negarāni	نگرانی
ongerustheid (de)	negarāni	نگرانی
ongerust (bn)	moztareb	مضطرب
zenuwachtig zijn (ww)	asabi šodan	عصبی شدن
in paniek raken	vahšat kardan	وحشت کردن
hoop (de)	omid	امید
hopen (ww)	omid dāštan	امید داشتن
zekerheid (de)	etminān	اطمینان
zeker (bn)	motmaen	مطمئن
onzekerheid (de)	adam-e etminān	عدم اطمینان
onzeker (bn)	nā motmaen	نا مطمئن
dronken (bn)	mast	مست
nuchter (bn)	hošyār	هوشیار
zwak (bn)	za'if	ضعیف
gelukkig (bn)	xošbaxt	خوشبخت
doen schrikken (ww)	tarsāndan	ترساندن
toorn (de)	qeyz	غیظ
woede (de)	xašm	خشم
depressie (de)	afsordegi	افسردگی
ongemak (het)	nārāhati	ناراحتی

gemak, comfort (het)	āsāyeš	آسایش
spijt hebben (ww)	afsus xordan	افسوس خوردن
spijt (de)	afsus	افسوس
pech (de)	bad šāns-i	بد شانسی
bedroefdheid (de)	delxori	دلخوری

schaamte (de)	šarm	شرم
pret (de), plezier (het)	šādi	شادی
enthousiasme (het)	eštiyāq	اشتیاق
enthousiasteling (de)	moštāq	مشتاق
enthousiasme vertonen	eštiyāq dāštan	اشتیاق داشتن

62. Karakter. Persoonlijkheid

karakter (het)	šaxsiyat	شخصیت
karakterfout (de)	naqs	نقص
rede (de), verstand (het)	aql	عقل

geweten (het)	vejdān	وجدان
gewoonte (de)	ādat	عادت
bekwaamheid (de)	este'dād	استعداد
kunnen (bijv., ~ zwemmen)	tavānestan	توانستن

geduldig (bn)	bā howsele	با حوصله
ongeduldig (bn)	bi hosele	بی حوصله
nieuwsgierig (bn)	konjkāv	کنجکاو
nieuwsgierigheid (de)	konjkāvi	کنجکاوی

bescheidenheid (de)	forutani	فروتنی
bescheiden (bn)	forutan	فروتن
onbescheiden (bn)	gostāx	گستاخ

luiheid (de)	tanbali	تنبلی
lui (bn)	tanbal	تنبل
luiwammes (de)	tanbal	تنبل

sluwheid (de)	mokāri	مکاری
sluw (bn)	makkār	مکار
wantrouwen (het)	bad gomāni	بد گمانی
wantrouwig (bn)	bad gomān	بد گمان

gulheid (de)	sexāvat	سخاوت
gul (bn)	ba sexāvat	با سخاوت
talentrijk (bn)	bā este'dād	با استعداد
talent (het)	este'dād	استعداد

moedig (bn)	šojā'	شجاع
moed (de)	šojā'at	شجاعت
eerlijk (bn)	sādeq	صادق
eerlijkheid (de)	sedāqat	صداقت

voorzichtig (bn)	bā ehtiyāt	با احتیاط
manhaftig (bn)	bi bāk	بی باک
ernstig (bn)	jeddi	جدی

streng (bn)	saxt gir	سخت گیر
resoluut (bn)	mosammam	مصمم
onzeker, irresoluut (bn)	do del	دو دل
schuchter (bn)	xejālati	خجالتی
schuchterheid (de)	xejālat	خجالت

vertrouwen (het)	e'temād	اعتماد
vertrouwen (ww)	bāvar kardan	باور کردن
goedgelovig (bn)	zud bāvar	زود باور

oprecht (bw)	sādeqāne	صادقانه
oprecht (bn)	sādeq	صادق
oprechtheid (de)	sedāqat	صداقت
open (bn)	sarih	صریح

rustig (bn)	ārām	آرام
openhartig (bn)	rok	رک
naïef (bn)	sāde lowh	ساده لوح
verstrooid (bn)	sar be havā	سربه هوا
leuk, grappig (bn)	xande dār	خنده دار

gierigheid (de)	hers	حرص
gierig (bn)	haris	حریص
inhalig (bn)	xasis	خسیس
kwaad (bn)	badjens	بدجنس
koppig (bn)	lajuj	لجوج
onaangenaam (bn)	nāxošāyand	ناخوشایند

egoïst (de)	xodxāh	خودخواه
egoïstisch (bn)	xodxāhi	خودخواهی
lafaard (de)	tarsu	ترسو
laf (bn)	tarsu	ترسو

63. Slaap. Dromen

slapen (ww)	xābidan	خوابیدن
slaap (in ~ vallen)	xāb	خواب
droom (de)	royā	رویا
dromen (in de slaap)	xāb didan	خواب دیدن
slaperig (bn)	xāb ālud	خواب آلود

bed (het)	taxt-e xāb	تخت خواب
matras (de)	tošak	تشک
deken (de)	patu	پتو
kussen (het)	bālešt	بالشت
laken (het)	malāfe	ملافه

slapeloosheid (de)	bi-xābi	بیخوابی
slapeloos (bn)	bi xāb	بی خواب
slaapmiddel (het)	xāb āvar	خواب آور
slaapmiddel innemen	xābāvar xordan	خواب آور خوردن

| willen slapen | xābālud budan | خواب آلود بودن |
| geeuwen (ww) | xamyāze kešidan | خمیازه کشیدن |

gaan slapen	be raxtexāb raftan	به رختخواب رفتن
het bed opmaken	raxtexāb-e pahn kardan	رختخواب پهن کردن
inslapen (ww)	xābidan	خوابیدن

nachtmerrie (de)	kābus	کابوس
gesnurk (het)	xoropof	خروپف
snurken (ww)	xoropof kardan	خروپف کردن

wekker (de)	sā'at-e zang dār	ساعت زنگ دار
wekken (ww)	bidār kardan	بیدار کردن
wakker worden (ww)	bidār šodan	بیدار شدن
opstaan (ww)	boland šodan	بلند شدن
zich wassen (ww)	dast-o ru šostan	دست و رو شستن

64. Humor. Gelach. Blijdschap

humor (de)	šuxi	شوخی
gevoel (het) voor humor	šux ta'bi	شوخ طبعی
plezier hebben (ww)	šādi kardan	شادی کردن
vrolijk (bn)	šād	شاد
pret (de), plezier (het)	šādi	شادی

glimlach (de)	labxand	لبخند
glimlachen (ww)	labxand zadan	لبخند زدن
beginnen te lachen (ww)	xandidan	خندیدن
lachen (ww)	xandidan	خندیدن
lach (de)	xande	خنده

mop (de)	latife	لطیفه
grappig (een ~ verhaal)	xande dār	خنده دار
grappig (~e clown)	xande dār	خنده دار

grappen maken (ww)	šuxi kardan	شوخی کردن
grap (de)	šuxi	شوخی
blijheid (de)	šādi	شادی
blij zijn (ww)	xošhāl šodan	خوشحال شدن
blij (bn)	xošhāl	خوشحال

65. Discussie, conversatie. Deel 1

communicatie (de)	ertebāt	ارتباط
communiceren (ww)	ertebāt dāštan	ارتباط داشتن

conversatie (de)	mokāleme	مکالمه
dialoog (de)	goftogu	گفتگو
discussie (de)	mobāhese	مباحثه
debat (het)	mošājere	مشاجره
debatteren, twisten (ww)	mošājere kardan	مشاجره کردن

gesprekspartner (de)	ham soxan	هم سخن
thema (het)	mowzu'	موضوع
standpunt (het)	noqte nazar	نقطه نظر

| mening (de) | nazar | نظر |
| toespraak (de) | soxanrāni | سخنرانی |

bespreking (de)	mozākere	مذاکره
bespreken (spreken over)	bahs kardan	بحث کردن
gesprek (het)	goftogu	گفتگو
spreken (converseren)	goftogu kardan	گفتگو کردن
ontmoeting (de)	didār	دیدار
ontmoeten (ww)	molāqāt kardan	ملاقات کردن

spreekwoord (het)	zarb-ol-masal	ضرب المثل
gezegde (het)	zarb-ol-masal	ضرب المثل
raadsel (het)	mo'ammā	معما
een raadsel opgeven	mo'ammā matrah kardan	معما مطرح کردن
wachtwoord (het)	ramz	رمز
geheim (het)	rāz	راز

eed (de)	sowgand	سوگند
zweren (een eed doen)	sowgand xordan	سوگند خوردن
belofte (de)	va'de	وعده
beloven (ww)	qowl dādan	قول دادن

advies (het)	nasihat	نصیحت
adviseren (ww)	nasihat kardan	نصیحت کردن
advies volgen (iemands ~)	nasihat-e kasi rā donbāl kardan	نصیحت کسی را دنبال کردن
luisteren (gehoorzamen)	guš kardan	گوش کردن

nieuws (het)	xabar	خبر
sensatie (de)	hayajān	هیجان
informatie (de)	ettelā'āt	اطلاعات
conclusie (de)	natije	نتیجه
stem (de)	sedā	صدا
compliment (het)	ta'rif	تعریف
vriendelijk (bn)	bā mohabbat	با محبت

woord (het)	kalame	کلمه
zin (de), zinsdeel (het)	ebārat	عبارت
antwoord (het)	javāb	جواب

| waarheid (de) | haqiqat | حقیقت |
| leugen (de) | doruq | دروغ |

gedachte (de)	fekr	فکر
idee (de/het)	fekr	فکر
fantasie (de)	fāntezi	فانتزی

66. Discussie, conversatie. Deel 2

gerespecteerd (bn)	mohtaram	محترم
respecteren (ww)	ehterām gozāštan	احترام گذاشتن
respect (het)	ehterām	احترام
Geachte ... (brief)	gerāmi	گرامی
voorstellen (Mag ik jullie ~)	mo'arrefi kardan	معرفی کردن

kennismaken (met …)	āšnā šodan	آشنا شدن
intentie (de)	qasd	قصد
intentie hebben (ww)	qasd dāštan	قصد داشتن
wens (de)	ārezu	آرزو
wensen (ww)	ārezu kardan	آرزو کردن
verbazing (de)	ta'ajjob	تعجب
verbazen (verwonderen)	mote'ajjeb kardan	متعجب کردن
verbaasd zijn (ww)	mote'ajjeb šodan	متعجب شدن
geven (ww)	dādan	دادن
nemen (ww)	bardāštan	برداشتن
teruggeven (ww)	bargardāndan	برگرداندن
retourneren (ww)	pas dādan	پس دادن
zich verontschuldigen	ozr xāstan	عذر خواستن
verontschuldiging (de)	ozr xāhi	عذر خواهی
vergeven (ww)	baxšidan	بخشیدن
spreken (ww)	harf zadan	حرف زدن
luisteren (ww)	guš dādan	گوش دادن
aanhoren (ww)	xub guš dādan	خوب گوش دادن
begrijpen (ww)	fahmidan	فهمیدن
tonen (ww)	nešān dādan	نشان دادن
kijken naar …	negāh kardan	نگاه کردن
roepen (vragen te komen)	sedā kardan	صدا کردن
afleiden (storen)	mozāhem šodan	مزاحم شدن
storen (lastigvallen)	mozāhem šodan	مزاحم شدن
doorgeven (ww)	dādan	دادن
verzoek (het)	xāheš	خواهش
verzoeken (ww)	xāheš kardan	خواهش کردن
eis (de)	taqāzā	تقاضا
eisen (met klem vragen)	darxāst kardan	درخواست کردن
beledigen (beledigende namen geven)	dast endāxtan	دست انداختن
uitlachen (ww)	masxare kardan	مسخره کردن
spot (de)	masxare	مسخره
hijnaam (de)	laqab	لقب
zinspeling (de)	kenāye	کنایه
zinspelen (ww)	kenāye zadan	کنایه زدن
impliceren (duiden op)	ma'ni dāštan	معنی داشتن
beschrijving (de)	towsif	توصیف
beschrijven (ww)	towsif kardan	توصیف کردن
lof (de)	tahsin	تحسین
loven (ww)	tahsin kardan	تحسین کردن
teleurstelling (de)	nāomidi	ناامیدی
teleurstellen (ww)	nāomid kardan	ناامید کردن
teleurgesteld zijn (ww)	nāomid šodan	ناامید شدن
veronderstelling (de)	farz	فرض
veronderstellen (ww)	farz kardan	فرض کردن

| waarschuwing (de) | extār | اخطار |
| waarschuwen (ww) | extār dādan | اخطار دادن |

67. Discussie, conversatie. Deel 3

| aanpraten (ww) | rāzi kardan | راضی کردن |
| kalmeren (kalm maken) | ārām kardan | آرام کردن |

stilte (de)	sokut	سکوت
zwijgen (ww)	sāket māndan	ساکت ماندن
fluisteren (ww)	najvā kardan	نجوا کردن
gefluister (het)	najvā	نجوا

| open, eerlijk (bw) | sādeqāne | صادقانه |
| volgens mij ... | be nazar-e man | به نظرمن |

detail (het)	joz'iyāt	جزئیات
gedetailleerd (bn)	mofassal	مفصل
gedetailleerd (bw)	be tafsil	به تفصیل

| hint (de) | sarnax | سرنخ |
| een hint geven | sarnax dādan | سرنخ دادن |

blik (de)	nazar	نظر
een kijkje nemen	nazar andāxtan	نظر انداختن
strak (een ~ke blik)	bi harekat	بی حرکت
knipperen (ww)	pelk zadan	پلک زدن
knipogen (ww)	češmak zadan	چشمک زدن
knikken (ww)	sar-e tekān dādan	سر تکان دادن

zucht (de)	āh	آه
zuchten (ww)	āh kešidan	آه کشیدن
huiveren (ww)	larzidan	لرزیدن
gebaar (het)	žest	ژست
aanraken (ww)	lams kardan	لمس کردن
grijpen (ww)	gereftan	گرفتن
een schouderklopje geven	zadan	زدن

Kijk uit!	movāzeb bāš!	!مواظب باش
Echt?	vāqe'an?	واقعاً؟
Bent je er zeker van?	motmaenn-i?	مطمئنی؟
Succes!	movaffaq bāšid!	!موفق باشید
Juist, ja!	albate!	!البته
Wat jammer!	heyf!	!حیف

68. Overeenstemming. Weigering

instemming (het)	movāfeqat	موافقت
instemmen (akkoord gaan)	movāfeqat kardan	موافقت کردن
goedkeuring (de)	ta'id	تایید
goedkeuren (ww)	ta'id kardan	تایید کردن
weigering (de)	emtenā'	امتناع

weigeren (ww)	rad kardan	رد کردن
Geweldig!	āli	عالی
Goed!	xub	خوب
Akkoord!	besyār xob!	بسیارخوب!

verboden (bn)	mamnuʿ	ممنوع
het is verboden	mamnuʿ ast	ممنوع است
het is onmogelijk	qeyr-e momken ast	غیر ممکن است
onjuist (bn)	nādorost	نادرست

afwijzen (ww)	rad kardan	رد کردن
steunen	poštibāni kardan	پشتیبانی کردن
(een goed doel, enz.)		
aanvaarden (excuses ~)	qabul kardan	قبول کردن

bevestigen (ww)	taʿyid kardan	تأیید کردن
bevestiging (de)	taʿyid	تأیید
toestemming (de)	ejāze	اجازه
toestaan (ww)	ejāze dādan	اجازه دادن
beslissing (de)	tasmim	تصمیم
z'n mond houden (ww)	sokut kardan	سکوت کردن

voorwaarde (de)	šart	شرط
smoes (de)	bahāne	بهانه
lof (de)	tahsin	تحسین
loven (ww)	tahsin kardan	تحسین کردن

69. Succes. Veel geluk. Mislukking

succes (het)	movaffaqiyat	موفقیت
succesvol (bw)	bā movaffaqiyat	با موفقیت
succesvol (bn)	movaffaqiyat āmiz	موفقیت آمیز

geluk (het)	šāns	شانس
Succes!	movaffaq bāšid!	موفق باشید!
geluks- (bn)	šāns	شانس
gelukkig (fortuinlijk)	xoš šāns	خوش شانس

mislukking (de)	nākāmi	ناکامی
tegenslag (de)	bad šāns-i	بد شانسی
pech (de)	bad šāns-i	بد شانسی
zonder succes (bn)	nā movaffaq	نا موفق
catastrofe (de)	fājeʿe	فاجعه

fierheid (de)	eftexār	افتخار
fier (bn)	maqrur	مغرور
fier zijn (ww)	eftexār kardan	افتخارکردن

winnaar (de)	barande	برنده
winnen (ww)	piruz šodan	پیروز شدن
verliezen (ww)	bāxtan	باختن
poging (de)	talāš	تلاش
pogen, proberen (ww)	talāš kardan	تلاش کردن
kans (de)	šāns	شانس

70. Ruzies. Negatieve emoties

schreeuw (de)	faryād	فریاد
schreeuwen (ww)	faryād zadan	فریاد زدن
beginnen te schreeuwen	faryād zadan	فریاد زدن

ruzie (de)	da'vā	دعوا
ruzie hebben (ww)	da'vā kardan	دعوا کردن
schandaal (het)	mošājere	مشاجره
schandaal maken (ww)	janjāl kardan	جنجال کردن
conflict (het)	dargiri	درگیری
misverstand (het)	su'-e tafāhom	سوء تفاهم

belediging (de)	towhin	توهین
beledigen	towhin kardan	توهین کردن
(met scheldwoorden)		
beledigd (bn)	towhin šode	توهین شده
krenking (de)	ranješ	رنجش
krenken (beledigen)	ranjāndan	رنجاندن
gekwetst worden (ww)	ranjidan	رنجیدن

verontwaardiging (de)	xašm	خشم
verontwaardigd zijn (ww)	xašmgin šodan	خشمگین شدن
klacht (de)	šekāyat	شکایت
klagen (ww)	šekāyat kardan	شکایت کردن

verontschuldiging (de)	ozr xāhi	عذر خواهی
zich verontschuldigen	ozr xāstan	عذر خواستن
excuus vragen	ozr xāstan	عذر خواستن

kritiek (de)	enteqād	انتقاد
bekritiseren (ww)	enteqād kardan	انتقاد کردن
beschuldiging (de)	ettehām	اتهام
beschuldigen (ww)	mottaham kardan	متهم کردن

wraak (de)	enteqām	انتقام
wreken (ww)	enteqām gereftan	انتقام گرفتن
wraak nemen (ww)	talāfi darāvardan	تلافی درآوردن

minachting (de)	tahqir	تحقیر
minachten (ww)	tahqir kardan	تحقیر کردن
haat (de)	nefrat	نفرت
haten (ww)	motenaffer budan	متنفر بودن

zenuwachtig (bn)	asabi	عصبی
zenuwachtig zijn (ww)	asabi šodan	عصبی شدن
boos (bn)	xašmgin	خشمگین
boos maken (ww)	xašmgin kardan	خشمگین کردن

vernedering (de)	tahqir	تحقیر
vernederen (ww)	tahqir kardan	تحقیر کردن
zich vernederen (ww)	tahqir šodan	تحقیر شدن

schok (de)	šok	شوک
schokken (ww)	šokke kardan	شوکه کردن

onaangenaamheid (de)	moškel	مشكل
onaangenaam (bn)	nāxošāyand	ناخوشایند

vrees (de)	tars	ترس
vreselijk (bijv. ~ onweer)	eftezāh	افتضاح
eng (bn)	vahšatnāk	وحشتناک
gruwel (de)	vahšat	وحشت
vreselijk (~ nieuws)	vahšat āvar	وحشت آور

beginnen te beven	larzidan	لرزیدن
huilen (wenen)	gerye kardan	گریه کردن
beginnen te huilen (wenen)	gerye sar dādan	گریه سر دادن
traan (de)	ašk	اشک

schuld (~ geven aan)	taqsir	تقصیر
schuldgevoel (het)	gonāh	گناه
schande (de)	ār	عار
protest (het)	e'terāz	اعتراض
stress (de)	fešār	فشار

storen (lastigvallen)	mozāhem šodan	مزاحم شدن
kwaad zijn (ww)	xašmgin budan	خشمگین بودن
kwaad (bn)	xašmgin	خشمگین
beëindigen (een relatie ~)	qat' kardan	قطع کردن
vloeken (ww)	fohš dādan	فحش دادن

schrikken (schrik krijgen)	tarsidan	ترسیدن
slaan (iemand ~)	zadan	زدن
vechten (ww)	zad-o-xord kardan	زد و خورد کردن

regelen (conflict)	hal-o-fasl kardan	حل و فصل کردن
ontevreden (bn)	nārāzi	ناراضی
woedend (bn)	qazabnāk	غضبناک

Dat is niet goed!	xub nist!	خوب نیست!
Dat is slecht!	bad ast!	بد است!

Geneeskunde

71. Ziekten

ziekte (de)	bimāri	بیماری
ziek zijn (ww)	bimār budan	بیمار بودن
gezondheid (de)	salāmati	سلامتی

snotneus (de)	āb-e rizeš-e bini	آب ریزش بینی
angina (de)	varam-e lowze	ورم لوزه
verkoudheid (de)	sarmā xordegi	سرما خوردگی
verkouden raken (ww)	sarmā xordan	سرما خوردن

bronchitis (de)	boronšit	برنشیت
longontsteking (de)	zātorrie	ذات الریه
griep (de)	ānfolānzā	آنفولانزا

bijziend (bn)	nazdik bin	نزدیک بین
verziend (bn)	durbin	دوربین
scheelheid (de)	enherāf-e čašm	انحراف چشم
scheel (bn)	luč	لوچ
grauwe staar (de)	āb morvārid	آب مروارید
glaucoom (het)	ab-e siyāh	آب سیاه

beroerte (de)	sekte-ye maqzi	سکته مغزی
hartinfarct (het)	sekte-ye qalbi	سکته قلبی
myocardiaal infarct (het)	ānfārktus	آنفارکتوس
verlamming (de)	falaji	فلجی
verlammen (ww)	falj kardan	فلج کردن

allergie (de)	ālerži	آلرژی
astma (de/het)	āsm	آسم
diabetes (de)	diyābet	دیابت

tandpijn (de)	dandān-e dard	دندان درد
tandbederf (het)	pusidegi	پوسیدگی

diarree (de)	eshāl	اسهال
constipatie (de)	yobusat	یبوست
maagstoornis (de)	nārāhati-ye me'de	ناراحتی معده
voedselvergiftiging (de)	masmumiyat	مسمومیت
voedselvergiftiging oplopen	masmum šodan	مسموم شدن

artritis (de)	varam-e mafāsel	ورم مفاصل
rachitis (de)	rāšitism	راشیتیسم
reuma (het)	romātism	روماتیسم
arteriosclerose (de)	tasallob-e šarāin	تصلب شرائین

gastritis (de)	varam-e me'de	ورم معده
blindedarmontsteking (de)	āpāndisit	آپاندیسیت

| galblaasontsteking (de) | eltehāb-e kise-ye safrā | التهاب کیسه صفرا |
| zweer (de) | zaxm | زخم |

mazelen (mv.)	sorxak	سرخک
rodehond (de)	sorxje	سرخجه
geelzucht (de)	yaraqān	یرقان
leverontsteking (de)	hepātit	هپاتیت

schizofrenie (de)	šizoferni	شیزوفرنی
dolheid (de)	hāri	هاری
neurose (de)	extelāl-e a'sāb	اختلال اعصاب
hersenschudding (de)	zarbe-ye maqzi	ضربه مغزی

kanker (de)	saratān	سرطان
sclerose (de)	eskeleroz	اسکلروز
multiple sclerose (de)	eskeleroz čandgāne	اسکلروز چندگانه

alcoholisme (het)	alkolism	الکلیسم
alcoholicus (de)	alkoli	الکلی
syfilis (de)	siflis	سیفلیس
AIDS (de)	eydz	ایدز

tumor (de)	tumor	تومور
kwaadaardig (bn)	bad xim	بد خیم
goedaardig (bn)	xoš xim	خوش خیم

koorts (de)	tab	تب
malaria (de)	mālāriyā	مالاریا
gangreen (het)	qānqāriyā	قانقاریا
zeeziekte (de)	daryā-zadegi	دریازدگی
epilepsie (de)	sar'	صرع

epidemie (de)	epidemi	اپیدمی
tyfus (de)	hasbe	حصبه
tuberculose (de)	sel	سل
cholera (de)	vabā	وبا
pest (de)	tā'un	طاعون

72 Symptomen, Behandelingen. Deel 1

symptoom (het)	alāem-e bimāri	علائم بیماری
temperatuur (de)	damā	دما
verhoogde temperatuur (de)	tab	تب
polsslag (de)	nabz	نبض

duizeling (de)	sargije	سرگیجه
heet (erg warm)	dāq	داغ
koude rillingen (mv.)	ra'še	رعشه
bleek (bn)	rang paride	رنگ پریده

hoest (de)	sorfe	سرفه
hoesten (ww)	sorfe kardan	سرفه کردن
niezen (ww)	atse kardan	عطسه کردن
flauwte (de)	qaš	غش

flauwvallen (ww)	qaš kardan	غش کردن
blauwe plek (de)	kabudi	کبودی
buil (de)	barāmadegi	برآمدگی
zich stoten (ww)	barxord kardan	برخورد کردن
kneuzing (de)	kuftegi	کوفتگی
kneuzen (gekneusd zijn)	zarb didan	ضرب دیدن

hinken (ww)	langidan	لنگیدن
verstuiking (de)	dar raftegi	دررفتگی
verstuiken (enkel, enz.)	dar raftan	دررفتن
breuk (de)	šekastegi	شکستگی
een breuk oplopen	dočār-e šekastegi šodan	دچار شکستگی شدن

snijwond (de)	boridegi	بریدگی
zich snijden (ww)	boridan	بریدن
bloeding (de)	xunrizi	خونریزی

| brandwond (de) | suxtegi | سوختگی |
| zich branden (ww) | dočār-e suxtegi šodan | دچار سوختگی شدن |

prikken (ww)	surāx kardan	سوراخ کردن
zich prikken (ww)	surāx kardan	سوراخ کردن
blesseren (ww)	āsib resāndan	آسیب رساندن
blessure (letsel)	zaxm	زخم
wond (de)	zaxm	زخم
trauma (het)	zarbe	ضربه

IJlen (ww)	hazyān goftan	هذیان گفتن
stotteren (ww)	loknat dāštan	لکنت داشتن
zonnesteek (de)	āftāb-zadegi	آفتابزدگی

73. Symptomen. Behandelingen. Deel 2

| pijn (de) | dard | درد |
| splinter (de) | xār | خار |

zweet (het)	araq	عرق
zweten (ww)	araq kardan	عرق کردن
braking (de)	estefrāq	استفراغ
stuiptrekkingen (mv.)	tašannoj	تشنج

zwanger (bn)	bārdār	باردار
geboren worden (ww)	motevalled šodan	متولد شدن
geboorte (de)	vaz'-e haml	وضع حمل
baren (ww)	be donyā āvardan	به دنیا آوردن
abortus (de)	seqt-e janin	سقط جنین

ademhaling (de)	tanaffos	تنفس
inademing (de)	estenšāq	استنشاق
uitademing (de)	bāzdam	بازدم
uitademen (ww)	bāzdamidan	بازدمیدن
inademen (ww)	nafas kešidan	نفس کشیدن
invalide (de)	ma'lul	معلول
gehandicapte (de)	falaj	فلج

drugsverslaafde (de)	mo'tād	معتاد
doof (bn)	kar	کر
stom (bn)	lāl	لال
doofstom (bn)	kar-o lāl	کر و لال

krankzinnig (bn)	divāne	دیوانه
krankzinnige (man)	divāne	دیوانه
krankzinnige (vrouw)	divāne	دیوانه
krankzinnig worden	divāne šodan	دیوانه شدن

gen (het)	žen	ژن
immuniteit (de)	masuniyat	مصونیت
erfelijk (bn)	mowrusi	موروثی
aangeboren (bn)	mādarzād	مادرزاد

virus (het)	virus	ویروس
microbe (de)	mikrob	میکروب
bacterie (de)	bākteri	باکتری
infectie (de)	ofunat	عفونت

74. Symptomen. Behandelingen. Deel 3

ziekenhuis (het)	bimārestān	بیمارستان
patiënt (de)	bimār	بیمار

diagnose (de)	tašxis	تشخیص
genezing (de)	mo'āleje	معالجه
medische behandeling (de)	darmān	درمان
onder behandeling zijn	darmān šodan	درمان شدن
behandelen (ww)	mo'āleje kardan	معالجه کردن
zorgen (zieken ~)	parastāri kardan	پرستاری کردن
ziekenzorg (de)	parastāri	پرستاری

operatie (de)	amal-e jarrāhi	عمل جراحی
verbinden (een arm ~)	pānsemān kardan	پانسمان کردن
verband (het)	pānsemān	پانسمان

vaccin (het)	vāksināsyon	واکسیناسیون
inenten (vaccineren)	vāksine kardan	واکسینه کردن
injectie (de)	tazriq	تزریق
een injectie geven	tazriq kardan	تزریق کردن

aanval (de)	hamle	حمله
amputatie (de)	qat'-e ozv	قطع عضو
amputeren (ww)	qat' kardan	قطع کردن
coma (het)	komā	کما
in coma liggen	dar komā budan	در کما بودن
intensieve zorg, ICU (de)	morāqebat-e viže	مراقبت ویژه

zich herstellen (ww)	behbud yāftan	بهبود یافتن
toestand (de)	hālat	حالت
bewustzijn (het)	huš	هوش
geheugen (het)	hāfeze	حافظه
trekken (een kies ~)	dandān kešidan	دندان کشیدن

| vulling (de) | por kardan | پر کردن |
| vullen (ww) | por kardan | پر کردن |

| hypnose (de) | hipnotizm | هیپنوتیزم |
| hypnotiseren (ww) | hipnotizm kardan | هیپنوتیزم کردن |

75. Artsen

dokter, arts (de)	pezešk	پزشک
ziekenzuster (de)	parastār	پرستار
lijfarts (de)	pezešk-e šaxsi	پزشک شخصی

tandarts (de)	dandān pezešk	دندان پزشک
oogarts (de)	češm-pezešk	چشم پزشک
therapeut (de)	pezešk omumi	پزشک عمومی
chirurg (de)	jarrāh	جراح

psychiater (de)	ravānpezešk	روانپزشک
pediater (de)	pezešk-e kudakān	پزشک کودکان
psycholoog (de)	ravānšenās	روانشناس
gynaecoloog (de)	motexasses-e zanān	متخصص زنان
cardioloog (de)	motexasses-e qalb	متخصص قلب

76. Geneeskunde. Medicijnen. Accessoires

geneesmiddel (het)	dāru	دارو
middel (het)	darmān	درمان
voorschrijven (ww)	tajviz kardan	تجویز کردن
recept (het)	nosxe	نسخه

tablet (de/het)	qors	قرص
zalf (de)	pomād	پماد
ampul (de)	āmpul	آمپول
drank (de)	šarbat	شربت
siroop (de)	šarbat	شربت
pil (de)	kapsul	کپسول
poeder (de/het)	pudr	پودر

verband (het)	bānd	باند
watten (mv.)	panbe	پنبه
jodium (het)	yod	ید

pleister (de)	časb-e zaxm	چسب زخم
pipet (de)	qatre čekān	قطره چکان
thermometer (de)	damāsanj	دماسنج
spuit (de)	sorang	سرنگ

| rolstoel (de) | vilčer | ویلچر |
| krukken (mv.) | čub zir baqal | چوب زیر بغل |

| pijnstiller (de) | mosaken | مسکن |
| laxeermiddel (het) | moshel | مسهل |

spiritus (de)	alkol	الكل
medicinale kruiden (mv.)	giyāhān-e dāruyi	گیاهان دارویی
kruiden- (abn)	giyāhi	گیاهی

77. Roken. Tabaksproducten

tabak (de)	tutun	توتون
sigaret (de)	sigār	سیگار
sigaar (de)	sigār	سیگار
pijp (de)	pip	پیپ
pakje (~ sigaretten)	baste	بسته

lucifers (mv.)	kebrit	کبریت
luciferdoosje (het)	quti-ye kebrit	قوطی کبریت
aansteker (de)	fandak	فندک
asbak (de)	zir-sigāri	زیرسیگاری
sigarettendoosje (het)	quti-ye sigār	قوطی سیگار

| sigarettenpijpje (het) | čub-e sigār | چوب سیگار |
| filter (de/het) | filter | فیلتر |

roken (ww)	sigār kešidan	سیگار کشیدن
een sigaret opsteken	sigār rowšan kardan	سیگار روشن کردن
roken (het)	sigār kešidan	سیگار کشیدن
roker (de)	sigāri	سیگاری

peuk (de)	tah-e sigār	ته سیگار
rook (de)	dud	دود
as (de)	xākestar	خاکستر

HET MENSELIJKE LEEFGEBIED

Stad

78. Stad. Het leven in de stad

stad (de)	šahr	شهر
hoofdstad (de)	pāytaxt	پایتخت
dorp (het)	rustā	روستا
plattegrond (de)	naqše-ye šahr	نقشۀ شهر
centrum (ov. een stad)	markaz-e šahr	مرکز شهر
voorstad (de)	hume-ye šahr	حومۀ شهر
voorstads- (abn)	hume-ye šahr	حومۀ شهر
randgemeente (de)	hume	حومه
omgeving (de)	hume	حومه
blok (huizenblok)	mahalle	محله
woonwijk (de)	mahalle-ye maskuni	محلۀ مسکونی
verkeer (het)	obur-o morur	عبور و مرور
verkeerslicht (het)	čerāq-e rāhnamā	چراغ راهنما
openbaar vervoer (het)	haml-o naql-e šahri	حمل و نقل شهری
kruispunt (het)	čahārrāh	چهارراه
zebrapad (oversteekplaats)	xatt-e āber-e piyāde	خط عابرپیاده
onderdoorgang (de)	zir-e gozar	زیر گذر
oversteken (de straat ~)	obur kardan	عبور کردن
voetganger (de)	piyāde	پیاده
trottoir (het)	piyāde row	پیاده رو
brug (de)	pol	پل
dijk (de)	xiyābān-e sāheli	خیابان ساحلی
fontein (de)	češme	چشمه
allee (de)	bāq rāh	باغ راه
park (het)	pārk	پارک
boulevard (de)	bolvār	بولوار
plein (het)	meydān	میدان
laan (de)	xiyābān	خیابان
straat (de)	xiyābān	خیابان
zijstraat (de)	kuče	کوچه
doodlopende straat (de)	bon bast	بن بست
huis (het)	xāne	خانه
gebouw (het)	sāxtemān	ساختمان
wolkenkrabber (de)	āsemānxarāš	آسمانخراش
gevel (de)	namā	نما
dak (het)	bām	بام

venster (het)	panjere	پنجره
boog (de)	tāq-e qowsi	طاق قوسی
pilaar (de)	sotun	ستون
hoek (ov. een gebouw)	nabš	نبش
vitrine (de)	vitrin	ویترین
gevelreclame (de)	tāblo	تابلو
affiche (de/het)	poster	پوستر
reclameposter (de)	poster-e tabliqāti	پوستر تبلیغاتی
aanplakbord (het)	bilbord	بیلبورد
vuilnis (de/het)	āšqāl	آشغال
vuilnisbak (de)	satl-e āšqāl	سطل آشغال
afval weggooien (ww)	kasif kardan	کثیف کردن
stortplaats (de)	jā-ye dafn-e āšqāl	جای دفن آشغال
telefooncel (de)	kābin-e telefon	کابین تلفن
straatlicht (het)	tir-e barq	تیر برق
bank (de)	nimkat	نیمکت
politieagent (de)	polis	پلیس
politie (de)	polis	پلیس
zwerver (de)	gedā	گدا
dakloze (de)	bi xānomān	بی خانمان

79. Stedelijke instellingen

winkel (de)	maqāze	مغازه
apotheek (de)	dāruxāne	داروخانه
optiek (de)	eynak foruši	عینک فروشی
winkelcentrum (het)	markaz-e tejāri	مرکز تجاری
supermarkt (de)	supermārket	سوپرمارکت
bakkerij (de)	nānvāyi	نانوایی
bakker (de)	nānvā	نانوا
banketbakkerij (de)	qannādi	قنادی
kruidenier (de)	baqqāli	بقالی
slagerij (de)	gušt foruši	گوشت فروشی
groentewinkel (de)	sabzi foruši	سبزی فروشی
markt (de)	bāzār	بازار
koffiehuis (het)	kāfe	کافه
restaurant (het)	resturān	رستوران
bar (de)	bār	بار
pizzeria (de)	pitzā-foruši	پیتزا فروشی
kapperssalon (de/het)	ārāyešgāh	آرایشگاه
postkantoor (het)	post	پست
stomerij (de)	xošk-šuyi	خشکشویی
fotostudio (de)	ātolye-ye akkāsi	آتلیة عکاسی
schoenwinkel (de)	kafš foruši	کفش فروشی
boekhandel (de)	ketāb-foruši	کتاب فروشی

sportwinkel (de)	maqāze-ye varzeši	مغازهٔ ورزشی
kledingreparatie (de)	ta'mir-e lebās	تعمیر لباس
kledingverhuur (de)	kerāye-ye lebās	کرایهٔ لباس
videotheek (de)	kerāye-ye film	کرایهٔ فیلم
circus (de/het)	sirak	سیرک
dierentuin (de)	bāq-e vahš	باغ وحش
bioscoop (de)	sinamā	سینما
museum (het)	muze	موزه
bibliotheek (de)	ketābxāne	کتابخانه
theater (het)	teātr	تئاتر
opera (de)	operā	اپرا
nachtclub (de)	kābāre	کاباره
casino (het)	kāzino	کازینو
moskee (de)	masjed	مسجد
synagoge (de)	kenešt	کنشت
kathedraal (de)	kelisā-ye jāme'	کلیسای جامع
tempel (de)	ma'bad	معبد
kerk (de)	kelisā	کلیسا
instituut (het)	anistito	انستیتو
universiteit (de)	dānešgāh	دانشگاه
school (de)	madrese	مدرسه
gemeentehuis (het)	ostāndāri	استانداری
stadhuis (het)	šahrdāri	شهرداری
hotel (het)	hotel	هتل
bank (de)	bānk	بانک
ambassade (de)	sefārat	سفارت
reisbureau (het)	āžāns-e jahāngardi	آژانس جهانگردی
informatieloket (het)	daftar-e ettelāāt	دفتر اطلاعات
wisselkantoor (het)	sarrāfi	صرافی
metro (de)	metro	مترو
ziekenhuis (het)	bimārestān	بیمارستان
benzinestation (het)	pomp-e benzin	پمپ بنزین
parking (de)	pārking	پارکینگ

80. Borden

gevelreclame (de)	tāblo	تابلو
opschrift (het)	nevešte	نوشته
poster (de)	poster	پوستر
wegwijzer (de)	rāhnamā	راهنما
pijl (de)	alāmat	علامت
waarschuwing (verwittiging)	ehtiyāt	احتیاط
waarschuwingsbord (het)	alāmat-e hošdār	علامت هشدار
waarschuwen (ww)	hošdār dādan	هشدار دادن
vrije dag (de)	ruz-e ta'til	روز تعطیل

dienstregeling (de)	jadval	جدول
openingsuren (mv.)	sā'athā-ye kāri	ساعت های کاری
WELKOM!	xoš āmadid	خوش آمدید
INGANG	vorud	ورود
UITGANG	xoruj	خروج
DUWEN	hel dādan	هل دادن
TREKKEN	bekešid	بکشید
OPEN	bāz	باز
GESLOTEN	baste	بسته
DAMES	zanāne	زنانه
HEREN	mardāne	مردانه
KORTING	taxfif	تخفیف
UITVERKOOP	harāj	حراج
NIEUW!	jadid	جدید
GRATIS	majjāni	مجانی
PAS OP!	tavajjoh	توجه
VOLGEBOEKT	otāq-e xāli nadārim	اتاق خالی نداریم
GERESERVEERD	rezerv šode	رزرو شده
ADMINISTRATIE	edāre	اداره
ALLEEN VOOR PERSONEEL	xāse personel	خاص پرسنل
GEVAARLIJKE HOND	movāzeb-e sag bāšid	مواظب سگ باشید
VERBODEN TE ROKEN!	sigār kešidan mamnu'	سیگار کشیدن ممنوع
NIET AANRAKEN!	dast nazanid	دست نزنید
GEVAARLIJK	xatarnāk	خطرناک
GEVAAR	xatar	خطر
HOOGSPANNING	voltāj bālā	ولتاژ بالا
VERBODEN TE ZWEMMEN	šenā mamnu'	شنا ممنوع
BUITEN GEBRUIK	xārāb	خراب
ONTVLAMBAAR	qābel-e ehterāq	قابل احتراق
VERBODEN	mamnu'	ممنوع
DOORGANG VERBODEN	obur mamnu'	عبور ممنوع
OPGELET PAS GEVERFD	rang-e xis	رنگ خیس

81. Stedelijk vervoer

bus, autobus (de)	otobus	اتوبوس
tram (de)	terāmvā	تراموا
trolleybus (de)	otobus-e barqi	اتوبوس برقی
route (de)	xat	خط
nummer (busnummer, enz.)	šomāre	شماره
rijden met ...	raftan bā	رفتن با
stappen (in de bus ~)	savār šodan	سوار شدن
afstappen (ww)	piyāde šodan	پیاده شدن

halte (de)	istgāh-e otobus	ایستگاه اتوبوس
volgende halte (de)	istgāh-e ba'di	ایستگاه بعدی
eindpunt (het)	istgāh-e āxar	ایستگاه آخر
dienstregeling (de)	barnāme	برنامه
wachten (ww)	montazer budan	منتظر بودن

kaartje (het)	belit	بلیط
reiskosten (de)	qeymat-e belit	قیمت بلیط

kassier (de)	sanduqdār	صندوقدار
kaartcontrole (de)	kontorol-e belit	کنترل بلیط
controleur (de)	kontorol či	کنترل چی

te laat zijn (ww)	ta'xir dāštan	تأخیرداشتن
missen (de bus ~)	az dast dādan	از دست دادن
zich haasten (ww)	ajale kardan	عجله کردن

taxi (de)	tāksi	تاکسی
taxichauffeur (de)	rānande-ye tāksi	راننده تاکسی
met de taxi (bw)	bā tāksi	با تاکسی
taxistandplaats (de)	istgāh-e tāksi	ایستگاه تاکسی
een taxi bestellen	tāksi gereftan	تاکسی گرفتن
een taxi nemen	tāksi gereftan	تاکسی گرفتن

verkeer (het)	obur-o morur	عبور و مرور
file (de)	terāfik	ترافیک
spitsuur (het)	sā'at-e šoluqi	ساعت شلوغی
parkeren (on.ww.)	pārk kardan	پارک کردن
parkeren (ov.ww.)	pārk kardan	پارک کردن
parking (de)	pārking	پارکینگ

metro (de)	metro	مترو
halte (bijv. kleine treinhalte)	istgāh	ایستگاه
de metro nemen	bā metro raftan	با مترو رفتن
trein (de)	qatār	قطار
station (treinstation)	istgāh-e rāh-e āhan	ایستگاه راه آهن

82. Bezienswaardigheden

monument (het)	mojassame	مجسمه
vesting (de)	qal'e	قلعه
paleis (het)	kāx	کاخ
kasteel (het)	qal'e	قلعه
toren (de)	borj	برج
mausoleum (het)	ārāmgāh	آرامگاه

architectuur (de)	me'māri	معماری
middeleeuws (bn)	qorun-e vasati	قرون وسطی
oud (bn)	qadimi	قدیمی
nationaal (bn)	melli	ملی
bekend (bn)	mašhur	مشهور

toerist (de)	turist	توریست
gids (de)	rāhnamā-ye tur	راهنمای تور

rondleiding (de)	gardeš	گردش
tonen (ww)	nešān dādan	نشان دادن
vertellen (ww)	hekāyat kardan	حکایت کردن

vinden (ww)	peydā kardan	پیدا کردن
verdwalen (de weg kwijt zijn)	gom šodan	گم شدن
plattegrond (~ van de metro)	naqše	نقشه
plattegrond (~ van de stad)	naqše	نقشه

souvenir (het)	sowqāti	سوغاتی
souvenirwinkel (de)	forušgāh-e sowqāti	فروشگاه سوغاتی
foto's maken	aks gereftan	عکس گرفتن
zich laten fotograferen	aks gereftan	عکس گرفتن

83. Winkelen

kopen (ww)	xarid kardan	خرید کردن
aankoop (de)	xarid	خرید
winkelen (ww)	xarid kardan	خرید کردن
winkelen (het)	xarid	خرید

| open zijn (ov. een winkel, enz.) | bāz budan | باز بودن |
| gesloten zijn (ww) | baste budan | بسته بودن |

schoeisel (het)	kafš	کفش
kleren (mv.)	lebās	لباس
cosmetica (mv.)	lavāzem-e ārāyeši	لوازم آرایشی
voedingswaren (mv.)	mavādd-e qazāyi	مواد غذایی
geschenk (het)	hedye	هدیه

| verkoper (de) | forušande | فروشنده |
| verkoopster (de) | forušande-ye zan | فروشنده زن |

kassa (de)	sanduq	صندوق
spiegel (de)	āyene	آینه
toonbank (de)	pišxān	پیشخوان
paskamer (de)	otāq porov	اتاق پرو

aanpassen (ww)	emtehān kardan	امتحان کردن
passen (ov. kleren)	monāseb budan	مناسب بودن
bevallen (prettig vinden)	dust dāštan	دوست داشتن

prijs (de)	qeymat	قیمت
prijskaartje (het)	barčasb-e qeymat	برچسب قیمت
kosten (ww)	qeymat dāštan	قیمت داشتن
Hoeveel?	čeqadr?	چقدر؟
korting (de)	taxfif	تخفیف

niet duur (bn)	arzān	ارزان
goedkoop (bn)	arzān	ارزان
duur (bn)	gerān	گران
Dat is duur.	gerān ast	گران است
verhuur (de)	kerāye	کرایه

huren (smoking, enz.)	keräye kardan	کرایه کردن
krediet (het)	väm	وام
op krediet (bw)	xarid-e e'tebāri	خرید اعتباری

84. Geld

geld (het)	pul	پول
ruil (de)	tabdil-e arz	تبدیل ارز
koers (de)	nerx-e arz	نرخ ارز
geldautomaat (de)	xodpardāz	خودپرداز
muntstuk (de)	sekke	سکه

| dollar (de) | dolār | دلار |
| euro (de) | yuro | یورو |

lire (de)	lire	لیره
Duitse mark (de)	märk	مارک
frank (de)	farānak	فرانک
pond sterling (het)	pond-e esterling	پوند استرلینگ
yen (de)	yen	ین

schuld (geldbedrag)	qarz	قرض
schuldenaar (de)	bedehkār	بدهکار
uitlenen (ww)	qarz dādan	قرض دادن
lenen (geld ~)	qarz gereftan	قرض گرفتن

bank (de)	bänk	بانک
bankrekening (de)	hesāb-e bānki	حساب بانکی
storten (ww)	rixtan	ریختن
op rekening storten	be hesāb rixtan	به حساب ریختن
opnemen (ww)	az hesāb bardāštan	از حساب برداشتن

kredietkaart (de)	kārt-e e'tebāri	کارت اعتباری
baar geld (het)	pul-e naqd	پول نقد
cheque (de)	ček	چک
een cheque uitschrijven	ček neveštan	چک نوشتن
chequeboekje (het)	daste-ye ček	دسته چک

portefeuille (de)	kif-e pul	کیف پول
geldbeugel (de)	kif-e pul	کیف پول
safe (de)	gāvsanduq	گاوصندوق

erfgenaam (de)	vāres	وارث
erfenis (de)	mirās	میراث
fortuin (het)	dārāyi	دارایی

huur (de)	ejāre	اجاره
huurprijs (de)	keräye-ye xāne	کرایه خانه
huren (huis, kamer)	ejāre kardan	اجاره کردن

prijs (de)	qeymat	قیمت
kostprijs (de)	arzeš	ارزش
som (de)	jam'-e kol	جمع کل
uitgeven (geld besteden)	xarj kardan	خرج کردن

kosten (mv.)	maxārej	مخارج
bezuinigen (ww)	sarfeju-yi kardan	صرفه جویی کردن
zuinig (bn)	maqrun besarfe	مقرون به صرفه

betalen (ww)	pardāxtan	پرداختن
betaling (de)	pardāxt	پرداخت
wisselgeld (het)	pul-e xerad	پول خرد

belasting (de)	māliyāt	مالیات
boete (de)	jarime	جریمه
beboeten (bekeuren)	jarime kardan	جریمه کردن

85. Post. Postkantoor

postkantoor (het)	post	پست
post (de)	post	پست
postbode (de)	nāme resān	نامه رسان
openingsuren (mv.)	sā'athā-ye kāri	ساعت های کاری

brief (de)	nāme	نامه
aangetekende brief (de)	nāme-ye sefāreši	نامه سفارشی
briefkaart (de)	kārt-e postāl	کارت پستال
telegram (het)	telegrām	تلگرام
postpakket (het)	baste posti	بسته پستی
overschrijving (de)	havāle	حواله

ontvangen (ww)	gereftan	گرفتن
sturen (zenden)	ferestādan	فرستادن
verzending (de)	ersāl	ارسال

adres (het)	nešāni	نشانی
postcode (de)	kod-e posti	کد پستی
verzender (de)	ferestande	فرستنده
ontvanger (de)	girande	گیرنده

| naam (de) | esm | اسم |
| achternaam (de) | nām-e xānevādegi | نام خانوادگی |

tarief (het)	ta'refe	تعرفه
standaard (bn)	ādi	عادی
zuinig (bn)	ādi	عادی

gewicht (het)	vazn	وزن
afwegen (op de weegschaal)	vazn kardan	وزن کردن
envelop (de)	pākat	پاکت
postzegel (de)	tambr	تمبر
een postzegel plakken op	tamr zadan	تمبر زدن

Woning. Huis. Thuis

86. Huis. Woning

huis (het)	xāne	خانه
thuis (bw)	dar xāne	در خانه
cour (de)	hayāt	حیاط
omheining (de)	hesār	حصار
baksteen (de)	ājor	آجر
van bakstenen	ājori	آجری
steen (de)	sang	سنگ
stenen (bn)	sangi	سنگی
beton (het)	boton	بتن
van beton	botoni	بتنی
nieuw (bn)	jadid	جدید
oud (bn)	qadimi	قدیمی
vervallen (bn)	maxrube	مخروبه
modern (bn)	modern	مدرن
met veel verdiepingen	čandtabaqe	چندطبقه
hoog (bn)	boland	بلند
verdieping (de)	tabaqe	طبقه
met een verdieping	yek tabaqe	یک طبقه
laagste verdieping (de)	tabaqe-ye pāin	طبقهٔ پائین
bovenverdieping (de)	tabaqe-ye bālā	طبقهٔ بالا
dak (het)	bām	بام
schoorsteen (de)	dudkeš	دودکش
dakpan (de)	saqf-e kazeb	سقف کاذب
pannen- (abn)	sofāli	سفالی
zolder (de)	zir-širvāni	زیرشیروانی
venster (het)	panjere	پنجره
glas (het)	šiše	شیشه
vensterbank (de)	tāqče-ye panjare	طاقچهٔ پنجره
luiken (mv.)	kerkere	کرکره
muur (de)	divār	دیوار
balkon (het)	bālkon	بالکن
regenpijp (de)	nāvdān	ناودان
boven (bw)	bālā	بالا
naar boven gaan (ww)	bālā raftan	بالا رفتن
afdalen (on.ww.)	pāyin āmadan	پایین آمدن
verhuizen (ww)	asbābkeši kardan	اسباب کشی کردن

87. Huis. Ingang. Lift

ingang (de)	darb-e vorudi	درب ورودی
trap (de)	pellekān	پلکان
treden (mv.)	pelle-hā	پله ها
trapleuning (de)	narde	نرده
hal (de)	lābi	لابی
postbus (de)	sanduq-e post	صندوق پست
vuilnisbak (de)	zobāle dān	زباله دان
vuilniskoker (de)	šuting zobale	شوتینگ زباله
lift (de)	āsānsor	آسانسور
goederenlift (de)	bālābar	بالابر
liftcabine (de)	kābin-e āsānsor	کابین آسانسور
de lift nemen	āsānsor gereftan	آسانسور گرفتن
appartement (het)	āpārtemān	آپارتمان
bewoners (mv.)	sākenān	ساکنان
buurman (de)	hamsāye	همسایه
buurvrouw (de)	hamsāye	همسایه
buren (mv.)	hamsāye-hā	همسایه ها

88. Huis. Elektriciteit

elektriciteit (de)	barq	برق
lamp (de)	lāmp	لامپ
schakelaar (de)	kelid	کلید
zekering (de)	fiyuz	فیوز
draad (de)	sim	سیم
bedrading (de)	sim keši	سیم کشی
elektriciteitsmeter (de)	kontor	کنتور
gegevens (mv.)	dastgāh-e xaneš	دستگاه خوانش

89. Huis. Deuren. Sloten

deur (de)	darb	درب
toegangspoort (de)	darvāze	دروازه
deurkruk (de)	dastgire-ye dar	دستگیرۀ در
ontsluiten (ontgrendelen)	bāz kardan	باز کردن
openen (ww)	bāz kardan	باز کردن
sluiten (ww)	bastan	بستن
sleutel (de)	kelid	کلید
sleutelbos (de)	daste	دسته
knarsen (bijv. scharnier)	qežqež kardan	غژغژ کردن
knarsgeluid (het)	qež qež	غژ غژ
scharnier (het)	lowlā	لولا
deurmat (de)	pādari	پادری
slot (het)	qofl	قفل

sleutelgat (het)	surāx kelid	سوراخ کلید
grendel (de)	kolun-e dar	کلون در
schuif (de)	čeft	چفت
hangslot (het)	qofl	قفل

aanbellen (ww)	zang zadan	زنگ زدن
bel (geluid)	zang	زنگ
deurbel (de)	zang-e dar	زنگ در
belknop (de)	zang	زنگ
geklop (het)	dar zadan	درزدن
kloppen (ww)	dar zadan	درزدن

code (de)	kod	کد
cijferslot (het)	qofl-e ramz dār	قفل رمز دار
parlofoon (de)	āyfon	آیفون
nummer (het)	pelāk-e manzel	پلاک منزل
naambordje (het)	pelāk	پلاک
deurspion (de)	češmi	چشمی

90. Huis op het platteland

dorp (het)	rustā	روستا
moestuin (de)	jāliz	جالیز
hek (het)	parčin	پرچین
houten hekwerk (het)	hesār	حصار
tuinpoortje (het)	darvāze	دروازه

graanschuur (de)	anbār	انبار
wortelkelder (de)	zirzamin	زیرزمین
schuur (de)	ālonak	آلونک
waterput (de)	čāh	چاه

kachel (de)	boxāri	بخاری
de kachel stoken	rowšan kardan-e boxāri	روشن کردن بخاری
brandhout (het)	hizom	هیزم
houtblok (het)	kande-ye čub	کندهٔ چوب

veranda (de)	eyvān-e sarpušide	ایوان سرپوشیده
terras (het)	terās	تراس
bordes (het)	vorudi-e xāne	ورودی خانه
schommel (de)	tāb	تاب

91. Villa. Herenhuis

landhuisje (het)	xāne-ye xārej-e šahr	خانهٔ خارج شهر
villa (de)	vilā	ویلا
vleugel (de)	bāl	بال

tuin (de)	bāq	باغ
park (het)	pārk	پارک
oranjerie (de)	golxāne	گلخانه
onderhouden (tuin, enz.)	negahdāri kardan	نگهداری کردن

zwembad (het)	estaxr	استخر
gym (het)	sālon-e varzeš	سالن ورزش
tennisveld (het)	zamin-e tenis	زمین تنیس
bioscoopkamer (de)	sinamā	سینما
garage (de)	gārāž	گاراژ

| privé-eigendom (het) | melk-e xosusi | ملک خصوصی |
| eigen terrein (het) | melk-e xosusi | ملک خصوصی |

| waarschuwing (de) | hošdār | هشدار |
| waarschuwingsbord (het) | alāmat-e hošdār | علامت هشدار |

bewaking (de)	hefāzat	حفاظت
bewaker (de)	negahbān	نگهبان
inbraakalarm (het)	dozdgir	دزدگیر

92. Kasteel. Paleis

kasteel (het)	qal'e	قلعه
paleis (het)	kāx	کاخ
vesting (de)	qal'e	قلعه
ringmuur (de)	divār	دیوار
toren (de)	borj	برج
donjon (de)	borj-e asli	برج اصلی

valhek (het)	darb-e kešowyi	درب کشویی
onderaardse gang (de)	rāh-e zirzamini	راه زیرزمینی
slotgracht (de)	xandaq	خندق
ketting (de)	zanjir	زنجیر
schietgat (het)	mazqal	مزغل

prachtig (bn)	mojallal	مجلل
majestueus (bn)	bāšokuh	باشکوه
onneembaar (bn)	nofoz nāpazir	نفوذ ناپذیر
middeleeuws (bn)	qorun-e vasati	قرون وسطی

93. Appartement

appartement (het)	āpārtemān	آپارتمان
kamer (de)	otāq	اتاق
slaapkamer (de)	otāq-e xāb	اتاق خواب
eetkamer (de)	otāq-e qazāxori	اتاق غذاخوری
salon (de)	mehmānxāne	مهمانخانه
studeerkamer (de)	daftar	دفتر

gang (de)	tālār-e vorudi	تالار ورودی
badkamer (de)	hammām	حمام
toilet (het)	tuālet	توالت

plafond (het)	saqf	سقف
vloer (de)	kaf	کف
hoek (de)	guše	گوشه

94. Appartement. Schoonmaken

schoonmaken (ww)	tamiz kardan	تمیز کردن
opbergen (in de kast, enz.)	morattab kardan	مرتب کردن
stof (het)	gard	گرد
stoffig (bn)	gard ālud	گرد آلود
stoffen (ww)	gardgiri kardan	گردگیری کردن
stofzuiger (de)	jāru barqi	جارو برقی
stofzuigen (ww)	jāru barq-i kešidan	جارو برقی کشیدن
vegen (de vloer ~)	jāru kardan	جارو کردن
veegsel (het)	āšqāl	آشغال
orde (de)	nazm	نظم
wanorde (de)	bi nazmi	بی نظمی
zwabber (de)	jāru-ye dastedār	جاروی دسته دار
poetsdoek (de)	kohne	کهنه
veger (de)	jārub	جاروب
stofblik (het)	xāk andāz	خاک انداز

95. Meubels. Interieur

meubels (mv.)	mobl	مبل
tafel (de)	miz	میز
stoel (de)	sandali	صندلی
bed (het)	taxt-e xāb	تخت خواب
bankstel (het)	kānāpe	کاناپه
fauteuil (de)	mobl-e rāhati	مبل راحتی
boekenkast (de)	qafase-ye ketāb	قفسه کتاب
boekenrek (het)	qafase	قفسه
kledingkast (de)	komod	کمد
kapstok (de)	raxt āviz	رخت آویز
staande kapstok (de)	čub lebāsi	چوب لباسی
commode (de)	komod	کمد
salontafeltje (het)	miz-e pišdasti	میز پیشدستی
spiegel (de)	āyene	آینه
tapijt (het)	farš	فرش
tapijtje (het)	qāliče	قالیچه
haard (de)	šumine	شومینه
kaars (de)	šam'	شمع
kandelaar (de)	šam'dān	شمعدان
gordijnen (mv.)	parde	پرده
behang (het)	kāqaz-e divāri	کاغذ دیواری
jaloezie (de)	kerkere	کرکره
bureaulamp (de)	čerāq-e rumizi	چراغ رومیزی
wandlamp (de)	čerāq-e divāri	چراغ دیواری

staande lamp (de)	ābāžur	آباژور
luchter (de)	luster	لوستر

poot (ov. een tafel, enz.)	pāye	پایه
armleuning (de)	daste-ye sandali	دستۀ صندلی
rugleuning (de)	pošti	پشتی
la (de)	kešow	کشو

96. Beddengoed

beddengoed (het)	raxt-e xāb	رخت خواب
kussen (het)	bālešt	بالشت
kussenovertrek (de)	rubalešt	روبالشت
deken (de)	patu	پتو
laken (het)	malāfe	ملافه
sprei (de)	rutaxti	روتختی

97. Keuken

keuken (de)	āšpazxāne	آشپزخانه
gas (het)	gāz	گاز
gasfornuis (het)	ojāgh-e gāz	اجاق گاز
elektrisch fornuis (het)	ojāgh-e barghi	اجاق برقی
oven (de)	fer	فر
magnetronoven (de)	māykrofer	مایکروفر

koelkast (de)	yaxčāl	یخچال
diepvriezer (de)	fereyzer	فریزر
vaatwasmachine (de)	māšin-e zarfšuyi	ماشین ظرفشویی

vleesmolen (de)	čarx-e gušt	چرخ گوشت
vruchtenpers (de)	ābmive giri	آبمیوه گیری
toaster (de)	towster	توستر
mixer (de)	maxlut kon	مخلوط کن

koffiemachine (de)	qahve sāz	قهوه ساز
koffiepot (de)	qahve juš	قهوه جوش
koffiemolen (de)	āsiyāb-e qahve	آسیاب قهوه

fluitketel (de)	ketri	کتری
theepot (de)	quri	قوری
deksel (de/het)	sarpuš	سرپوش
theezeefje (het)	čāy sāf kon	چای صاف کن

lepel (de)	qāšoq	قاشق
theelepeltje (het)	qāšoq čāy xori	قاشق چای خوری
eetlepel (de)	qāšoq sup xori	قاشق سوپ خوری
vork (de)	čangāl	چنگال
mes (het)	kārd	کارد

vaatwerk (het)	zoruf	ظروف
bord (het)	bošqāb	بشقاب

schoteltje (het)	na'lbeki	نعلبکی
likeurglas (het)	gilās-e vodkā	گیلاس ودکا
glas (het)	estekān	استکان
kopje (het)	fenjān	فنجان

suikerpot (de)	qandān	قندان
zoutvat (het)	namakdān	نمکدان
pepervat (het)	felfeldān	فلفلدان
boterschaaltje (het)	zarf-e kare	ظرف کره

pan (de)	qāblame	قابلمه
bakpan (de)	tābe	تابه
pollepel (de)	malāqe	ملاقه
vergiet (de/het)	ābkeš	آبکش
dienblad (het)	sini	سینی

fles (de)	botri	بطری
glazen pot (de)	šiše	شیشه
blik (conserven~)	quti	قوطی

flesopener (de)	dar bāz kon	در بازکن
blikopener (de)	dar bāz kon	در بازکن
kurkentrekker (de)	dar bāz kon	در بازکن
filter (de/het)	filter	فیلتر
filteren (ww)	filter kardan	فیلتر کردن

huisvuil (het)	āšqāl	آشغال
vuilnisemmer (de)	satl-e zobāle	سطل زباله

98. Badkamer

badkamer (de)	hammām	حمام
water (het)	āb	آب
kraan (de)	šir	شیر
warm water (het)	āb-e dāq	آب داغ
koud water (het)	āb-e sard	آب سرد

tandpasta (de)	xamir-e dandān	خمیر دندان
tanden poetsen (ww)	mesvāk zadan	مسواک زدن
tandenborstel (de)	mesvāk	مسواک

zich scheren (ww)	riš tarāšidan	ریش تراشیدن
scheercrème (de)	xamir-e eslāh	خمیر اصلاح
scheermes (het)	tiq	تیغ

wassen (ww)	šostan	شستن
een bad nemen	hamām kardan	حمام کردن
douche (de)	duš	دوش
een douche nemen	duš gereftan	دوش گرفتن

bad (het)	vān hammām	وان حمام
toiletpot (de)	tuālet-e farangi	توالت فرنگی
wastafel (de)	sink	سینک
zeep (de)	sābun	صابون

zeepbakje (het)	jā sābun	جا صابون
spons (de)	abr	ابر
shampoo (de)	šāmpu	شامپو
handdoek (de)	howle	حوله
badjas (de)	howle-ye hamām	حوله حمام

was (bijv. handwas)	raxčuyi	لباسشویی
wasmachine (de)	māšin-e lebas-šui	ماشین لباسشویی
de was doen	šostan-e lebās	شستن لباس
waspoeder (de)	pudr-e lebas-šui	پودر لباسشویی

99. Huishoudelijke apparaten

televisie (de)	televiziyon	تلویزیون
cassettespeler (de)	zabt-e sowt	ضبط صوت
videorecorder (de)	video	ویدئو
radio (de)	rādiyo	رادیو
speler (de)	paxš konande	پخش کننده

videoprojector (de)	video porožektor	ویدئو پروژکتور
home theater systeem (het)	sinamā-ye xānegi	سینمای خانگی
DVD-speler (de)	paxš konande-ye di vi di	پخش کننده دی وی دی
versterker (de)	āmpli-fāyer	آمپلی فایر
spelconsole (de)	konsul-e bāzi	کنسول بازی

videocamera (de)	durbin-e filmbardāri	دوربین فیلمبرداری
fotocamera (de)	durbin-e akkāsi	دوربین عکاسی
digitale camera (de)	durbin-e dijitāl	دوربین دیجیتال

stofzuiger (de)	jāru barqi	جارو برقی
strijkijzer (het)	oto	اتو
strijkplank (de)	miz-e otu	میز اتو

telefoon (de)	telefon	تلفن
mobieltje (het)	telefon-e hamrāh	تلفن همراه
schrijfmachine (de)	māšin-e tahrir	ماشین تحریر
naaimachine (de)	čarx-e xayyāti	چرخ خیاطی

microfoon (de)	mikrofon	میکروفون
koptelefoon (de)	guši	گوشی
afstandsbediening (de)	kontorol az rāh-e dur	کنترل از راه دور

CD (de)	si-di	سیدی
cassette (de)	kāst	کاست
vinylplaat (de)	safhe-ye gerāmāfon	صفحه گرامافون

100. Reparaties. Renovatie

renovatie (de)	ta'mir	تعمیر
renoveren (ww)	ta'mir kardan	تعمیر کردن
repareren (ww)	ta'mir kardan	تعمیر کردن
op orde brengen	morattab kardan	مرتب کردن

overdoen (ww)	dobāre anjām dādan	دوباره انجام دادن
verf (de)	rang	رنگ
verven (muur ~)	rang kardan	رنگ کردن
schilder (de)	naqqāš	نقاش
kwast (de)	qalam mu	قلم مو

| kalk (de) | sefid kāri | سفید کاری |
| kalken (ww) | sefid kāri kardan | سفید کاری کردن |

behang (het)	kāqaz-e divāri	کاغذ دیواری
behangen (ww)	kāqaz-e divāri kardan	کاغذ دیواری کردن
lak (de/het)	lāk	لاک
lakken (ww)	lāk zadan	لاک زدن

101. Loodgieterswerk

water (het)	āb	آب
warm water (het)	āb-e dāq	آب داغ
koud water (het)	āb-e sard	آب سرد
kraan (de)	šir	شیر

druppel (de)	qatre	قطره
druppelen (ww)	čakidan	چکیدن
lekken (een lek hebben)	našt kardan	نشت کردن
lekkage (de)	našt	نشت
plasje (het)	čāle	چاله

buis, leiding (de)	lule	لوله
stopkraan (de)	šir-e falake	شیر فلکه
verstopt raken (ww)	masdud šodan	مسدود شدن

gereedschap (het)	abzār	ابزار
Engelse sleutel (de)	āčār-e farānse	آچار فرانسه
losschroeven (ww)	bāz kardan	باز کردن
aanschroeven (ww)	pič kardan	پیچ کردن

ontstoppen (riool, enz.)	lule bāz kardan	لوله باز کردن
loodgieter (de)	lule keš	لوله کش
kelder (de)	zirzamin	زیرزمین
riolering (de)	fāzelāb	فاضلاب

102. Brand. Vuurzee

brand (de)	ātaš suzi	آتش سوزی
vlam (de)	šo'le	شعله
vonk (de)	jaraqqe	جرقه
rook (de)	dud	دود
fakkel (de)	maš'al	مشعل
kampvuur (het)	ātaš	آتش

| benzine (de) | benzin | بنزین |
| kerosine (de) | naft-e sefid | نفت سفید |

brandbaar (bn)	sutani	سوختنی
ontplofbaar (bn)	mavādd-e monfajere	مواد منفجره
VERBODEN TE ROKEN!	sigār kešidan mamnu'	سیگار کشیدن ممنوع

veiligheid (de)	amniyat	امنیت
gevaar (het)	xatar	خطر
gevaarlijk (bn)	xatarnāk	خطرناک

in brand vliegen (ww)	ātaš gereftan	آتش گرفتن
explosie (de)	enfejār	انفجار
in brand steken (ww)	ātaš zadan	آتش زدن
brandstichter (de)	ātaš afruz	آتش افروز
brandstichting (de)	ātaš zadan-e amdi	آتش زدن عمدی

vlammen (ww)	šo'levar budan	شعله ور بودن
branden (ww)	suxtan	سوختن
afbranden (ww)	suxtan	سوختن

de brandweer bellen	ātaš-e nešāni rā xabar kardan	آتش نشانی را خبر کردن
brandweerman (de)	ātaš nešān	آتش نشان
brandweerwagen (de)	māšin-e ātašnešāni	ماشین آتش نشانی
brandweer (de)	tim-e ātašnešāni	تیم آتش نشانی
uitschuifbare ladder (de)	nardebān-e ātašnešāni	نردبان آتش نشانی

brandslang (de)	šelang-e ātaš-nešāni	شلنگ آتش نشانی
brandblusser (de)	kapsul-e ātašnešāni	کپسول آتش نشانی
helm (de)	kolāh-e imeni	کلاه ایمنی
sirene (de)	āžir-e xatar	آژیر خطر

roepen (ww)	faryād zadan	فریاد زدن
hulp roepen	be komak talabidan	به کمک طلبیدن
redder (de)	nejāt-e dahande	نجات دهنده
redden (ww)	najāt dādan	نجات دادن

aankomen (per auto, enz.)	residan	رسیدن
blussen (ww)	xāmuš kardan	خاموش کردن
water (het)	āb	آب
zand (het)	šen	شن

ruïnes (mv.)	xarābe	خرابه
instorten (gebouw, enz.)	foru rixtan	فرو ریختن
ineenstorten (ww)	rizeš kardan	ریزش کردن
inzakken (ww)	foru rixtan	فرو ریختن

| brokstuk (het) | qet'e | قطعه |
| as (de) | xākestar | خاکستر |

| verstikken (ww) | xafe šodan | خفه شدن |
| omkomen (ww) | košte šodan | کشته شدن |

MENSELIJKE ACTIVITEITEN

Baan. Business. Deel 1

103. Kantoor. Op kantoor werken

kantoor (het)	daftar	دفتر
kamer (de)	daftar	دفتر
receptie (de)	pazir-aš	پذیرش
secretaris (de)	monši	منشی
secretaresse (de)	monši	منشی
directeur (de)	modir	مدیر
manager (de)	modir	مدیر
boekhouder (de)	hesābdār	حسابدار
werknemer (de)	kārmand	کارمند
meubilair (het)	mobl	مبل
tafel (de)	miz	میز
bureaustoel (de)	sandali dastedār	صندلی دسته دار
ladeblok (het)	kešow	کشو
kapstok (de)	čub lebāsi	چوب لباسی
computer (de)	kāmpiyuter	کامپیوتر
printer (de)	pirinter	پرینتر
fax (de)	faks	فکس
kopieerapparaat (het)	dastgāh-e kopi	دستگاه کپی
papier (het)	kāqaz	کاغذ
kantoorartikelen (mv.)	lavāzem-e tahrir	لوازم تحریر
muismat (de)	māows pad	ماوس پد
blad (het)	varaq	ورق
ordner (de)	puše	پوشه
catalogus (de)	kātālog	کاتالوگ
telefoongids (de)	rāhnamā	راهنما
documentatie (de)	asnād	اسناد
brochure (de)	borušur	بروشور
flyer (de)	borušur	بروشور
monster (het), staal (de)	nemune	نمونه
training (de)	āmuzeš	آموزش
vergadering (de)	jalase	جلسه
lunchpauze (de)	vaqt-e nāhār	وقت ناهار
een kopie maken	kopi gereftan	کپی گرفتن
de kopieën maken	kopi gereftan	کپی گرفتن
een fax ontvangen	faks gereftan	فکس گرفتن
een fax versturen	faks ferestādan	فکس فرستادن

opbellen (ww)	telefon zadan	تلفن زدن
antwoorden (ww)	javāb dādan	جواب دادن
doorverbinden (ww)	vasl šodan	وصل شدن

afspreken (ww)	sāzmān dādan	سازمان دادن
demonstreren (ww)	nemāyeš dādan	نمایش دادن
absent zijn (ww)	qāyeb budan	غایب بودن
afwezigheid (de)	qeybat	غیبت

104. Bedrijfsprocessen. Deel 1

zaak (de), beroep (het)	šoql	شغل
firma (de)	šerkat	شرکت
bedrijf (maatschap)	kompāni	کمپانی
corporatie (de)	šerkat-e sahami	شرکت سهامی
onderneming (de)	šerkat	شرکت
agentschap (het)	namāyandegi	نمایندگی

overeenkomst (de)	qarārdād	قرارداد
contract (het)	qarārdād	قرارداد
transactie (de)	mo'āmele	معامله
bestelling (de)	sefāreš	سفارش
voorwaarde (de)	šart	شرط

in het groot (bw)	omde furuši	عمده فروشی
groothandels- (abn)	omde	عمده
groothandel (de)	omde furuši	عمده فروشی
kleinhandels- (abn)	xorde-foruši	خرده فروشی
kleinhandel (de)	xorde-foruši	خرده فروشی

concurrent (de)	raqib	رقیب
concurrentie (de)	reqābat	رقابت
concurreren (ww)	reqābat kardan	رقابت کردن

| partner (de) | šarik | شریک |
| partnerschap (het) | mošārek-at | مشارکت |

crisis (de)	bohrān	بحران
bankroet (het)	varšekastegi	ورشکستگی
bankroet gaan (ww)	varšekast šodan	ورشکست شدن
moeilijkheid (de)	saxti	سختی
probleem (het)	moškel	مشکل
catastrofe (de)	fāje'e	فاجعه

economie (de)	eqtesād	اقتصاد
economisch (bn)	eqtesādi	اقتصادی
economische recessie (de)	rokud-e eqtesādi	رکود اقتصادی

| doel (het) | hadaf | هدف |
| taak (de) | hadaf | هدف |

handelen (handel drijven)	tejārat kardan	تجارت کردن
netwerk (het)	šabake-ye towzi'	شبکهٔ توزیع
voorraad (de)	fehrest anbār	فهرست انبار

assortiment (het)	majmu'e	مجموعه
leider (de)	rahbar	رهبر
groot (bn)	bozorg	بزرگ
monopolie (het)	enhesār	انحصار

theorie (de)	nazariye	نظریه
praktijk (de)	amal	عمل
ervaring (de)	tajrobe	تجربه
tendentie (de)	gerāyeš	گرایش
ontwikkeling (de)	pišraft	پیشرفت

105. Bedrijfsprocessen. Deel 2

| voordeel (het) | sud | سود |
| voordelig (bn) | sudāvar | سودآور |

delegatie (de)	hey'at-e namāyandegān	هیئت نمایندگان
salaris (het)	hoquq	حقوق
corrigeren (fouten ~)	eslāh kardan	اصلاح کردن
zakenreis (de)	ma'muriyat	مأموریت
commissie (de)	komisiyon	کمیسیون

controleren (ww)	kontorol kardan	کنترل کردن
conferentie (de)	konferāns	کنفرانس
licentie (de)	parvāne	پروانه
betrouwbaar (partner, enz.)	motmaen	مطمئن

aanzet (de)	ebtekār	ابتکار
norm (bijv. ~ stellen)	me'yār	معیار
omstandigheid (de)	vaz'iyat	وضعیت
taak, plicht (de)	vazife	وظیفه

organisatie (bedrijf, zaak)	šerkat	شرکت
organisatie (proces)	sāzmāndehi	سازماندهی
georganiseerd (bn)	sāzmān yāfte	سازمان یافته
afzegging (de)	laqv	لغو
afzeggen (ww)	laqv kardan	لغو کردن
verslag (het)	gozāreš	گزارش

patent (het)	govāhi-ye sabt-e exterā'	گواهی ثبت اختراع
patenteren (ww)	govāhi exterā' gereftan	گواهی اختراع گرفتن
plannen (ww)	barnāmerizi kardan	برنامه ریزی کردن

premie (de)	pādāš	پاداش
professioneel (bn)	herfe i	حرفه ای
procedure (de)	tašrifāt	تشریفات

onderzoeken (contract, enz.)	barresi kardan	بررسی کردن
berekening (de)	mohāsebe	محاسبه
reputatie (de)	e'tebār	اعتبار
risico (het)	risk	ریسک

| beheren (managen) | edāre kardan | اداره کردن |
| informatie (de) | ettelā'āt | اطلاعات |

| eigendom (bezit) | dārāyi | دارایی |
| unie (de) | ettehādiye | اتحادیه |

levensverzekering (de)	bime-ye omr	بیمهٔ عمر
verzekeren (ww)	bime kardan	بیمه کردن
verzekering (de)	bime	بیمه

veiling (de)	harāj	حراج
verwittigen (ww)	xabar dādan	خبر دادن
beheer (het)	edāre	اداره
dienst (de)	xedmat	خدمت

forum (het)	ham andiši	هم اندیشی
functioneren (ww)	amal kardan	عمل کردن
stap, etappe (de)	marhale	مرحله
juridisch (bn)	hoquqi	حقوقی
jurist (de)	hoquq dān	حقوق دان

106. Productie. Werken

industriële installatie (fabriek)	kārxāne	کارخانه
fabriek (de)	kārxāne	کارخانه
werkplaatsruimte (de)	kārgāh	کارگاه
productielocatie (de)	towlidi	تولیدی

industrie (de)	san'at	صنعت
industrieel (bn)	san'ati	صنعتی
zware industrie (de)	sanāye-'e sangin	صنایع سنگین
lichte industrie (de)	sanāye-'e sabok	صنایع سبک

productie (de)	towlidāt	تولیدات
produceren (ww)	towlid kardan	تولید کردن
grondstof (de)	mavādd-e xām	مواد خام

voorman, ploegbaas (de)	sarkāregar	سرکارگر
ploeg (de)	daste-ye kāregaran	دسته کارگران
arbeider (de)	kārgar	کارگر

werkdag (de)	ruz-e kāri	روز کاری
pauze (de)	esterāhat	استراحت
samenkomst (de)	jalase	جلسه
bespreken (spreken over)	bahs kardan	بحث کردن

plan (het)	barnāme	برنامه
het plan uitvoeren	barnāme rā ejrā kardan	برنامه را اجرا کردن
productienorm (de)	nerx-e tolid	نرخ تولید
kwaliteit (de)	keyfiyat	کیفیت
controle (de)	kontorol	کنترل
kwaliteitscontrole (de)	kontorol-e keyfi	کنترل کیفی

arbeidsveiligheid (de)	amniyat-e kār	امنیت کار
discipline (de)	enzebāt	انضباط
overtreding (de)	naqz	نقض
overtreden (ww)	naqz kardan	نقض کردن

staking (de)	e'tesāb	اعتصاب
staker (de)	e'tesāb konande	اعتصاب کننده
staken (ww)	e'tesāb kardan	اعتصاب کردن
vakbond (de)	ettehādiye-ye kārgari	اتحادیة کارگری

uitvinden (machine, enz.)	exterā' kardan	اختراع کردن
uitvinding (de)	exterā'	اختراع
onderzoek (het)	tahqiq	تحقیق
verbeteren (beter maken)	behtar kardan	بهتر کردن
technologie (de)	fanāvari	فناوری
technische tekening (de)	rasm-e fani	رسم فنی

vracht (de)	bār	بار
lader (de)	bārbar	باربر
laden (vrachtwagen)	bār kardan	بار کردن
laden (het)	bārgiri	بارگیری
lossen (ww)	bārgiri	بارگیری
lossen (het)	bārandāz-i	باراندازی

transport (het)	haml-o naql	حمل و نقل
transportbedrijf (de)	šerkat-e haml-o naql	شرکت حمل و نقل
transporteren (ww)	haml kardan	حمل کردن

goederenwagon (de)	vāgon-e bari	واگن باری
tank (bijv. ketelwagen)	maxzan	مخزن
vrachtwagen (de)	kāmiyon	کامیون

machine (de)	dastgāh	دستگاه
mechanisme (het)	mekānism	مکانیسم

industrieel afval (het)	zāye'āt-e san'ati	ضایعات صنعتی
verpakking (de)	baste band-i	بسته بندی
verpakken (ww)	baste bandi kardan	بسته بندی کردن

107. Contract. Overeenstemming

contract (het)	qarārdād	قرارداد
overeenkomst (de)	tavāfoq-e nāme	توافق نامه
bijlage (de)	zamime	ضمیمه

een contract sluiten	qarārdād bastan	قرارداد بستن
handtekening (de)	emzā'	امضاء
ondertekenen (ww)	emzā kardan	امضا کردن
stempel (de)	mehr	مهر

voorwerp (het) van de overeenkomst	mowzu-'e qarārdād	موضوع قرارداد
clausule (de)	mādde	ماده
partijen (mv.)	tarafeyn	طرفین
vestigingsadres (het)	ādres-e hoquqi	آدرس حقوقی

het contract verbreken (overtreden)	naqz kardan-e qarārdād	نقض کردن قرارداد
verplichting (de)	ta'ahhod	تعهد

verantwoordelijkheid (de)	mas'uliyat	مسئولیت
overmacht (de)	šarāyet-e ezterāri	شرایط اضطراری
geschil (het)	xalāf	خلاف
sancties (mv.)	eqdāmāt-e tanbihi	اقدامات تنبیهی

108. Import & Export

import (de)	vāredāt	واردات
importeur (de)	vāred konande	وارد کننده
importeren (ww)	vāred kardan	وارد کردن
import- (abn)	vāredāti	وارداتی

uitvoer (export)	sāderāt	صادرات
exporteur (de)	sāder konande	صادر کننده
exporteren (ww)	sāder kardan	صادر کردن
uitvoer- (bijv., ~goederen)	sāderāti	صادراتی

| goederen (mv.) | kālā | کالا |
| partij (de) | mahmule | محموله |

gewicht (het)	vazn	وزن
volume (het)	hajm	حجم
kubieke meter (de)	metr moka'ab	متر مکعب

producent (de)	towlid konande	تولید کننده
transportbedrijf (de)	šerkat-e haml-o naql	شرکت حمل و نقل
container (de)	kāntiner	کانتینر

grens (de)	marz	مرز
douane (de)	gomrok	گمرک
douanerecht (het)	avārez-e gomroki	عوارض گمرکی
douanier (de)	ma'mur-e gomrok	مأمور گمرک
smokkelen (het)	qāčāq	قاچاق
smokkelwaar (de)	ajnās-e qāčāq	اجناس قاچاق

109. Financiën

aandeel (het)	sahām	سهام
obligatie (de)	owrāq-e bahādār	اوراق بهادار
wissel (de)	safte	سفته

| beurs (de) | burs | بورس |
| aandelenkoers (de) | nerx-e sahām | نرخ سهام |

| dalen (ww) | arzān šodan | ارزان شدن |
| stijgen (ww) | gerān šodan | گران شدن |

meerderheidsbelang (het)	manāfe-'e kontoroli	منافع کنترلی
investeringen (mv.)	sarmāye gozāri	سرمایه گذاری
investeren (ww)	sarmāye gozāri kardan	سرمایه گذاری کردن
procent (het)	darsad	درصد
rente (de)	sud	سود

winst (de)	sud	سود
winstgevend (bn)	sudāvar	سودآور
belasting (de)	māliyāt	مالیات

valuta (vreemde ~)	arz	ارز
nationaal (bn)	melli	ملی
ruil (de)	tabādol	تبادل

| boekhouder (de) | hesābdār | حسابدار |
| boekhouding (de) | hesābdāri | حسابداری |

bankroet (het)	varšekastegi	ورشکستگی
ondergang (de)	šekast	شکست
faillissement (het)	varšekastegi	ورشکستگی
geruïneerd zijn (ww)	varšekast šodan	ورشکست شدن
inflatie (de)	tavarrom	تورم
devaluatie (de)	taqlil-e arzeš-e pul	تقلیل ارزش پول

kapitaal (het)	sarmāye	سرمایه
inkomen (het)	darāmad	درآمد
omzet (de)	gardeš mo'āmelāt	گردش معاملات
middelen (mv.)	manābe'	منابع
financiële middelen (mv.)	manābe-'e puli	منابع پولی

| operationele kosten (mv.) | maxārej-e kolli | مخارج کلی |
| reduceren (kosten ~) | kam kardan | کم کردن |

110. Marketing

marketing (de)	bāzāryābi	بازاریابی
markt (de)	bāzār	بازار
marktsegment (het)	baxše bāzār	بخش بازار
product (het)	mahsul	محصول
goederen (mv.)	kālā	کالا

merk (het)	barand	برند
handelsmerk (het)	nešān tejāri	نشان تجاری
beeldmerk (het)	logo	لوگو
logo (het)	logo	لوگو

vraag (de)	taqāzā	تقاضا
aanbod (het)	arze	عرضه
behoefte (de)	ehtiyāj	احتیاج
consument (de)	masraf-e konande	مصرف کننده

| analyse (de) | tahlil | تحلیل |
| analyseren (ww) | tahlil kardan | تحلیل کردن |

| positionering (de) | mowze' giri | موضع گیری |
| positioneren (ww) | mowze' giri kardan | موضع گیری کردن |

prijs (de)	qeymat	قیمت
prijspolitiek (de)	siyāsat-e qeymat-e gozār-i	سیاست قیمت گذاری
prijsvorming (de)	qeymat gozāri	قیمت گذاری

111. Reclame

reclame (de)	āgahi	آگهی
adverteren (ww)	tabliq kardan	تبلیغ کردن
budget (het)	budje	بودجه
advertentie, reclame (de)	āgahi	آگهی
TV-reclame (de)	tabliqāt-e televiziyoni	تبلیغات تلویزیونی
radioreclame (de)	tabliqāt-e rādiyoyi	تبلیغات رادیویی
buitenreclame (de)	āgahi-ye biruni	آگهی بیرونی
massamedia (de)	resāne-hay-e jam'i	رسانه های جمعی
periodiek (de)	našriye-ye dowrei	نشریهٔ دوره ای
imago (het)	temsāl	تمثال
slagzin (de)	šo'ār	شعار
motto (het)	šo'ār	شعار
campagne (de)	kampeyn	کمپین
reclamecampagne (de)	kampeyn-e tabliqāti	کمپین تبلیغاتی
doelpubliek (het)	goruh-e hadaf	گروه هدف
visitekaartje (het)	kārt-e vizit	کارت ویزیت
flyer (de)	borušur	بروشور
brochure (de)	borušur	بروشور
folder (de)	ketābče	کتابچه
nieuwsbrief (de)	xabarnāme	خبرنامه
gevelreclame (de)	tāblo	تابلو
poster (de)	poster	پوستر
aanplakbord (het)	bilbord	بیلبورد

112. Bankieren

bank (de)	bānk	بانک
bankfiliaal (het)	šo'be	شعبه
bankbediende (de)	mošāver	مشاور
manager (de)	modir	مدیر
bankrekening (de)	hesāb-e bānki	حساب بانکی
rekeningnummer (het)	šomāre-ye hesāb	شمارهٔ حساب
lopende rekening (de)	hesāb-e jāri	حساب جاری
spaarrekening (de)	hesāb-e pasandāz	حساب پس انداز
een rekening openen	hesāb-e bāz kardan	حساب باز کردن
de rekening sluiten	hesāb rā bastan	حساب را بستن
op rekening storten	be hesāb rixtan	به حساب ریختن
opnemen (ww)	az hesāb bardāštan	از حساب برداشتن
storting (de)	seporde	سپرده
een storting maken	seporde gozāštan	سپرده گذاشتن
overschrijving (de)	enteqāl	انتقال

een overschrijving maken	enteqāl dādan	انتقال دادن
som (de)	jam'-e kol	جمع کل
Hoeveel?	čeqadr?	چقدر؟

| handtekening (de) | emzā' | امضاء |
| ondertekenen (ww) | emzā kardan | امضا کردن |

kredietkaart (de)	kārt-e e'tebāri	کارت اعتباری
code (de)	kod	کد
kredietkaartnummer (het)	šomāre-ye kārt-e e'tebāri	شماره کارت اعتباری
geldautomaat (de)	xodpardāz	خودپرداز

cheque (de)	ček	چک
een cheque uitschrijven	ček neveštan	چک نوشتن
chequeboekje (het)	daste-ye ček	دسته چک

lening, krediet (de)	e'tebār	اعتبار
een lening aanvragen	darxāst-e vam kardan	درخواست وام کردن
een lening nemen	vām gereftan	وام گرفتن
een lening verlenen	vām dādan	وام دادن
garantie (de)	zemānat	ضمانت

113. Telefoon. Telefoongesprek

telefoon (de)	telefon	تلفن
mobieltje (het)	telefon-e hamrāh	تلفن همراه
antwoordapparaat (het)	monši-ye telefoni	منشی تلفنی

| bellen (ww) | telefon zadan | تلفن زدن |
| belletje (telefoontje) | tamās-e telefoni | تماس تلفنی |

een nummer draaien	šomāre gereftan	شماره گرفتن
Hallo!	alo!	الو!
vragen (ww)	porsidan	پرسیدن
antwoorden (ww)	javāb dādan	جواب دادن
horen (ww)	šenidan	شنیدن
goed (bw)	xub	خوب
slecht (bw)	bad	بد
storingen (mv.)	sedā	صدا

hoorn (de)	guši	گوشی
opnemen (ww)	guši rā bar dāštan	گوشی را برداشتن
ophangen (ww)	guši rā gozāštan	گوشی را گذاشتن

bezet (bn)	mašqul	مشغول
overgaan (ww)	zang zadan	زنگ زدن
telefoonboek (het)	daftar-e telefon	دفتر تلفن

lokaal (bn)	mahalli	محلی
lokaal gesprek (het)	telefon-e dāxeli	تلفن داخلی
interlokaal (bn)	beyn-e šahri	بین شهری
interlokaal gesprek (het)	telefon-e beyn-e šahri	تلفن بین شهری
buitenlands (bn)	beynolmelali	بین المللی
buitenlands gesprek (het)	telefon-e beynolmelali	تلفن بین المللی

114. Mobiele telefoon

mobieltje (het)	telefon-e hamrāh	تلفن همراه
scherm (het)	namāyešgar	نمایشگر
toets, knop (de)	dokme	دکمه
simkaart (de)	sim-e kārt	سیم کارت
batterij (de)	bātri	باطری
leeg zijn (ww)	tamām šodan bātri	تمام شدن باتری
acculader (de)	šāržer	شارژ
menu (het)	meno	منو
instellingen (mv.)	tanzimāt	تنظیمات
melodie (beltoon)	āhang	آهنگ
selecteren (ww)	entexāb kardan	انتخاب کردن
rekenmachine (de)	māšin-e hesāb	ماشین حساب
voicemail (de)	monši-ye telefoni	منشی تلفنی
wekker (de)	sā'at-e zang dār	ساعت زنگ دار
contacten (mv.)	daftar-e telefon	دفتر تلفن
SMS-bericht (het)	payāmak	پیامک
abonnee (de)	moštarek	مشترک

115. Schrijfbehoeften

balpen (de)	xodkār	خودکار
vulpen (de)	xodnevis	خودنویس
potlood (het)	medād	مداد
marker (de)	māžik	ماژیک
viltstift (de)	māžik	ماژیک
notitieboekje (het)	daftar-e yāddāšt	دفتر یادداشت
agenda (boekje)	daftar-e yāddāšt	دفتر یادداشت
liniaal (de/het)	xat keš	خط کش
rokenmaohine (dc)	māšin-e hesāb	ماشین حساب
gom (de)	pāk kon	پاک کن
punaise (de)	punez	پونز
paperclip (de)	gire	گیره
lijm (de)	časb	چسب
nietmachine (de)	mangane-ye zan	منگنه زن
perforator (de)	pānč	پانچ
potloodslijper (de)	madād-e tarāš	مداد تراش

116. Verschillende soorten documenten

verslag (het)	gozāreš	گزارش
overeenkomst (de)	tavāfoq-e nāme	توافق نامه

aanvraagformulier (het)	form-e darxāst	فرم درخواست
origineel, authentiek (bn)	asli	اصلی
badge, kaart (de)	kārt-e šenāsāyi	کارت شناسایی
visitekaartje (het)	kārt-e vizit	کارت ویزیت

certificaat (het)	govāhi	گواهی
cheque (de)	ček	چک
rekening (in restaurant)	surat hesāb	صورت حساب
grondwet (de)	qānun-e asāsi	قانون اساسی

contract (het)	qarārdād	قرارداد
kopie (de)	nosxe	نسخه
exemplaar (het)	nosxe	نسخه

douaneaangifte (de)	ežhār-nāme	اظهارنامه
document (het)	sanad	سند
rijbewijs (het)	govāhi-nāme-ye rānandegi	گواهینامهٔ رانندگی
bijlage (de)	zamime	ضمیمه
formulier (het)	porsešnāme	پرسشنامه

identiteitskaart (de)	kārt-e šenāsāyi	کارت شناسایی
aanvraag (de)	este'lām	استعلام
uitnodigingskaart (de)	da'vatnāme	دعوتنامه
factuur (de)	surat hesāb	صورت حساب

wet (de)	qānun	قانون
brief (de)	nāme	نامه
briefhoofd (het)	sarnāme	سرنامه
lijst (de)	fehrest	فهرست
manuscript (het)	dast nevis	دست نویس
nieuwsbrief (de)	xabarnāme	خبرنامه
briefje (het)	yāddāšt	یادداشت

pasje (voor personeel, enz.)	javāz	جواز
paspoort (het)	gozarnāme	گذرنامه
vergunning (de)	mojavvez	مجوز
CV, curriculum vitae (het)	rezume	رزومه
schuldbekentenis (de)	resid	رسید
kwitantie (de)	resid	رسید

bon (kassabon)	resid	رسید
rapport (het)	gozāreš	گزارش

tonen (paspoort, enz.)	erā'e kardan	ارائه کردن
ondertekenen (ww)	emzā kardan	امضا کردن
handtekening (de)	emzā'	امضاء
stempel (de)	mehr	مهر

tekst (de)	matn	متن
biljet (het)	belit	بلیط

doorhalen (doorstrepen)	xat zadan	خط زدن
invullen (een formulier ~)	por kardan	پر کردن

vrachtbrief (de)	bārnāme	بارنامه
testament (het)	vasiyat-nāme	وصیتنامه

117. Soorten bedrijven

uitzendbureau (het)	āžāns-e kāryābi	آژانس کاریابی
bewakingsfirma (de)	āžāns-e amniyati	آژانس امنیتی
persbureau (het)	xabar-gozari	خبرگزاری
reclamebureau (het)	āžāns-e tabliqāti	آژانس تبلیغاتی

antiek (het)	atiqe	عتیقه
verzekering (de)	bime	بیمه
naaiatelier (het)	xayyāti	خیاطی

banken (mv.)	bānk-dāri	بانکداری
bar (de)	bār	بار
bouwbedrijven (mv.)	sāxtemān	ساختمان
juwelen (mv.)	javāherāt	جواهرات
juwelier (de)	javāheri	جواهری

wasserette (de)	xošk-šuyi	خشکشویی
alcoholische dranken (mv.)	mašrubāt-e alkoli	مشروبات الکلی
nachtclub (de)	kābāre	کاباره
handelsbeurs (de)	burs	بورس
bierbrouwerij (de)	ābe jow-sāzi	آب جوسازی
uitvaartcentrum (het)	xadamat-e kafno dafn	خدمات کفن ودفن

casino (het)	kāzino	کازینو
zakencentrum (het)	markaz-e tejāri	مرکز تجاری
bioscoop (de)	sinamā	سینما
airconditioning (de)	tahviye-ye matbu'	تهویه مطبوع

handel (de)	tejārat	تجارت
luchtvaartmaatschappij (de)	šerkat-e havāpeymāyi	شرکت هواپیمایی
adviesbureau (het)	mošavere	مشاوره
koerierdienst (de)	xadamāt-e post	خدمات پست

tandheelkunde (de)	dandān-e pezeški	دندان پزشکی
design (het)	tarrāhi	طراحی
business school (de)	moassese-ye bāzargāni	موسسه بازرگانی
magazijn (het)	anbār	انبار
kunstgalerie (de)	gāleri-ye honari	گالری هنری
ijsje (het)	bastani	بستنی
hotel (het)	hotel	هتل

vastgoed (het)	amvāl-e qeyr-e manqul	اموال غیر منقول
drukkerij (de)	sahhāfi	صحافی
industrie (de)	san'at	صنعت
Internet (het)	internet	اینترنت
investeringen (mv.)	sarmāye gozāri	سرمایه گذاری

krant (de)	ruznāme	روزنامه
boekhandel (de)	ketāb-foruši	کتاب فروشی
lichte industrie (de)	sanāye-'e sabok	صنایع سبک

winkel (de)	maqāze	مغازه
uitgeverij (de)	entešārāt	انتشارات
medicijnen (mv.)	pezeški	پزشکی

meubilair (het)	mobl	مبل
museum (het)	muze	موزه

olie (aardolie)	naft	نفت
apotheek (de)	dāruxāne	داروخانه
farmacie (de)	dārusāzi	داروسازی
zwembad (het)	estaxr	استخر
stomerij (de)	xošk-šuyi	خشکشویی
voedingswaren (mv.)	mavādd-e qazāyi	مواد غذایی
reclame (de)	āgahi	آگهی

radio (de)	rādiyo	رادیو
afvalinzameling (de)	jam āvari-ye zobāle	جمع آوری زباله
restaurant (het)	resturān	رستوران
tijdschrift (het)	majalle	مجله

schoonheidssalon (de/het)	sālon-e zibāyi	سالن زیبایی
financiële diensten (mv.)	xadamāt-e māli	خدمات مالی
juridische diensten (mv.)	xadamāt-e hoquqi	خدمات حقوقی
boekhouddiensten (mv.)	xadamāt-e hesābdāri	خدمات حسابداری
audit diensten (mv.)	xadamāt-e momayyezi	خدمات ممیزی
sport (de)	varzeš	ورزش
supermarkt (de)	supermārket	سوپرمارکت

televisie (de)	televiziyon	تلویزیون
theater (het)	teātr	تئاتر
toerisme (het)	turism	توریسم
transport (het)	haml-o naql	حمل و نقل

postorderbedrijven (mv.)	foruš-e sefāreš-e posti	فروش سفارش پستی
kleding (de)	lebās	لباس
dierenarts (de)	dāmpezešk	دامپزشک

Baan. Business. Deel 2

118. Show. Tentoonstelling

beurs (de)	namāyešgāh	نمایشگاه
vakbeurs, handelsbeurs (de)	namāyešgāh-e tejāri	نمایشگاه تجاری

deelneming (de)	šerkat	شرکت
deelnemen (ww)	šerekat kardan	شرکت کردن
deelnemer (de)	šerekat konande	شرکت کننده

directeur (de)	ra'is	رئیس
organisatiecomité (het)	daftar-e modiriyat	دفتر مدیریت
organisator (de)	sāzmān dahande	سازمان دهنده
organiseren (ww)	sāzmān dādan	سازمان دادن

deelnemingsaanvraag (de)	darxāst-e šerkat	درخواست شرکت
invullen (een formulier ~)	por kardan	پر کردن
details (mv.)	joz'iyāt	جزئیات
informatie (de)	ettelā'āt	اطلاعات

prijs (de)	arzeš	ارزش
inclusief (bijv. ~ BTW)	šāmel	شامل
inbegrepen (alles ~)	šāmel šodan	شامل شدن
betalen (ww)	pardāxtan	پرداختن
registratietarief (het)	haqq-e sabt	حق ثبت

ingang (de)	vorud	ورود
paviljoen (het), hal (de)	qorfe	غرفه
registreren (ww)	sabt kardan	ثبت کردن
badge, kaart (de)	kārt-e šenāsāyi	کارت شناسایی

beursstand (de)	qorfe	غرفه
reserveren (een stand ~)	rezerv kardan	رزرو کردن

vitrine (de)	vitrin	ویترین
licht (het)	nurafkan	نورافکن
design (het)	tarh	طرح
plaatsen (ww)	qarār dādan	قرار دادن
geplaatst zijn (ww)	qarār gereftan	قرار گرفتن

distributeur (de)	towzi' konande	توزیع کننده
leverancier (de)	arze konande	عرضه کننده
leveren (ww)	arze kardan	عرضه کردن

land (het)	kešvar	کشور
buitenlands (bn)	xāreji	خارجی
product (het)	mahsul	محصول
associatie (de)	anjoman	انجمن
conferentiezaal (de)	tālār-e konferāns	تالار کنفرانس

| congres (het) | kongere | کنگره |
| wedstrijd (de) | mosābeqe | مسابقه |

bezoeker (de)	bāzdid konande	بازدید کننده
bezoeken (ww)	bāzdid kardan	بازدید کردن
afnemer (de)	moštari	مشتری

119. Massamedia

krant (de)	ruznāme	روزنامه
tijdschrift (het)	majalle	مجله
pers (gedrukte media)	matbuāt	مطبوعات
radio (de)	rādiyo	رادیو
radiostation (het)	istgāh-e rādiyoyi	ایستگاه رادیویی
televisie (de)	televiziyon	تلویزیون

presentator (de)	mojri	مجری
nieuwslezer (de)	guyande-ye axbār	گوینده اخبار
commentator (de)	mofasser	مفسر

journalist (de)	ruznāme negār	روزنامه نگار
correspondent (de)	xabarnegār	خبرنگار
fotocorrespondent (de)	akkās-e matbuāti	عکاس مطبوعاتی
reporter (de)	gozārešgar	گزارشگر

| redacteur (de) | virāstār | ویراستار |
| chef-redacteur (de) | sardabir | سردبیر |

zich abonneren op	moštarak šodan	مشترک شدن
abonnement (het)	ešterāk	اشتراک
abonnee (de)	moštarek	مشترک
lezen (ww)	xāndan	خواندن
lezer (de)	xānande	خواننده

oplage (de)	tirāž	تیراژ
maand-, maandelijks (bn)	māhāne	ماهانه
wekelijks (bn)	haftegi	هفتگی
nummer (het)	šomāre	شماره
vers (~ van de pers)	tāze	تازه

kop (de)	sar xat-e xabar	سرخط خبر
korte artikel (het)	maqāle-ye kutāh	مقاله کوتاه
rubriek (de)	sotun	ستون
artikel (het)	maqāle	مقاله
pagina (de)	safhe	صفحه

reportage (de)	gozāreš	گزارش
gebeurtenis (de)	vāqe'e	واقعه
sensatie (de)	hayajān	هیجان
schandaal (het)	janjāl	جنجال
schandalig (bn)	janjāl āvar	جنجال آور
groot (~ schandaal, enz.)	bozorg	بزرگ
programma (het)	barnāme	برنامه
interview (het)	mosāhebe	مصاحبه

live uitzending (de)	paxš-e mostaqim	پخش مستقیم
kanaal (het)	kānāl	کانال

120. Landbouw

landbouw (de)	kešāvarzi	کشاورزی
boer (de)	dehqān	دهقان
boerin (de)	dehqān	دهقان
landbouwer (de)	kešāvarz	کشاورز

tractor (de)	terāktor	تراکتور
maaidorser (de)	kombāyn	کمباین

ploeg (de)	gāvāhan	گاوآهن
ploegen (ww)	šoxm zadan	شخم زدن
akkerland (het)	zamin āmāde kešt	زمین آماده کشت
voor (de)	šiyār	شیار

zaaien (ww)	kāštan	کاشتن
zaaimachine (de)	bazrpāš	بذرپاش
zaaien (het)	košt	کشت

zeis (de)	dās	داس
maaien (ww)	dero kardan	درو کردن

schop (de)	bil	بیل
spitten (ww)	kandan	کندن

schoffel (de)	kaj bil	کج بیل
wieden (ww)	vajin kardan	وجین کردن
onkruid (het)	alaf-e harz	علف هرز

gieter (de)	āb pāš	آب پاش
begieten (water geven)	āb dādan	آب دادن
bewatering (de)	ābyāri	آبیاری

riek, hooivork (de)	čangak	چنگک
hark (de)	šen keš	شن کش

kunstmest (de)	kud	کود
bemesten (ww)	kud dādan	کود دادن
mest (de)	kud-e heyvāni	کود حیوانی

veld (het)	sahrā	صحرا
wei (de)	čaman	چمن
moestuin (de)	jāliz	جالیز
boomgaard (de)	bāq	باغ

weiden (ww)	čerāndan	چراندن
herder (de)	čupān	چوپان
weiland (de)	čerā-gāh	چراگاه

veehouderij (de)	dāmparvari	دامپروری
schapenteelt (de)	gusfand dāri	گوسفند داری

plantage (de)	mazrae	مزرعه
rijtje (het)	radif	ردیف
broeikas (de)	golxāne	گلخانه

| droogte (de) | xošksāli | خشکسالی |
| droog (bn) | xošk | خشک |

graan (het)	dāne	دانه
graangewassen (mv.)	qallāt	غلات
oogsten (ww)	mahsul-e jam' kardan	محصول جمع کردن

molenaar (de)	āsiyābān	آسیابان
molen (de)	āsiyāb	آسیاب
malen (graan ~)	qalle kubidan	غله کوبیدن
bloem (bijv. tarwebloem)	ārd	آرد
stro (het)	kāh	کاه

121. Gebouw. Bouwproces

bouwplaats (de)	mahal-e sāxt-o sāz	محل ساخت و ساز
bouwen (ww)	sāxtan	ساختن
bouwvakker (de)	kārgar-e sāxtemāni	کارگر ساختمانی

project (het)	porože	پروژه
architect (de)	me'mār	معمار
arbeider (de)	kārgar	کارگر

fundering (de)	šālude	شالوده
dak (het)	bām	بام
heipaal (de)	pāye	پایه
muur (de)	divār	دیوار

| betonstaal (het) | milgerd | میلگرد |
| steigers (mv.) | dārbast | داربست |

beton (het)	boton	بتن
graniet (het)	sang-e gerānit	سنگ گرانیت
steen (de)	sang	سنگ
baksteen (de)	ājor	آجر

zand (het)	šen	شن
cement (de/het)	simān	سیمان
pleister (het)	gač kāri	گچ کاری
pleisteren (ww)	gačkār-i kardan	گچکاری کردن

verf (de)	rang	رنگ
verven (muur ~)	rang kardan	رنگ کردن
ton (de)	boške	بشکه

kraan (de)	jarsaqil	جرثقیل
heffen, hijsen (ww)	boland kardan	بلند کردن
neerlaten (ww)	pāin āvardan	پائین آوردن
bulldozer (de)	buldozer	بولدوزر
graafmachine (de)	dastgāh-e haffāri	دستگاه حفاری

graafbak (de)	bil	بيل
graven (tunnel, enz.)	kandan	كندن
helm (de)	kolāh-e imeni	كلاه ايمنى

122. Wetenschap. Onderzoek. Wetenschappers

wetenschap (de)	elm	علم
wetenschappelijk (bn)	elmi	علمى
wetenschapper (de)	dānešmand	دانشمند
theorie (de)	nazariye	نظريه

axioma (het)	qā'ede-ye kolli	قاعده كلى
analyse (de)	tahlil	تحليل
analyseren (ww)	tahlil kardan	تحليل كردن
argument (het)	dalil	دليل
substantie (de)	mādde	ماده

hypothese (de)	farziye	فرضيه
dilemma (het)	dorāhi	دوراهى
dissertatie (de)	pāyān nāme	پايان نامه
dogma (het)	aqide	عقيده

doctrine (de)	doktorin	دكترين
onderzoek (het)	tahqiq	تحقيق
onderzoeken (ww)	tahghigh kardan	تحقيق كردن
toetsing (de)	āzmāyeš	آزمايش
laboratorium (het)	āzmāyešgāh	آزمايشگاه

methode (de)	raveš	روش
molecule (de/het)	molekul	مولكول
monitoring (de)	nozzār-at	نظارت
ontdekking (de)	kašf	كشف

postulaat (het)	engāre	انگاره
principe (het)	asl	اصل
voorspelling (de)	piš bini	پيش بينى
een prognose maken	pišbini kardan	پيش بينى كردن

synthese (de)	santez	سنتز
tendentie (de)	gerāyeš	گرايش
theorema (het)	qaziye	قضيه

leerstellingen (mv.)	āmuzeš	آموزش
feit (het)	haqiqat	حقيقت

expeditie (de)	safar	سفر
experiment (het)	āzmāyeš	آزمايش

academicus (de)	ozv-e ākādemi	عضو آكادمى
bachelor (bijv. BA, LLB)	lisāns	ليسانس
doctor (de)	pezešk	پزشك
universitair docent (de)	dānešyār	دانشيار
master, magister (de)	foqe lisāns	فوق ليسانس
professor (de)	porofosor	پروفسور

Beroepen en ambachten

123. Zoeken naar werk. Ontslag

baan (de)	kār	کار
werknemers (mv.)	kārmandān	کارمندان
personeel (het)	kādr	کادر
carrière (de)	šoql	شغل
vooruitzichten (mv.)	durnamā	دورنما
meesterschap (het)	mahārat	مهارت
keuze (de)	entexāb	انتخاب
uitzendbureau (het)	āžāns-e kāryābi	آژانس کاریابی
CV, curriculum vitae (het)	rezume	رزومه
sollicitatiegesprek (het)	mosāhabe-ye kari	مصاحبه کاری
vacature (de)	post-e xāli	پست خالی
salaris (het)	hoquq	حقوق
vaste salaris (het)	darāmad-e s ābet	درآمد ثابت
loon (het)	pardāxt	پرداخت
betrekking (de)	šoql	شغل
taak, plicht (de)	vazife	وظیفه
takenpakket (het)	šarh-e vazāyef	شرح وظایف
bezig (~ zijn)	mašqul	مشغول
ontslagen (ww)	exrāj kardan	اخراج کردن
ontslag (het)	exrāj	اخراج
werkloosheid (de)	bikāri	بیکاری
werkloze (de)	bikār	بیکار
pensioen (het)	mostamerri	مستمری
met pensioen gaan	bāznešaste šodan	بازنشسته شدن

124. Zakenmensen

directeur (de)	modir	مدیر
beheerder (de)	modir	مدیر
hoofd (het)	ra'is	رئیس
baas (de)	māfowq	مافوق
superieuren (mv.)	roasā	رؤسا
president (de)	ra'is jomhur	رئیس جمهور
voorzitter (de)	ra'is	رئیس
adjunct (de)	mo'āven	معاون
assistent (de)	mo'āven	معاون

secretaris (de)	monši	منشی
persoonlijke assistent (de)	dastyār-e šaxsi	دستیار شخصی

zakenman (de)	bāzargān	بازرگان
ondernemer (de)	kārāfarin	کارآفرین
oprichter (de)	moasses	مؤسس
oprichten (een nieuw bedrijf ~)	ta'sis kardan	تأسیس کردن

stichter (de)	hamkār	همکار
partner (de)	šarik	شریک
aandeelhouder (de)	sahāmdār	سهامدار

miljonair (de)	milyuner	میلیونر
miljardair (de)	milyārder	میلیاردر
eigenaar (de)	sāheb	صاحب
landeigenaar (de)	zamin-dār	زمین دار

klant (de)	xaridār	خریدار
vaste klant (de)	xaridār-e dāemi	خریدار دائمی
koper (de)	xaridār	خریدار
bezoeker (de)	bāzdid konande	بازدید کننده
professioneel (de)	herfe i	حرفه ای
expert (de)	kāršenās	کارشناس
specialist (de)	motexasses	متخصص

bankier (de)	kārmand-e bānk	کارمند بانک
makelaar (de)	dallāl-e kārgozār	دلال کارگزار

kassier (de)	sanduqdār	صندوقدار
boekhouder (de)	hesābdār	حسابدار
bewaker (de)	negahbān	نگهبان

investeerder (de)	sarmāye gozār	سرمایه گذار
schuldenaar (de)	bedehkār	بدهکار
crediteur (de)	talabkār	طلبکار
lener (de)	vām girande	وام گیرنده

importeur (de)	vāred konande	وارد کننده
exporteur (de)	sāder konande	صادر کننده

producent (de)	towlid konande	تولید کننده
distributeur (de)	towzi' konande	توزیع کننده
bemiddelaar (de)	vāsete	واسطه

adviseur, consulent (de)	mošāver	مشاور
vertegenwoordiger (de)	namāyande	نماینده
agent (de)	namāyande	نماینده
verzekeringsagent (de)	namāyande-ye bime	نمایندۀ بیمه

125. Dienstverlenende beroepen

kok (de)	āšpaz	آشپز
chef-kok (de)	sarāšpaz	سرآشپز

bakker (de)	nānvā	نانوا
barman (de)	motesaddi-ye bār	متصدی بار
kelner, ober (de)	pišxedmat	پیشخدمت
serveerster (de)	pišxedmat	پیشخدمت
advocaat (de)	vakil	وکیل
jurist (de)	hoquq dān	حقوق دان
notaris (de)	daftardār	دفتردار
elektricien (de)	barq-e kār	برق کار
loodgieter (de)	lule keš	لوله کش
timmerman (de)	najjār	نجار
masseur (de)	māsāž dahande	ماساژ دهنده
masseuse (de)	māsāž dahande	ماساژ دهنده
dokter, arts (de)	pezešk	پزشک
taxichauffeur (de)	rānande-ye tāksi	راننده تاکسی
chauffeur (de)	rānande	راننده
koerier (de)	peyk	پیک
kamermeisje (het)	mostaxdem	مستخدم
bewaker (de)	negahbān	نگهبان
stewardess (de)	mehmāndār-e havāpeymā	مهماندار هواپیما
meester (de)	mo'allem	معلم
bibliothecaris (de)	ketābdār	کتابدار
vertaler (de)	motarjem	مترجم
tolk (de)	motarjem-e šafāhi	مترجم شفاهی
gids (de)	rāhnamā-ye tur	راهنمای تور
kapper (de)	ārāyešgar	آرایشگر
postbode (de)	nāme resān	نامه رسان
verkoper (de)	forušande	فروشنده
tuinman (de)	bāqbān	باغبان
huisbediende (de)	nowkar	نوکر
dienstmeisje (het)	xedmatkār	خدمتکار
schoonmaakster (de)	zan-e nezāfatči	زن نظافتچی

126. Militaire beroepen en rangen

soldaat (rang)	sarbāz	سرباز
sergeant (de)	goruhbān	گروهبان
luitenant (de)	sotvān	ستوان
kapitein (de)	kāpitān	کاپیتان
majoor (de)	sargord	سرگرد
kolonel (de)	sarhang	سرهنگ
generaal (de)	ženerāl	ژنرال
maarschalk (de)	māršāl	مارشال
admiraal (de)	daryāsālār	دریاسالار
militair (de)	nezāmi	نظامی
soldaat (de)	sarbāz	سرباز

| officier (de) | afsar | افسر |
| commandant (de) | farmāndeh | فرمانده |

grenswachter (de)	marzbān	مرزبان
marconist (de)	bisim či	بیسیم چی
verkenner (de)	ettelā'āti	اطلاعاتی
sappeur (de)	mohandes estehkāmāt	مهندس استحکامات
schutter (de)	tirandāz	تیرانداز
stuurman (de)	nāvbar	ناویر

127. Ambtenaren. Priesters

| koning (de) | šāh | شاه |
| koningin (de) | maleke | ملکه |

| prins (de) | šāhzāde | شاهزاده |
| prinses (de) | pranses | پرنسس |

| tsaar (de) | tezār | تزار |
| tsarina (de) | maleke | ملکه |

president (de)	ra'is jomhur	رئیس جمهور
minister (de)	vazir	وزیر
eerste minister (de)	noxost vazir	نخست وزیر
senator (de)	senātor	سناتور

diplomaat (de)	diplomāt	دیپلمات
consul (de)	konsul	کنسول
ambassadeur (de)	safir	سفیر
adviseur (de)	mošāver	مشاور

ambtenaar (de)	kārmand	کارمند
prefect (de)	baxšdār	بخشدار
burgemeester (de)	šahrdār	شهردار

| rechter (de) | qāzi | قاضی |
| aanklager (de) | dādsetān | دادستان |

missionaris (de)	misiyoner	میسیونر
monnik (de)	rāheb	راهب
abt (de)	rāheb-e bozorg	راهب بزرگ
rabbi, rabbijn (de)	xāxām	خاخام

vizier (de)	vazir	وزیر
sjah (de)	šāh	شاه
sjeik (de)	šeyx	شیخ

128. Agrarische beroepen

imker (de)	zanburdār	زنبوردار
herder (de)	čupān	چوپان
landbouwkundige (de)	motexasses-e kešāvarzi	متخصص کشاورزی

veehouder (de)	dāmparvar	دامپرور
dierenarts (de)	dāmpezešk	دامپزشک
landbouwer (de)	kešāvarz	کشاورز
wijnmaker (de)	šarāb sāz	شراب ساز
zoöloog (de)	jānevar-šenās	جانور شناس
cowboy (de)	gāvčerān	گاوچران

129. Kunst beroepen

acteur (de)	bāzigar	بازیگر
actrice (de)	bāzigar	بازیگر
zanger (de)	xānande	خواننده
zangeres (de)	xānande	خواننده
danser (de)	raqqās	رقاص
danseres (de)	raqqāse	رقاصه
artiest (mann.)	honarpiše	هنرپیشه
artiest (vrouw.)	honarpiše	هنرپیشه
muzikant (de)	muzisiyan	موزیسین
pianist (de)	piyānist	پیانیست
gitarist (de)	gitārist	گیتاریست
orkestdirigent (de)	rahbar-e orkestr	رهبر ارکستر
componist (de)	āhangsāz	آهنگساز
impresario (de)	modir-e operā	مدیر اپرا
filmregisseur (de)	kārgardān	کارگردان
filmproducent (de)	tahiye konande	تهیه کننده
scenarioschrijver (de)	senārist	سناریست
criticus (de)	montaqed	منتقد
schrijver (de)	nevisande	نویسنده
dichter (de)	šā'er	شاعر
beeldhouwer (de)	mojassame sāz	مجسمه ساز
kunstenaar (de)	naqqāš	نقاش
jongleur (de)	tardast	تردست
clown (de)	dalqak	دلقک
acrobaat (de)	ākrobāt	آکروبات
goochelaar (de)	šo'bade bāz	شعبده باز

130. Verschillende beroepen

dokter, arts (de)	pezešk	پزشک
ziekenzuster (de)	parastār	پرستار
psychiater (de)	ravānpezešk	روانپزشک
tandarts (de)	dandān pezešk	دندان پزشک
chirurg (de)	jarrāh	جراح

astronaut (de)	fazānavard	فضانورد
astronoom (de)	setāre-šenās	ستاره شناس
piloot (de)	xalabān	خلبان
chauffeur (de)	rānande	راننده
machinist (de)	rānande	راننده
mecanicien (de)	mekānik	مکانیک
mijnwerker (de)	ma'danči	معدنچی
arbeider (de)	kārgar	کارگر
bankwerker (de)	qofl sāz	قفل ساز
houtbewerker (de)	najjār	نجار
draaier (de)	tarrāš kār	تراش کار
bouwvakker (de)	kārgar-e sāxtemāni	کارگر ساختمانی
lasser (de)	juš kār	جوش کار
professor (de)	porofosor	پروفسور
architect (de)	me'mār	معمار
historicus (de)	movarrex	مورخ
wetenschapper (de)	dānešmand	دانشمند
fysicus (de)	fizikdān	فیزیکدان
scheikundige (de)	šimi dān	شیمی دان
archeoloog (de)	bāstān-šenās	باستان شناس
geoloog (de)	zamin-šenās	زمین شناس
onderzoeker (de)	pažuhešgar	پژوهشگر
babysitter (de)	parastār bače	پرستار بچه
leraar, pedagoog (de)	āmuzgār	آموزگار
redacteur (de)	virāstār	ویراستار
chef-redacteur (de)	sardabir	سردبیر
correspondent (de)	xabarnegār	خبرنگار
typiste (de)	māšin nevis	ماشین نویس
designer (de)	tarāh	طراح
computerexpert (de)	kāršenās kāmpiyuter	کارشناس کامپیوتر
programmeur (de)	barnāme-ye nevis	برنامه نویس
ingenieur (de)	mohandes	مهندس
matroos (de)	malavān	ملوان
zeeman (de)	malavān	ملوان
redder (de)	nejāt-e dahande	نجات دهنده
brandweerman (de)	ātaš nešān	آتش نشان
politieagent (de)	polis	پلیس
nachtwaker (de)	mohāfez	محافظ
detective (de)	kārāgāh	کارآگاه
douanier (de)	ma'mur-e gomrok	مامور گمرک
lijfwacht (de)	mohāfez-e šaxsi	محافظ شخصی
gevangenisbewaker (de)	negahbān zendān	نگهبان زندان
inspecteur (de)	bāzres	بازرس
sportman (de)	varzeškār	ورزشکار
trainer (de)	morabbi	مربی

slager, beenhouwer (de)	qassāb	قصاب
schoenlapper (de)	kaffāš	کفاش
handelaar (de)	bāzargān	بازرگان
lader (de)	bārbar	باربر

kledingstilist (de)	tarrāh-e lebas	طراح لباس
model (het)	model-e zan	مدل زن

131. Beroepen. Sociale status

scholier (de)	dāneš-āmuz	دانش آموز
student (de)	dānešju	دانشجو

filosoof (de)	filsuf	فیلسوف
econoom (de)	eqtesāddān	اقتصاددان
uitvinder (de)	moxtare'	مخترع

werkloze (de)	bikār	بیکار
gepensioneerde (de)	bāznešaste	بازنشسته
spion (de)	jāsus	جاسوس

gedetineerde (de)	zendāni	زندانی
staker (de)	e'tesāb konande	اعتصاب کننده
bureaucraat (de)	ma'mur-e edāri	مأمور اداری
reiziger (de)	mosāfer	مسافر

homoseksueel (de)	hamjens-e bāz	همجنس باز
hacker (computerkraker)	haker	هکر
hippie (de)	hipi	هیپی

bandiet (de)	rāhzan	راهزن
huurmoordenaar (de)	ādamkoš	آدمکش
drugsverslaafde (de)	mo'tād	معتاد
drugshandelaar (de)	forušande-ye mavādd-e moxadder	فروشندهٔ مواد مخدر
prostituee (de)	fāheše	فاحشه
pooier (de)	jākeš	جاکش

tovenaar (de)	jādugar	جادوگر
tovenares (de)	jādugar	جادوگر
piraat (de)	dozd-e daryāyi	دزد دریایی
slaaf (de)	borde	برده
samoerai (de)	sāmurāyi	سامورایی
wilde (de)	vahši	وحشی

Sport

132. Soorten sporten. Sporters

sportman (de)	varzeškãr	ورزشکار
soort sport (de/het)	anvã-e varzeš	انواع ورزش
basketbal (het)	basketbãl	بسکتبال
basketbalspeler (de)	basketbãlist	بسکتبالیست
baseball (het)	beysbãl	بیسبال
baseballspeler (de)	beysbãlist	بیسبالیست
voetbal (het)	futbãl	فوتبال
voetballer (de)	futbãlist	فوتبالیست
doelman (de)	darvãze bãn	دروازه بان
hockey (het)	hãki	هاکی
hockeyspeler (de)	hãki-ye bãz	هاکی باز
volleybal (het)	vãlibãl	والیبال
volleybalspeler (de)	vãlibãlist	والیبالیست
boksen (het)	boks	بوکس
bokser (de)	boksor	بوکسور
worstelen (het)	kešti	کشتی
worstelaar (de)	košti gir	کشتی گیر
karate (de)	kãrãte	کاراته
karateka (de)	kãrãte-e bãz	کاراته باز
judo (de)	jodo	جودو
judoka (de)	jodo bãz	جودو باز
tennis (het)	tenis	تنیس
tennisspeler (de)	tenis bãz	تنیس باز
zwemmen (het)	šenã	شنا
zwemmer (de)	šenãgar	شناگر
schermen (het)	šamširbãzi	شمشیربازی
schermer (de)	šamširbãz	شمشیرباز
schaak (het)	šatranj	شطرنج
schaker (de)	šatranj bãz	شطرنج باز
alpinisme (het)	kuhnavardi	کوهنوردی
alpinist (de)	kuhnavard	کوهنورد
hardlopen (het)	do	دو

renner (de)	davande	دونده
atletiek (de)	varzeš	ورزش
atleet (de)	varzeškār	ورزشکار

| paardensport (de) | asb savāri | اسب سواری |
| ruiter (de) | savārkār | سوارکار |

kunstschaatsen (het)	raqs ruy yax	رقص روی یخ
kunstschaatser (de)	eskeyt bāz	اسکیت باز
kunstschaatsster (de)	eskeyt bāz	اسکیت باز

| gewichtheffen (het) | vazne bardār-i | وزنه برداری |
| gewichtheffer (de) | vazne bardār | وزنه بردار |

| autoraces (mv.) | mosābeqe-ye otomobilrāni | مسابقة اتومبیلرانی |
| coureur (de) | otomobilrān | اتومبیلران |

| wielersport (de) | dočarxe savāri | دوچرخه سواری |
| wielrenner (de) | dočarxe savār | دوچرخه سوار |

verspringen (het)	pareš-e tul	پرش طول
polsstokspringen (het)	pareš bā neyze	پرش با نیزه
verspringer (de)	pareš konande	پرش کننده

133. Soorten sporten. Diversen

Amerikaans voetbal (het)	futbāl-e āmrikāyi	فوتبال آمریکایی
badminton (het)	badminton	بدمینتون
biatlon (de)	biatlon	بیاتلون
biljart (het)	bilyārd	بیلیارد

bobsleeën (het)	surtme	سورتمه
bodybuilding (de)	badansāzi	بدنسازی
waterpolo (het)	vāterpolo	واترپولو
handbal (de)	handbāl	هندبال
golf (het)	golf	گلف

roeisport (de)	qāyeq rāni	قایق رانی
duiken (het)	dāyving	دایوینگ
langlaufen (het)	eski-ye sahrānavardi	اسکی صحرانوردی
tafeltennis (het)	ping pong	پینگ پونگ

zeilen (het)	qāyeq-rāni bādbani	قایق رانی بادبانی
rally (de)	rāli	رالی
rugby (het)	rāgbi	راگبی
snowboarden (het)	snowbord	اسنوبورد
boogschieten (het)	tirandāzi bā kamān	تیراندازی با کمان

134. Fitnessruimte

| lange halter (de) | hālter | هالتر |
| halters (mv.) | dambel | دمبل |

training machine (de)	māšin-e tamrin	ماشین تمرین
hometrainer (de)	dočarxe-ye tamrin	دوچرخه تمرین
loopband (de)	pist-e do	پیست دو

rekstok (de)	bārfiks	بارفیکس
brug (de) gelijke leggers	pārālel	پارالل
paardsprong (de)	xarak	خرک
mat (de)	tošak	تشک

springtouw (het)	tanāb	طناب
aerobics (de)	āirobik	ایروبیک
yoga (de)	yugā	یوگا

135. Hockey

hockey (het)	hāki	هاکی
hockeyspeler (de)	hāki-ye bāz	هاکی باز
hockey spelen	hākey bāzi kardan	هاکی بازی کردن
ijs (het)	yax	یخ

puck (de)	mohre	مهره
hockeystick (de)	čub-e hāki	چوب هاکی
schaatsen (mv.)	eskeyt ruy yax	اسکیت روی یخ

| boarding (de) | taxte | تخته |
| schot (het) | šut | شوت |

doelman (de)	darvāze bān	دروازه بان
goal (de)	gol	گل
een goal scoren	gol zadan	گل زدن

periode (de)	dowre	دوره
tweede periode (de)	dowre-ye dovvom	دورهٔ دوم
reservebank (de)	nimkat-e zaxire	نیمکت ذخیره

136. Voetbal

voetbal (het)	futbāl	فوتبال
voetballer (de)	futbālist	فوتبالیست
voetbal spelen	futbāl bāzi kardan	فوتبال بازی کردن

eredivisie (de)	lig-e bartar	لیگ برتر
voetbalclub (de)	bāšgāh-e futbāl	باشگاه فوتبال
trainer (de)	morabbi	مربی
eigenaar (de)	sāheb	صاحب

team (het)	tim	تیم
aanvoerder (de)	kāpitān-e tim	کاپیتان تیم
speler (de)	bāzikon	بازیکن
reservespeler (de)	bāzikon-e zaxire	بازیکن ذخیره
aanvaller (de)	forvārd	فوروارد
centrale aanvaller (de)	forvārd vasat	فوروارد وسط

doelpuntmaker (de)	golzan	گلزن
verdediger (de)	defâ'	دفاع
middenvelder (de)	hâfbak	هافبک
match, wedstrijd (de)	mosâbeqe	مسابقه
elkaar ontmoeten (ww)	molâqât kardan	ملاقات کردن
finale (de)	finâl	فینال
halve finale (de)	nime nahâyi	نیمه نهایی
kampioenschap (het)	mosâbeqe-ye qahremâni	مسابقه قهرمانی
helft (de)	nime	نیمه
eerste helft (de)	nime-ye avval	نیمه اول
pauze (de)	hâf tâym	هاف تایم
doel (het)	darvâze	دروازه
doelman (de)	darvâze bân	دروازه بان
doelpaal (de)	tir-e darvâze	تیر دروازه
lat (de)	tir-e ofoqi	تیر افقی
doelnet (het)	tur	تور
een goal incasseren	gol xordan	گل خوردن
bal (de)	tup	توپ
pass (de)	pâs	پاس
schot (het), schop (de)	zarbe	ضربه
schieten (de bal ~)	zarbe zadan	ضربه زدن
vrije schop (directe ~)	zarbe-ye xatâ	ضربهٔ خطا
hoekschop, corner (de)	korner	کرنر
aanval (de)	hamle	حمله
tegenaanval (de)	zedd-e hamle	ضد حمله
combinatie (de)	mânovr	مانور
scheidsrechter (de)	dâvar	داور
fluiten (ww)	sut zadan	سوت زدن
fluitsignaal (het)	sut	سوت
overtreding (de)	xatâ	خطا
een overtreding maken	xatâ kardan	خطا کردن
uit het veld te sturen	az zamin exrâj kardan	از زمین اخراج کردن
gele kaart (de)	kârt-e zard	کارت زرد
rode kaart (de)	kârt-e qermez	کارت قرمز
diskwalificatie (de)	rad-e salâhiyat	رد صلاحیت
diskwalificeren (ww)	rad-e salâhiyat kardan	رد صلاحیت کردن
strafschop, penalty (de)	penâlti	پنالتی
muur (de)	divâr-e defâ'i	دیوار دفاعی
scoren (ww)	gol zadan	گل زدن
goal (de), doelpunt (het)	gol	گل
een goal scoren	gol zadan	گل زدن
vervanging (de)	ta'viz	تعویض
vervangen (ov.ww.)	ta'viz kardan	تعویض کردن
regels (mv.)	qavâ'ed	قواعد
tactiek (de)	tâktik	تاکتیک
stadion (het)	varzešgâh	ورزشگاه
tribune (de)	teribun	تریبون

| fan, supporter (de) | tarafdār | طرفدار |
| schreeuwen (ww) | faryād zadan | فریاد زدن |

| scorebord (het) | skorbord | اسکوربورد |
| stand (~ is 3-1) | emtiyāz | امتیاز |

| nederlaag (de) | šekast | شکست |
| verliezen (ww) | bāxtan | باختن |

| gelijkspel (het) | mosāvi | مساوی |
| in gelijk spel eindigen | bāzi rā mosāvi kardan | بازی رامساوی کردن |

overwinning (de)	piruzi	پیروزی
overwinnen (ww)	piruz šodan	پیروز شدن
kampioen (de)	qahremān	قهرمان
best (bn)	behtarin	بهترین
feliciteren (ww)	tabrik goftan	تبریک گفتن

commentator (de)	mofasser	مفسر
becommentariëren (ww)	tafsir kardan	تفسیر کردن
uitzending (de)	paxš	پخش

137. Alpine skiën

ski's (mv.)	eski	اسکی
skiën (ww)	eski kardan	اسکی کردن
skigebied (het)	pist-e eski	پیست اسکی
skilift (de)	telesk-i	تلسکی

skistokken (mv.)	čub-e eski	چوب اسکی
helling (de)	šib	شیب
slalom (de)	eslālom	اسلالوم

138. Tennis. Golf

golf (het)	golf	گلف
golfclub (de)	bāšgah-e golf	باشگاه گلف
golfer (de)	bāzikon-e golf	بازیکن گلف

hole (de)	gowdāl	گودال
golfclub (de)	čub-e golf	چوب گلف
trolley (de)	čarx-e hāmele golf	چرخ حامل گلف

| tennis (het) | tenis | تنیس |
| tennisveld (het) | zamin-e tenis | زمین تنیس |

| opslag (de) | servis | سرویس |
| serveren, opslaan (ww) | servis zadan | سرویس زدن |

racket (het)	rāket	راکت
net (het)	tur	تور
bal (de)	tup	توپ

139. Schaken

schaak (het)	šatranj	شطرنج
schaakstukken (mv.)	mohrehā-ye šatranj	مهره های شطرنج
schaker (de)	šatranj bāz	شطرنج باز
schaakbord (het)	taxte-ye šatranj	تختهٔ شطرنج
schaakstuk (het)	mohre-ye šatranj	مهره شطرنج

witte stukken (mv.)	sefid	سفید
zwarte stukken (mv.)	siyāh	سیاه

pion (de)	piyāde	پیاده
loper (de)	fil	فیل
paard (het)	asb	اسب
toren (de)	rox	رخ
dame, koningin (de)	vazir	وزیر
koning (de)	šāh	شاه

zet (de)	harekat	حرکت
zetten (ww)	harekat kardan	حرکت کردن
opofferen (ww)	qorbāni kardan	قربانی کردن
rokade (de)	mohreye qal'e	مهرهٔ قلعه
schaak (het)	kiš	کیش
schaakmat (het)	māt	مات

schaakwedstrijd (de)	mosābeqe-ye šatranj	مسابقهٔ شطرنج
grootmeester (de)	ostād-e bozorg	استاد بزرگ
combinatie (de)	tarkib	ترکیب
partij (de)	dor-e bazi	دوربازی
dammen (de)	bāzi-ye čekerz	بازی چکرز

140. Boksen

boksen (het)	boks	بوکس
boksgevecht (het)	mobāreze	مبارزه
bokswedstrijd (de)	mosābeqe-ye boks	مسابقه بوکس
ronde (de)	rānd	راند

ring (de)	ring	رینگ
gong (de)	nāqus	ناقوس

stoot (de)	zarbe	ضربه
knock-down (de)	nāk dān	ناک داون

knock-out (de)	nāk owt	ناک اوت
knock-out slaan (ww)	nākowt kardan	ناک اوت کردن

bokshandschoen (de)	dastkeš-e boks	دستکش بوکس
referee (de)	dāvar	داور

lichtgewicht (het)	vazn-e sabok	وزن سبک
middengewicht (het)	vazn-e motevasset	وزن متوسط
zwaargewicht (het)	vazn-e sangin	وزن سنگین

141. Sporten. Diversen

Olympische Spelen (mv.)	bāzihā-ye olampik	بازی‌های المپیک
winnaar (de)	barande	برنده
overwinnen (ww)	piruz šodan	پیروز شدن
winnen (ww)	piruz šodan	پیروز شدن
leider (de)	rahbar	رهبر
leiden (ww)	lider budan	لیدر بودن
eerste plaats (de)	rotbe-ye avval	رتبه اول
tweede plaats (de)	rotbe-ye dovvom	رتبه دوم
derde plaats (de)	rotbe-ye sevvom	رتبه سوم
medaille (de)	medāl	مدال
trofee (de)	kāp	کاپ
beker (de)	jām	جام
prijs (de)	jāyeze	جایزه
hoofdprijs (de)	jāyeze-ye asli	جایزۀ اصلی
record (het)	rekord	رکورد
een record breken	rekord gozāštan	رکورد گذاشتن
finale (de)	fināl	فینال
finale (bn)	pāyāni	پایانی
kampioen (de)	qahremān	قهرمان
kampioenschap (het)	mosābeqe-ye qahremāni	مسابقه قهرمانی
stadion (het)	varzešgāh	ورزشگاه
tribune (de)	teribun	تریبون
fan, supporter (de)	tarafdār	طرفدار
tegenstander (de)	raqib	رقیب
start (de)	šoru'	شروع
finish (de)	entehā	انتها
nederlaag (de)	šekast	شکست
verliezen (ww)	bāxtan	باختن
rechter (de)	dāvar	داور
jury (de)	hey'at-e dāvarān	هیئت داوران
stand (~ is 3-1)	emtiyāz	امتیاز
gelijkspel (het)	mosāvi	مساوی
in gelijk spel eindigen	bāzi rā mosāvi kardan	بازی رامساوی کردن
punt (het)	emtiyāz	امتیاز
uitslag (de)	natije	نتیجه
periode (de)	dowre	دوره
pauze (de)	hāf tāym	هاف تایم
doping (de)	doping	دوپینگ
straffen (ww)	jarime kardan	جریمه کردن
diskwalificeren (ww)	rad-e salāhiyat kardan	رد صلاحیت کردن
toestel (het)	asbāb	اسباب

speer (de)	neyze	نیزه
kogel (de)	vazne	وزنه
bal (de)	tup	توپ

doel (het)	hadaf	هدف
schietkaart (de)	nešangah	نشانگاه
schieten (ww)	tirandāzi kardan	تیراندازی کردن
precies (bijv. precieze schot)	dorost	درست

trainer, coach (de)	morabbi	مربی
trainen (ww)	tamrin dādan	تمرین دادن
zich trainen (ww)	tamrin kardan	تمرین کردن
training (de)	tamrin	تمرین

gymnastiekzaal (de)	sālon-e varzeš	سالن ورزش
oefening (de)	tamrin	تمرین
opwarming (de)	garm kardan	گرم کردن

Onderwijs

142. School

school (de)	madrese	مدرسه
schooldirecteur (de)	modir-e madrese	مدیر مدرسه
leerling (de)	dāneš-āmuz	دانش آموز
leerlinge (de)	dāneš-āmuz	دانش آموز
scholier (de)	dāneš-āmuz	دانش آموز
scholiere (de)	dāneš-āmuz	دانش آموز
leren (lesgeven)	āmuxtan	آموختن
studeren (bijv. een taal ~)	yād gereftan	یاد گرفتن
van buiten leren	az hefz kardan	از حفظ کردن
leren (bijv. ~ tellen)	yād gereftan	یاد گرفتن
in school zijn	tahsil kardan	تحصیل کردن
(schooljongen zijn)		
naar school gaan	madrese raftan	مدرسه رفتن
alfabet (het)	alefbā	الفبا
vak (schoolvak)	mabhas	مبحث
klaslokaal (het)	kelās	کلاس
les (de)	dars	درس
pauze (de)	zang-e tafrih	زنگ تفریح
bel (de)	zang	زنگ
schooltafel (de)	miz-e tahrir	میز تحریر
schoolbord (het)	taxte-ye siyāh	تخته سیاه
cijfer (het)	nomre	نمره
goed cijfer (het)	nomre-ye xub	نمرهٔ خوب
slecht cijfer (het)	nomre-ye bad	نمرهٔ بد
een cijfer geven	nomre gozāštan	نمره گذاشتن
fout (de)	eštebāh	اشتباه
fouten maken	eštebāh kardan	اشتباه کردن
corrigeren (fouten ~)	eslāh kardan	اصلاح کردن
spiekbriefje (het)	taqallob	تقلب
huiswerk (het)	taklif manzel	تکلیف منزل
oefening (de)	tamrin	تمرین
aanwezig zijn (ww)	hozur dāštan	حضور داشتن
absent zijn (ww)	qāyeb budan	غایب بودن
school verzuimen	az madrese qāyeb budan	ازمدرسه غایب بودن
bestraffen (een stout kind ~)	tanbih kardan	تنبیه کردن
bestraffing (de)	tanbih	تنبیه

gedrag (het)	raftār	رفتار
cijferlijst (de)	gozāreš-e ruzāne	گزارش روزانه
potlood (het)	medād	مداد
gom (de)	pāk kon	پاک کن
krijt (het)	gač	گچ
pennendoos (de)	qalamdān	قلمدان

boekentas (de)	kif madrese	کیف مدرسه
pen (de)	xodkār	خودکار
schrift (de)	daftar	دفتر
leerboek (het)	ketāb-e darsi	کتاب درسی
passer (de)	pargār	پرگار

| technisch tekenen (ww) | rasm kardan | رسم کردن |
| technische tekening (de) | rasm-e fani | رسم فنی |

gedicht (het)	še'r	شعر
van buiten (bw)	az hefz	از حفظ
van buiten leren	az hefz kardan	از حفظ کردن

vakantie (de)	ta'tilāt	تعطیلات
met vakantie zijn	dar ta'tilāt budan	در تعطیلات بودن
vakantie doorbrengen	ta'tilāt rā gozarāndan	تعطیلات را گذراندن

toets (schriftelijke ~)	emtehān	امتحان
opstel (het)	enšā'	انشاء
dictee (het)	dikte	دیکته
examen (het)	emtehān	امتحان
examen afleggen	emtehān dādan	امتحان دادن
experiment (het)	āzmāyeš	آزمایش

143. Hogeschool. Universiteit

academie (de)	farhangestān	فرهنگستان
universiteit (de)	dānešgāh	دانشگاه
faculteit (de)	dāneškade	دانشکده

student (de)	dānešju	دانشجو
studente (de)	dānešju	دانشجو
leraar (de)	ostād	استاد

| collegezaal (de) | kelās | کلاس |
| afgestudeerde (de) | fāreqottahsil | فارغ التحصیل |

| diploma (het) | diplom | دیپلم |
| dissertatie (de) | pāyān nāme | پایان نامه |

| onderzoek (het) | tahqiqe elmi | تحقیق علمی |
| laboratorium (het) | āzmāyešgāh | آزمایشگاه |

college (het)	soxanrāni	سخنرانی
medestudent (de)	ha mdowre i	هم دوره ای
studiebeurs (de)	burse tahsili	بورس تحصیلی
academische graad (de)	daraje-ye elmi	درجهٔ علمی

144. Wetenschappen. Disciplines

wiskunde (de)	riyāziyāt	رياضيات
algebra (de)	jabr	جبر
meetkunde (de)	hendese	هندسه
astronomie (de)	setāre-šenāsi	ستاره شناسی
biologie (de)	zist-šenāsi	زیست شناسی
geografie (de)	joqrāfiyā	جغرافیا
geologie (de)	zamin-šenāsi	زمین شناسی
geschiedenis (de)	tārix	تاریخ
geneeskunde (de)	pezeški	پزشکی
pedagogiek (de)	olume tarbiyati	علوم تربیتی
rechten (mv.)	hoquq	حقوق
fysica, natuurkunde (de)	fizik	فیزیک
scheikunde (de)	šimi	شیمی
filosofie (de)	falsafe	فلسفه
psychologie (de)	ravānšenāsi	روانشناسی

145. Schrift. Spelling

grammatica (de)	gerāmer	گرامر
vocabulaire (het)	vājegān	واژگان
fonetiek (de)	sadā-šenāsi	صداشناسی
zelfstandig naamwoord (het)	esm	اسم
bijvoeglijk naamwoord (het)	sefat	صفت
werkwoord (het)	fe'l	فعل
bijwoord (het)	qeyd	قید
voornaamwoord (het)	zamir	ضمیر
tussenwerpsel (het)	harf-e nedā	حرف ندا
voorzetsel (het)	harf-e ezāfe	حرف اضافه
stam (de)	riše-ye kalame	ریشه کلمه
achtervoegsel (het)	pasvand	پسوند
voorvoegsel (het)	pišvand	پیشوند
lettergreep (de)	hejā	هجا
achtervoegsel (het)	pasvand	پسوند
nadruk (de)	fešar-e hejā	فشار هجا
afkappingsteken (het)	āpostrof	آپوستروف
punt (de)	noqte	نقطه
komma (de/het)	virgul	ویرگول
puntkomma (de)	noqte virgul	نقطه ویرگول
dubbelpunt (de)	donoqte	دونقطه
beletselteken (het)	čand noqte	چند نقطه
vraagteken (het)	alāmat-e soāl	علامت سؤال
uitroepteken (het)	alāmat-e taajjob	علامت تعجب

aanhalingstekens (mv.)	giyume	گیومه
tussen aanhalingstekens (bw)	dar giyume	در گیومه
haakjes (mv.)	parāntez	پرانتز
tussen haakjes (bw)	dar parāntez	در پرانتز

streepje (het)	xatt-e vāsel	خط واصل
gedachtestreepje (het)	xatt-e tire	خط تیره
spatie	fāsele	فاصله
(~ tussen twee woorden)		

letter (de)	harf	حرف
hoofdletter (de)	harf-e bozorg	حرف بزرگ

klinker (de)	sedādār	صدادار
medeklinker (de)	sāmet	صامت

zin (de)	jomle	جمله
onderwerp (het)	nahād	نهاد
gezegde (het)	gozāre	گزاره

regel (in een tekst)	satr	سطر
op een nieuwe regel (bw)	sar-e satr	سر سطر
alinea (de)	band	بند

woord (het)	kalame	کلمه
woordgroep (de)	ebārat	عبارت
uitdrukking (de)	bayān	بیان
synoniem (het)	moterādef	مترادف
antoniem (het)	motezād	متضاد

regel (de)	qā'ede	قاعده
uitzondering (de)	estesnā	استثنا
correct (bijv. ~e spelling)	sahih	صحیح

vervoeging, conjugatie (de)	sarf	صرف
verbuiging, declinatie (de)	sarf-e kalemāt	صرف کلمات
naamval (de)	hālat	حالت
vraag (de)	soāl	سؤال
onderstrepen (ww)	xatt kešidan	خط کشیدن
stippellijn (de)	noqte čin	نقطه چین

146. Vreemde talen

taal (de)	zabān	زبان
vreemd (bn)	xāreji	خارجی
vreemde taal (de)	zabān-e xāreji	زبان خارجی
leren (bijv. van buiten ~)	dars xāndan	درس خواندن
studeren (Nederlands ~)	yād gereftan	یاد گرفتن

lezen (ww)	xāndan	خواندن
spreken (ww)	harf zadan	حرف زدن
begrijpen (ww)	fahmidan	فهمیدن
schrijven (ww)	neveštan	نوشتن
snel (bw)	sari'	سریع

| langzaam (bw) | āheste | آهسته |
| vloeiend (bw) | ravān | روان |

regels (mv.)	qavā'ed	قواعد
grammatica (de)	gerāmer	گرامر
vocabulaire (het)	vājegān	واژگان
fonetiek (de)	āvā-šenāsi	آواشناسی

leerboek (het)	ketāb-e darsi	كتاب درسی
woordenboek (het)	farhang-e loqat	فرهنگ لغت
leerboek (het) voor zelfstudie	xod-āmuz	خودآموز
taalgids (de)	ketāb-e mokāleme	كتاب مكالمه

cassette (de)	kāst	كاست
videocassette (de)	kāst-e video	كاست ويدئو
CD (de)	si-di	سیدی
DVD (de)	dey vey dey	دی وی دی

alfabet (het)	alefbā	الفبا
spellen (ww)	heji kardan	هجی كردن
uitspraak (de)	talaffoz	تلفظ

accent (het)	lahje	لهجه
met een accent (bw)	bā lahje	با لهجه
zonder accent (bw)	bi lahje	بی لهجه

| woord (het) | kalame | كلمه |
| betekenis (de) | ma'ni | معنی |

cursus (de)	dowre	دوره
zich inschrijven (ww)	nām-nevisi kardan	نام نویسی كردن
leraar (de)	ostād	استاد

vertaling (een ~ maken)	tarjome	ترجمه
vertaling (tekst)	tarjome	ترجمه
vertaler (de)	motarjem	مترجم
tolk (de)	motarjem-e šafāhi	مترجم شفاهی

| polyglot (de) | čand zabāni | چند زبانی |
| geheugen (het) | hāfeze | حافظه |

147. Sprookjesfiguren

Sinterklaas (de)	bābā noel	بابا نوئل
Assepoester (de)	sinderelā	سیندرلا
zeemeermin (de)	pari-ye daryāyi	پری دریایی
Neptunus (de)	nepton	نپتون

magiër, tovenaar (de)	sāher	ساحر
goede heks (de)	sāher	ساحر
magisch (bn)	jāduyi	جادویی
toverstokje (het)	asā-ye sehrāmiz	عصای سحرآمیز
sprookje (het)	afsāne	افسانه
wonder (het)	mo'jeze	معجزه

dwerg (de)	kutule	کوتوله
veranderen in … (anders worden)	tabdil šodan	تبدیل شدن

geest (de)	šabah	شبح
spook (het)	šabah	شبح
monster (het)	qul	غول
draak (de)	eždehā	اژدها
reus (de)	qul	غول

148. Dierenriem

Ram (de)	borj-e haml	برج حمل
Stier (de)	borj-e sowr	برج ثور
Tweelingen (mv.)	borj-e jowzā	برج جوزا
Kreeft (de)	saratān	سرطان
Leeuw (de)	šir	شیر
Maagd (de)	borj-e sonbole	برج سنبله

Weegschaal (de)	borj-e mizān	برج میزان
Schorpioen (de)	borj-e aqrab	برج عقرب
Boogschutter (de)	borj-e qows	برج قوس
Steenbok (de)	borj-e jeddi	برج جدی
Waterman (de)	borj-e dalow	برج دلو
Vissen (mv.)	borj-e hut	برج حوت

karakter (het)	šaxsiyat	شخصیت
karaktertrekken (mv.)	xosusiyāt-e axlāqi	خصوصیات اخلاقی
gedrag (het)	raftār	رفتار
waarzeggen (ww)	fāl gereftan	فال گرفتن
waarzegster (de)	fālgir	فالگیر
horoscoop (de)	tāle' bini	طالع بینی

Kunst

149. Theater

theater (het)	teätr	تئاتر
opera (de)	operä	اپرا
operette (de)	operä-ye kučak	اپرای کوچک
ballet (het)	bäle	باله
affiche (de/het)	e'län-e namäyeš	اعلان نمایش
theatergezelschap (het)	hey'at honarpišegän	هیئت هنرپیشگان
tournee (de)	safar	سفر
op tournee zijn	dar tur budan	در تور بودن
repeteren (ww)	tamrin kardan	تمرین کردن
repetitie (de)	tamrin	تمرین
repertoire (het)	roperator	رپراتور
voorstelling (de)	namäyeš	نمایش
spektakel (het)	namäyeš	نمایش
toneelstuk (het)	namäyeš näme	نمایش نامه
biljet (het)	belit	بلیط
kassa (de)	belit-foruši	بلیت فروشی
foyer (de)	läbi	لابی
garderobe (de)	komod-e lebäs	کمد لباس
garderobe nummer (het)	žeton	ژتون
verrekijker (de)	durbin	دوربین
plaatsaanwijzer (de)	rähnamä	راهنما
parterre (de)	sandali-ye orkestr	صندلی ارکستر
balkon (het)	bälkon	بالکن
gouden rang (de)	bälkon-e avval	بالکن اول
loge (de)	jäygäh-e vižhe	جایگاه ویژه
rij (de)	radif	ردیف
plaats (de)	jä	جا
publiek (het)	hozzär	حضار
kijker (de)	tamäšäči	تماشاچی
klappen (ww)	kaf zadan	کف زدن
applaus (het)	tašviq	تشویق
ovatie (de)	šädi-va sorur	شادی و سرور
toneel (op het ~ staan)	sahne	صحنه
gordijn, doek (het)	parde	پرده
toneeldecor (het)	sahne	صحنه
backstage (de)	pošt-e sahne	پشت صحنه
scène (de)	sahne	صحنه
bedrijf (het)	parde	پرده
pauze (de)	änteräkt	آنتراکت

150. Bioscoop

acteur (de)	bāzigar	بازیگر
actrice (de)	bāzigar	بازیگر
bioscoop (de)	sinamā	سینما
speelfilm (de)	film	فیلم
aflevering (de)	qesmat	قسمت
detectivefilm (de)	film-e polisi	فیلم پلیسی
actiefilm (de)	film-e akšen	فیلم اکشن
avonturenfilm (de)	film-e mājarāyi	فیلم ماجرایی
sciencefictionfilm (de)	film-e elmi-ye taxayyoli	فیلم علمی تخیلی
griezelfilm (de)	film-e tarsnāk	فیلم ترسناک
komedie (de)	komedi	کمدی
melodrama (het)	meloderām	ملودرام
drama (het)	derām	درام
speelfilm (de)	film-e honari	فیلم هنری
documentaire (de)	film-e mostanad	فیلم مستند
tekenfilm (de)	kārton	کارتون
stomme film (de)	film-e sāmet	فیلم صامت
rol (de)	naqš	نقش
hoofdrol (de)	naqš-e asli	نقش اصلی
spelen (ww)	bāzi kardan	بازی کردن
filmster (de)	setāre-ye sinamā	ستاره سینما
bekend (bn)	mašhur	مشهور
beroemd (bn)	mašhur	مشهور
populair (bn)	saršenās	سرشناس
scenario (het)	senāriyo	سناریو
scenarioschrijver (de)	senārist	سناریست
regisseur (de)	kārgardān	کارگردان
filmproducent (de)	tahiye konande	تهیه کننده
assistent (de)	dastyār	دستیار
cameraman (de)	filmbardār	فیلمبردار
stuntman (de)	badalkār	بدلکار
stuntdubbel (de)	dublur	دوبلور
een film maken	film gereftan	فیلم گرفتن
auditie (de)	test	تست
opnamen (mv.)	film bardār-i	فیلم برداری
filmploeg (de)	goruh film bar dār-i	گروه فیلم برداری
filmset (de)	mahal film bar dār-i	محل فیلم برداری
filmcamera (de)	durbin	دوربین
bioscoop (de)	sinamā	سینما
scherm (het)	parde	پرده
een film vertonen	film-e nešān dādan	فیلم نشان دادن
geluidsspoor (de)	musiqi-ye matn	موسیقی متن
speciale effecten (mv.)	jelvehā-ye vizhe	جلوه های ویژه

ondertiteling (de)	zirnevis	زیرنویس
voortiteling, aftiteling (de)	titrāj	تیتراژ
vertaling (de)	tarjome	ترجمه

151. Schilderij

kunst (de)	honar	هنر
schone kunsten (mv.)	honarhā-ye zibā	هنرهای زیبا
kunstgalerie (de)	gāleri-ye honari	گالری هنری
kunsttentoonstelling (de)	namāyešgāh-e honari	نمایشگاه هنری

schilderkunst (de)	naqqāši	نقاشی
grafiek (de)	honar-e gerāfik	هنر گرافیک
abstracte kunst (de)	honar-e ābestre	هنر آبستره
impressionisme (het)	ampersiyonism	امپرسیونیسم

schilderij (het)	tasvir	تصویر
tekening (de)	naqqāši	نقاشی
poster (de)	poster	پوستر

illustratie (de)	tasvir	تصویر
miniatuur (de)	minyātor	مینیاتور
kopie (de)	nosxe	نسخه
reproductie (de)	taksir	تکثیر

mozaïek (het)	muzāik	موزائیک
gebrandschilderd glas (het)	naqqāši ruy šiše	نقاشی روی شیشه
fresco (het)	naqqāši ruy gač	نقاشی روی گچ
gravure (de)	gerāvur	گراور

buste (de)	mojassame-ye nimtane	مجسمهٔ نیم تنه
beeldhouwwerk (het)	mojassame sāz-i	مجسمه سازی
beeld (bronzen ~)	mojassame	مجسمه
gips (het)	gač	گچ
gipsen (bn)	gači	گچی

portret (het)	temsāl	تمثال
zelfportret (het)	tasvir-e naqqāš	تصویر نقاش
landschap (het)	manzare	منظره
stilleven (het)	tabi'at-e bijān	طبیعت بیجان
karikatuur (de)	kārikātor	کاریکاتور
schets (de)	tarh-e moqaddamāti	طرح مقدماتی

verf (de)	rang	رنگ
aquarel (de)	āb-o rang	آب و رنگ
olieverf (de)	rowqan	روغن
potlood (het)	medād	مداد
Oostindische inkt (de)	morakkab	مرکب
houtskool (de)	zoqāl	زغال

tekenen (met krijt)	naqqāši kardan	نقاشی کردن
schilderen (ww)	naqqāši kardan	نقاشی کردن
poseren (ww)	žest gereftan	ژست گرفتن
naaktmodel (man)	model-e naqqāši	مدل نقاشی

naaktmodel (vrouw)	model-e naqqāši	مدل نقاشی
kunstenaar (de)	naqqāš	نقاش
kunstwerk (het)	asar-e honari	اثر هنری
meesterwerk (het)	šāhkār	شاهکار
studio, werkruimte (de)	kārgāh	کارگاه

schildersdoek (het)	bum-e naqāši	بوم نقاشی
schildersezel (de)	sepāye-ye naqqāši	سه پایهٔ نقاشی
palet (het)	taxte-ye rang	تختهٔ رنگ

lijst (een vergulde ~)	qāb	قاب
restauratie (de)	maremmat	مرمت
restaureren (ww)	marammat kardan	مرمت کردن

152. Literatuur & Poëzie

literatuur (de)	adabiyāt	ادبیات
auteur (de)	moallef	مؤلف
pseudoniem (het)	taxallos	تخلص

boek (het)	ketāb	کتاب
boekdeel (het)	jeld	جلد
inhoudsopgave (de)	fehrest	فهرست
pagina (de)	safhe	صفحه
hoofdpersoon (de)	qahremān-e asli	قهرمان اصلی
handtekening (de)	dast-e xat	دست خط

verhaal (het)	hekāyat	حکایت
novelle (de)	dāstān	داستان
roman (de)	ramān	رمان
werk (literatuur)	ta'lif	تألیف
fabel (de)	afsāne	افسانه
detectiveroman (de)	dastane jenai	داستان جنایی

gedicht (het)	še'r	شعر
poëzie (de)	še'r	شعر
epos (het)	še'r	شعر
dichter (de)	šā'er	شاعر

fictie (de)	dāstān	داستان
sciencefiction (de)	elmi-ye taxayyoli	علمی تخیلی
avonturenroman (de)	sargozašt	سرگذشت
opvoedkundige literatuur (de)	adabiyāt-e āmuzeši	ادبیات آموزشی
kinderliteratuur (de)	adabiyāt-e kudak	ادبیات کودک

153. Circus

circus (de/het)	sirak	سیرک
chapiteau circus (de/het)	sirak-e sayār	سیرک سیار
programma (het)	barnāme	برنامه
voorstelling (de)	namāyeš	نمایش
nummer (circus ~)	parde	پرده

arena (de)	sahne-ye sirak	صحنه سیرک
pantomime (de)	pāntomim	پانتومیم
clown (de)	dalqak	دلقک

acrobaat (de)	ākrobāt	آکروبات
acrobatiek (de)	band-e bāzi	بند بازی
gymnast (de)	žimināstik kār	ژیمناستیک کار
gymnastiek (de)	žimināstik	ژیمناستیک
salto (de)	salto	سالتو

sterke man (de)	qavi heykal	قوی هیکل
temmer (de)	rām konande	رام کننده
ruiter (de)	savārkār	سوارکار
assistent (de)	dastyār	دستیار

stunt (de)	širin kāri	شیرین کاری
goocheltruc (de)	šo'bade bāzi	شعبده بازی
goochelaar (de)	šo'bade bāz	شعبده باز

jongleur (de)	tardast	تردست
jongleren (ww)	tardasti kardan	تردستی کردن
dierentrainer (de)	morabbi-ye heyvānāt	مربی حیوانات
dressuur (de)	ta'lim heyvānāt	تعلیم حیوانات
dresseren (ww)	tarbiyat kardan	تربیت کردن

154. Muziek. Popmuziek

muziek (de)	musiqi	موسیقی
muzikant (de)	muzisiyan	موزیسین
muziekinstrument (het)	abzār-e musiqi	ابزار موسیقی
spelen (bijv. gitaar ~)	navāxtan	نواختن

gitaar (de)	gitār	گیتار
viool (de)	viyolon	ویولون
cello (de)	viyolonsel	ویولون سل
contrabas (de)	konterbās	کنترباس
harp (de)	čang	چنگ

piano (de)	piyāno	پیانو
vleugel (de)	piyāno-e bozorg	پیانوی بزرگ
orgel (het)	arg	ارگ

blaasinstrumenten (mv.)	sāzhā-ye bādi	سازهای بادی
hobo (de)	abva	ابوا
saxofoon (de)	saksofon	ساکسوفون
klarinet (de)	qare ney	قره نی
fluit (de)	folut	فلوت
trompet (de)	šeypur	شیپور

accordeon (de/het)	ākordeon	آکوردئون
trommel (de)	tabl	طبل

duet (het)	daste-ye do nafare	دسته دو نفره
trio (het)	daste-ye se nafar-i	دستۀ سه نفری

kwartet (het)	daste-ye čāhārnafari	دستهٔ چهارنفری
koor (het)	kar	کر
orkest (het)	orkesr	ارکستر
popmuziek (de)	musiqi-ye pāp	موسیقی پاپ
rockmuziek (de)	musiqi-ye rāk	موسیقی راک
rockgroep (de)	goruh-e rāk	گروه راک
jazz (de)	jāz	جاز
idool (het)	mahbub	محبوب
bewonderaar (de)	havādār	هوادار
concert (het)	konsert	کنسرت
symfonie (de)	samfoni	سمفونی
compositie (de)	tasnif	تصنیف
componeren (muziek ~)	tasnif kardan	تصنیف کردن
zang (de)	āvāz	آواز
lied (het)	tarāne	ترانه
melodie (de)	āhang	آهنگ
ritme (het)	ritm	ریتم
blues (de)	musiqi-ye boluz	موسیقی بلوز
bladmuziek (de)	daftar-e not	دفتر نت
dirigeerstok (baton)	čub-e rahbari	چوب رهبری
strijkstok (de)	ārše	آرشه
snaar (de)	sim	سیم
koffer (de)	qalāf	غلاف

Rusten. Entertainment. Reizen

155. Trip. Reizen

toerisme (het)	gardešgari	گردشگری
toerist (de)	turist	توریست
reis (de)	mosāferat	مسافرت
avontuur (het)	mājarā	ماجرا
tocht (de)	safar	سفر

vakantie (de)	moraxxasi	مرخصی
met vakantie zijn	dar moraxassi budan	در مرخصی بودن
rust (de)	esterāhat	استراحت

trein (de)	qatār	قطار
met de trein	bā qatār	با قطار
vliegtuig (het)	havāpeymā	هواپیما
met het vliegtuig	bā havāpeymā	با هواپیما
met de auto	bā otomobil	با اتومبیل
per schip (bw)	dar kešti	با کشتی

bagage (de)	bār	بار
valies (de)	čamedān	چمدان
bagagekarretje (het)	čarx-e hamle bar	چرخ حمل بار

paspoort (het)	gozarnāme	گذرنامه
visum (het)	ravādid	روادید
kaartje (het)	belit	بلیط
vliegticket (het)	belit-e havāpeymā	بلیط هواپیما

reisgids (de)	ketāb-e rāhnamā	کتاب راهنما
kaart (de)	naqše	نقشه
gebied (landelijk ~)	mahal	محل
plaats (de)	jā	جا

exotische bestemming (de)	qarāyeb	غرایب
exotisch (bn)	qarib	غریب
verwonderlijk (bn)	heyrat angiz	حیرت انگیز

groep (de)	goruh	گروه
rondleiding (de)	gardeš	گردش
gids (de)	rāhnamā-ye tur	راهنمای تور

156. Hotel

hotel (het)	hotel	هتل
motel (het)	motel	متل
3-sterren	se setāre	سه ستاره

| 5-sterren | panj setāre | پنج ستاره |
| overnachten (ww) | māndan | ماندن |

kamer (de)	otāq	اتاق
eenpersoonskamer (de)	otāq-e yeknafare	اتاق یک نفره
tweepersoonskamer (de)	otāq-e do nafare	اتاق دو نفره
een kamer reserveren	otāq rezerv kardan	اتاق رزرو کردن

| halfpension (het) | nim pānsiyon | نیم پانسیون |
| volpension (het) | pānsiyon | پانسیون |

met badkamer	bā vān	با وان
met douche	bā duš	با دوش
satelliet-tv (de)	televiziyon-e māhvārei	تلویزیون ماهواره ای
airconditioner (de)	tahviye-ye matbu'	تهویه مطبوع
handdoek (de)	howle	حوله
sleutel (de)	kelid	کلید

administrateur (de)	edāre-ye konande	اداره کننده
kamermeisje (het)	mostaxdem	مستخدم
piccolo (de)	bārbar	باربر
portier (de)	darbān	دربان

restaurant (het)	resturān	رستوران
bar (de)	bār	بار
ontbijt (het)	sobhāne	صبحانه
avondeten (het)	šām	شام
buffet (het)	bufe	بوفه

| hal (de) | lābi | لابی |
| lift (de) | āsānsor | آسانسور |

| NIET STOREN | mozāhem našavid | مزاحم نشوید |
| VERBODEN TE ROKEN! | sigār kešidan mamnu' | سیگار کشیدن ممنوع |

157. Boeken. Lezen

boek (het)	ketāb	کتاب
auteur (de)	moallef	مؤلف
schrijver (de)	nevisande	نویسنده
schrijven (een boek)	neveštan	نوشتن

lezer (de)	xānande	خواننده
lezen (ww)	xāndan	خواندن
lezen (het)	motāle'e	مطالعه

| stil (~ lezen) | be ārāmi | به آرامی |
| hardop (~ lezen) | boland | بلند |

uitgeven (boek ~)	montašer kardan	منتشر کردن
uitgeven (het)	entešār	انتشار
uitgever (de)	nāšer	ناشر
uitgeverij (de)	entešārāt	انتشارات
verschijnen (bijv. boek)	montašer šodan	منتشر شدن

verschijnen (het)	našr	نشر
oplage (de)	tirāž	تیراژ
boekhandel (de)	ketāb-foruši	کتاب فروشی
bibliotheek (de)	ketābxāne	کتابخانه
novelle (de)	dāstān	داستان
verhaal (het)	hekāyat	حکایت
roman (de)	ramān	رمان
detectiveroman (de)	dastane jenai	داستان جنایی
memoires (mv.)	xāterāt	خاطرات
legende (de)	afsāne	افسانه
mythe (de)	osture	اسطوره
gedichten (mv.)	še'r	شعر
autobiografie (de)	zendegināme	زندگینامه
bloemlezing (de)	āsār-e montaxab	آثار منتخب
sciencefiction (de)	elmi-ye taxayyoli	علمی تخیلی
naam (de)	onvān	عنوان
inleiding (de)	moqaddame	مقدمه
voorblad (het)	safhe-ye onvān	صفحه عنوان
hoofdstuk (het)	fasl	فصل
fragment (het)	gozide	گزیده
episode (de)	qesmat	قسمت
intrige (de)	suže	سوژه
inhoud (de)	mazmun	مضمون
inhoudsopgave (de)	fehrest	فهرست
hoofdpersonage (het)	qahremān-e asli	قهرمان اصلی
boekdeel (het)	jeld	جلد
omslag (de/het)	jeld	جلد
boekband (de)	sahhāfi	صحافی
bladwijzer (de)	čub-e alef	چوب الف
pagina (de)	safhe	صفحه
bladeren (ww)	varaq zadan	ورق زدن
marges (mv.)	hāšiye	حاشیه
annotatie (de)	hāšiye nevisi	حاشیه نویسی
opmerking (de)	pāvaraqi	پاورقی
tekst (de)	matn	متن
lettertype (het)	font	فونت
drukfout (de)	qalat čāpi	غلط چاپی
vertaling (de)	tarjome	ترجمه
vertalen (ww)	tarjome kardan	ترجمه کردن
origineel (het)	nosxe-ye asli	نسخهٔ اصلی
beroemd (bn)	mašhur	مشهور
onbekend (bn)	nāšenāxte	ناشناخته
interessant (bn)	jāleb	جالب
bestseller (de)	por foruš	پر فروش

woordenboek (het)	farhang-e loqat	فرهنگ لغت
leerboek (het)	ketāb-e darsi	کتاب درسی
encyclopedie (de)	dāyeratolma'āref	دایره المعارف

158. Jacht. Vissen

jacht (de)	šekār	شکار
jagen (ww)	šekār kardan	شکار کردن
jager (de)	šekārči	شکارچی

schieten (ww)	tirandāzi kardan	تیراندازی کردن
geweer (het)	tofang	تفنگ
patroon (de)	fešang	فشنگ
hagel (de)	sāčme	ساچمه

val (de)	tale	تله
valstrik (de)	dām	دام
in de val trappen	dar tale oftādan	در تله افتادن
een val zetten	tale gozāštan	تله گذاشتن

stroper (de)	šekārči-ye qeyr-e qānuni	شکارچی غیر قانونی
wild (het)	šekār	شکار
jachthond (de)	sag-e šekāri	سگ شکاری
safari (de)	safar-e ektešāfi āfriqā	سفر اکتشافی آفریقا
opgezet dier (het)	heyvān-e model	حیوان مدل

visser (de)	māhigir	ماهیگیر
visvangst (de)	māhigiri	ماهیگیری
vissen (ww)	māhi gereftan	ماهی گرفتن

hengel (de)	čub māhi gir-i	چوب ماهی گیری
vislijn (de)	nax-e māhigiri	نخ ماهیگیری
haak (de)	qollāb	قلاب

| dobber (de) | šenāvar | شناور |
| aas (het) | to'me | طعمه |

| de hengel uitwerpen | qollāb andāxtan | قلاب انداختن |
| bijten (ov. de vissen) | gāz gereftan | گاز گرفتن |

| vangst (de) | seyd | صید |
| wak (het) | surāx dar yax | سوراخ دریخ |

| net (het) | tur | تور |
| boot (de) | qāyeq | قایق |

vissen met netten	bā tur-e māhi gereftan	با تورماهی گرفتن
het net uitwerpen	tur andāxtan	تور انداختن
het net binnenhalen	tur rā birun āvardan	تور را بیرون آوردن
in het net vallen	be tur oftādan	به تور افتادن

walvisvangst (de)	seyād-e nahang	صیاد نهنگ
walvisvaarder (de)	kešti-ye seyd-e nahang	کشتی صید نهنگ
harpoen (de)	neyze	نیزه

159. Spellen. Biljart

biljart (het)	bilyārd	بیلیارد
biljartzaal (de)	otāq-e bilyārd	اتاق بیلیارد
biljartbal (de)	tup	توپ
een bal in het gat jagen	tup vāred-e pākat kardan	توپ وارد پاکت کردن
keu (de)	čub-e bilyārd	چوب بیلیارد
gat (het)	pākat	پاکت

160. Spellen. Speelkaarten

ruiten (mv.)	xešt	خشت
schoppen (mv.)	peyk	پیک
klaveren (mv.)	del	دل
harten (mv.)	xāj	خاج
aas (de)	tak xāl	تک خال
koning (de)	šāh	شاه
dame (de)	bi bi	بی بی
boer (de)	sarbāz	سرباز
speelkaart (de)	varaq	ورق
kaarten (mv.)	varaq	ورق
troef (de)	xāl-e hokm	خال حکم
pak (het) kaarten	daste-ye varaq	دستهٔ ورق
punt (bijv. vijftig ~en)	xāl	خال
uitdelen (kaarten ~)	varaq dādan	ورق دادن
schudden (de kaarten ~)	bar zadan	بر زدن
beurt (de)	harekat	حرکت
valsspeler (de)	moteqalleb	متقلب

161. Casino. Roulette

casino (het)	kāzino	کازینو
roulette (de)	rolet	رولت
inzet (de)	šart bandi	شرط بندی
een bod doen	šart bandi kardan	شرط بندی کردن
rood (de)	sorx	سرخ
zwart (de)	siyāh	سیاه
inzetten op rood	ru-ye sorx-e šart-bandi kardan	روی سرخ شرط بندی کردن
inzetten op zwart	ru-ye siyāh-e šart-bandi kardan	روی سیاه شرط بندی کردن
croupier (de)	mas'ul-e bāzi	مسئول بازی
de cilinder draaien	gardāndan-e čarx	گرداندن چرخ
spelregels (mv.)	qavā'ede bāzi	قواعد بازی
fiche (pokerfiche, etc.)	žeton	ژتون

| winnen (ww) | piruz šodan | پیروز شدن |
| winst (de) | bord | برد |

| verliezen (ww) | bāxtan | باختن |
| verlies (het) | bāxt | باخت |

speler (de)	bāzikon	بازیکن
blackjack (kaartspel)	balak jak	بلک جک
dobbelspel (het)	tās bāzi	تاس بازی
dobbelstenen (mv.)	tās	تاس
speelautomaat (de)	māšin asal-at	ماشین اسلات

162. Rusten. Spellen. Diversen

wandelen (on.ww.)	gardeš kardan	گردش کردن
wandeling (de)	gardeš	گردش
trip (per auto)	siyāhat	سیاحت
avontuur (het)	mājarā	ماجرا
picknick (de)	pik nik	پیک نیک

spel (het)	bāzi	بازی
speler (de)	bāzikon	بازیکن
partij (de)	dor-e bazi	دور بازی

collectioneur (de)	kolleksiyoner	کلکسیونر
collectioneren (ww)	jam'-e āvari kardan	جمع آوری کردن
collectie (de)	koleksiyon	کلکسیون

kruiswoordraadsel (het)	kalamāt-e moteqāte'	کلمات متقاطع
hippodroom (de)	meydān-e asb-e davāni	میدان اسب دوانی
discotheek (de)	disko	دیسکو

| sauna (de) | sonā | سونا |
| loterij (de) | baxt-e āzmāyi | بخت آزمایی |

trektocht (kampeertocht)	rāh peymāyi	راه پیمایی
kamp (het)	ordugāh	اردوگاه
tent (de)	čādor	چادر
kompas (het)	qotb namā	قطب نما
rugzaktoerist (de)	kamp nešin	کمپ نشین

bekijken (een film ~)	tamāšā kardan	تماشا کردن
kijker (televisie~)	tamāšāči	تماشاچی
televisie-uitzending (de)	barnāme-ye televiziyoni	برنامه تلویزیونی

163. Fotografie

| fotocamera (de) | durbin-e akkāsi | دوربین عکاسی |
| foto (de) | aks | عکس |

| fotograaf (de) | akkās | عکاس |
| fotostudio (de) | ātolye-ye akkāsi | آتلیۀ عکاسی |

143

fotoalbum (het)	ālbom-e aks	آلبوم عکس
lens (de), objectief (het)	lenz-e durbin	لنز دوربین
telelens (de)	lenz-e tale-ye foto	لنز تله فوتو
filter (de/het)	filter	فیلتر
lens (de)	lenz	لنز

optiek (de)	optik	اپتیک
diafragma (het)	diyāfrāgm	دیافراگم
belichtingstijd (de)	sor'at-e bāz šodan-e lenz	سرعت بازشدن لنز
zoeker (de)	namā yāb	نما یاب

digitale camera (de)	durbin-e dijitāl	دوربین دیجیتال
statief (het)	se pāye	سه پایه
flits (de)	feleš	فلش

fotograferen (ww)	akkāsi kardan	عکاسی کردن
foto's maken	aks gereftan	عکس گرفتن
zich laten fotograferen	aks gereftan	عکس گرفتن

focus (de)	noqte-ye kānuni	نقطه کانونی
scherpstellen (ww)	motemarkez kardan	متمرکز کردن
scherp (bn)	vāzeh	واضح
scherpte (de)	vozuh	وضوح

| contrast (het) | konterāst | کنتراست |
| contrastrijk (bn) | konterāst | کنتراست |

kiekje (het)	aks	عکس
negatief (het)	film-e negātiv	فیلم نگاتیو
filmpje (het)	film	فیلم
beeld (frame)	čārcub	چارچوب
afdrukken (foto's ~)	čāp kardan	چاپ کردن

164. Strand. Zwemmen

strand (het)	pelāž	پلاژ
zand (het)	šen	شن
leeg (~ strand)	xāli	خالی

bruine kleur (de)	hammām-e āftāb	حمام آفتاب
zonnebaden (ww)	hammām-e āftāb gereftan	حمام آفتاب گرفتن
gebruind (bn)	boronze	برنزه
zonnecrème (de)	kerem-e zedd-e āftāb	کرم ضد آفتاب

bikini (de)	māyo-ye do tekke	مایوی دو تکه
badpak (het)	māyo	مایو
zwembroek (de)	māyo	مایو

zwembad (het)	estaxr	استخر
zwemmen (ww)	šenā kardan	شنا کردن
douche (de)	duš	دوش
zich omkleden (ww)	lebās avaz kardan	لباس عوض کردن
handdoek (de)	howle	حوله
boot (de)	qāyeq	قایق

motorboot (de)	qāyeq-e motori	قایق موتوری
waterski's (mv.)	eski-ye ruy-ye āb	اسکی روی آب
waterfiets (de)	qāyeq-e pedāli	قایق پدالی
surfen (het)	mowj savāri	موج سواری
surfer (de)	mowj savār	موج سوار
scuba, aqualong (de)	eskowba	اسکوبا
zwemvliezen (mv.)	bālehā-ye qavvāsi	باله های غواصی
duikmasker (het)	māsk	ماسک
duiker (de)	qavvās	غواص
duiken (ww)	širje raftan	شیرجه رفتن
onder water (bw)	zir-e ābi	زیر آبی
parasol (de)	čatr	چتر
ligstoel (de)	sandali-ye rāhati	صندلی راحتی
zonnebril (de)	eynak āftābi	عینک آفتابی
luchtmatras (de/het)	tošak-e ābi	تشک آبی
spelen (ww)	bāzi kardan	بازی کردن
gaan zwemmen (ww)	ābtani kardan	آبتنی کردن
bal (de)	tup	توپ
opblazen (oppompen)	bād kardan	باد کردن
lucht-, opblaasbare (bn)	bādi	بادی
golf (hoge ~)	mowj	موج
boei (de)	šenāvar`	شناور
verdrinken (ww)	qarq šodan	غرق شدن
redden (ww)	najāt dādan	نجات دادن
reddingsvest (de)	jeliqe-ye nejāt	جلیقة نجات
waarnemen (ww)	mošāhede kardan	مشاهده کردن
redder (de)	nejāt-e dahande	نجات دهنده

TECHNISCHE APPARATUUR. VERVOER

Technische apparatuur

165. Computer

computer (de)	kāmpiyuter	کامپیوتر
laptop (de)	lap tāp	لپ تاپ
aanzetten (ww)	rowšan kardan	روشن کردن
uitzetten (ww)	xāmuš kardan	خاموش کردن
toetsenbord (het)	sahfe kelid	صفحه کلید
toets (enter~)	kelid	کلید
muis (de)	māows	ماوس
muismat (de)	māows pad	ماوس پد
knopje (het)	dokme	دکمه
cursor (de)	makān namā	مکان نما
monitor (de)	monitor	مونیتور
scherm (het)	safhe	صفحه
harde schijf (de)	hārd disk	هارد دیسک
volume (het)	hajm-e hard	حجم هارد
van de harde schijf		
geheugen (het)	hāfeze	حافظه
RAM-geheugen (het)	hāfeze-ye ram	حافظه رم
bestand (het)	parvande	پرونده
folder (de)	puše	پوشه
openen (ww)	bāz kardan	باز کردن
sluiten (ww)	bastan	بستن
opslaan (ww)	zaxire kardan	ذخیره کردن
verwijderen (wissen)	hazf kardan	حذف کردن
kopiëren (ww)	kopi kardan	کپی کردن
sorteren (ww)	tabaqe bandi kardan	طبقه بندی کردن
overplaatsen (ww)	kopi kardan	کپی کردن
programma (het)	barnāme	برنامه
software (de)	narm afzār	نرم افزار
programmeur (de)	barnāme-ye nevis	برنامه نویس
programmeren (ww)	barnāme-nevisi kardan	برنامه نویسی کردن
hacker (computerkraker)	haker	هکر
wachtwoord (het)	kalame-ye obur	کلمه عبور
virus (het)	virus	ویروس
ontdekken (virus ~)	peydā kardan	پیدا کردن

| byte (de) | bāyt | بایت |
| megabyte (de) | megābāyt | مگابایت |

| data (de) | dāde-hā | داده ها |
| databank (de) | pāygāh dāde-hā | پایگاه داده ها |

kabel (USB-~, enz.)	kābl	کابل
afsluiten (ww)	jodā kardan	جدا کردن
aansluiten op (ww)	vasl kardan	وصل کردن

166. Internet. E-mail

internet (het)	internet	اینترنت
browser (de)	morurgar	مرورگر
zoekmachine (de)	motor-e jostoju	موتور جستجو
internetprovider (de)	erāe-ye dehande	ارائه دهنده

webmaster (de)	tarrāh-e vebsāyt	طراح وب سایت
website (de)	veb-sāyt	وب سایت
webpagina (de)	safhe-ye veb	صفحه وب

| adres (het) | nešāni | نشانی |
| adresboek (het) | daftarče-ye nešāni | دفترچه نشانی |

postvak (het)	sanduq-e post	صندوق پست
post (de)	post	پست
vol (~ postvak)	por	پر

bericht (het)	payām	پیام
binnenkomende berichten (mv.)	payāmhā-ye vorudi	پیامهای ورودی
uitgaande berichten (mv.)	payāmhā-ye xoruji	پیامهای خروجی

verzender (de)	ferestande	فرستنده
verzenden (ww)	ferestādan	فرستادن
verzending (de)	ersāl	ارسال

| ontvanger (de) | girande | گیرنده |
| ontvangen (ww) | gereftan | گرفتن |

| correspondentie (de) | mokātebe | مکاتبه |
| corresponderen (met ...) | mokātebe kardan | مکاتبه کردن |

bestand (het)	parvande	پرونده
downloaden (ww)	dānlod kardan	دانلود کردن
creëren (ww)	ijād kardan	ایجاد کردن
verwijderen (een bestand ~)	hazf kardan	حذف کردن
verwijderd (bn)	hazf šode	حذف شده

verbinding (de)	ertebāt	ارتباط
snelheid (de)	sor'at	سرعت
modem (de)	modem	مودم
toegang (de)	dastyābi	دستیابی
poort (de)	dargāh	درگاه

| aansluiting (de) | ertebāt | ارتباط |
| zich aansluiten (ww) | vasl šodan | وصل شدن |

| selecteren (ww) | entexāb kardan | انتخاب کردن |
| zoeken (ww) | jostoju kardan | جستجو کردن |

167. Elektriciteit

elektriciteit (de)	barq	برق
elektrisch (bn)	barqi	برقی
elektriciteitscentrale (de)	nirugāh	نیروگاه
energie (de)	enerži	انرژی
elektrisch vermogen (het)	niru-ye barq	نیروی برق

lamp (de)	lāmp	لامپ
zaklamp (de)	čerāq-e dasti	چراغ دستی
straatlantaarn (de)	čerāq-e barq	چراغ برق

licht (elektriciteit)	nur	نور
aandoen (ww)	rowšan kardan	روشن کردن
uitdoen (ww)	xāmuš kardan	خاموش کردن
het licht uitdoen	čerāq rā xāmuš kardan	چراغ را خاموش کردن
doorbranden (gloeilamp)	suxtan	سوختن
kortsluiting (de)	ettesāli	اتصالی
onderbreking (de)	sim qat' šode	سیم قطع شده
contact (het)	tamās	تماس

schakelaar (de)	kelid	کلید
stopcontact (het)	periz	پریز
stekker (de)	došāxe	دوشاخه
verlengsnoer (de)	sim-e sayār	سیم سیار
zekering (de)	fiyuz	فیوز
kabel (de)	sim	سیم
bedrading (de)	sim keši	سیم کشی

ampère (de)	āmper	آمپر
stroomsterkte (de)	šeddat-e jaryān	شدت جریان
volt (de)	volt	ولت
spanning (de)	voltāž	واتاژ

| elektrisch toestel (het) | vasile-ye barqi | وسیله برقی |
| indicator (de) | šāxes | شاخص |

elektricien (de)	barq-e kār	برق کار
solderen (ww)	lahim kardan	لحیم کردن
soldeerbout (de)	hoviye	هویه
stroom (de)	jaryān-e barq	جریان برق

168. Gereedschappen

| werktuig (stuk gereedschap) | abzār | ابزار |
| gereedschap (het) | abzār | ابزار |

uitrusting (de)	tajhizāt	تجهیزات
hamer (de)	čakoš	چکش
schroevendraaier (de)	pič gušti	پیچ گوشتی
bijl (de)	tabar	تبر

zaag (de)	arre	اره
zagen (ww)	arre kardan	اره کردن
schaaf (de)	rande	رنده
schaven (ww)	rande kardan	رنده کردن
soldeerbout (de)	hoviye	هویه
solderen (ww)	lahim kardan	لحیم کردن

vijl (de)	sowhān	سوهان
nijptang (de)	gāzanbor	گازانبر
combinatietang (de)	anbordast	انبردست
beitel (de)	eskene	اسکنه

boorkop (de)	sar-matte	سرمته
boormachine (de)	matte barqi	مته برقی
boren (ww)	surāx kardan	سوراخ کردن

mes (het)	kārd	کارد
zakmes (het)	čāqu-ye jibi	چاقوی جیبی
lemmet (het)	tiqe	تیغه

scherp (bijv. ~ mes)	tiz	تیز
bot (bn)	konad	کند
bot raken (ww)	konad šodan	کند شدن
slijpen (een mes ~)	tiz kardan	تیز کردن

bout (de)	pič	پیچ
moer (de)	mohre	مهره
schroefdraad (de)	šiyār	شیار
houtschroef (de)	pič	پیچ

| spijker (de) | mix | میخ |
| kop (de) | sar-e mix | سر میخ |

liniaal (de/het)	xat keš	خط کش
rolmeter (de)	metr	متر
waterpas (de/het)	tarāz	تراز
loep (de)	zarre bin	ذره بین

meetinstrument (het)	abzār-e andāzegir-i	ابزاراندازه گیری
opmeten (ww)	andāze gereftan	اندازه گرفتن
schaal (meetschaal)	safhe-ye modarraj	صفحهٔ مدرج
gegevens (mv.)	dastgāh-e xaneš	دستگاه خوانش

| compressor (de) | komperesor | کمپرسور |
| microscoop (de) | mikroskop | میکروسکوپ |

pomp (de)	pomp	پمپ
robot (de)	robāt	روبات
laser (de)	leyzer	لیزر
moersleutel (de)	āčār	آچار
plakband (de)	navār-e časb	نوار چسب

lijm (de)	časb	چسب
schuurpapier (het)	kāqaz-e sonbāde	کاغذ سنباده
veer (de)	fanar	فنر
magneet (de)	āhan-e robā	آهن ربا
handschoenen (mv.)	dastkeš	دستکش

touw (bijv. henneptouw)	tanāb	طناب
snoer (het)	band	بند
draad (de)	sim	سیم
kabel (de)	kābl	کابل

moker (de)	potk	پتک
breekijzer (het)	deylam	دیلم
ladder (de)	nardebān	نردبان
trapje (inklapbaar ~)	nardebān-e sabok	نردبان سبک

aanschroeven (ww)	pič kardan	پیچ کردن
losschroeven (ww)	bāz kardan	باز کردن
dichtpersen (ww)	fešordan	فشردن
vastlijmen (ww)	časbāndan	چسباندن
snijden (ww)	boridan	بریدن

defect (het)	xarābi	خرابی
reparatie (de)	ta'mir	تعمیر
repareren (ww)	ta'mir kardan	تعمیر کردن
regelen (een machine ~)	tanzim kardan	تنظیم کردن

checken (ww)	barresi kardan	بررسی کردن
controle (de)	barresi	بررسی
gegevens (mv.)	dastgāh-e xaneš	دستگاه خوانش

degelijk (bijv. ~ machine)	motmaen	مطمئن
ingewikkeld (bn)	pičide	پیچیده

roesten (ww)	zang zadan	زنگ زدن
roestig (bn)	zang zade	زنگ زده
roest (de/het)	zang	زنگ

Vervoer

169. Vliegtuig

vliegtuig (het)	havāpeymā	هواپیما
vliegticket (het)	belit-e havāpeymā	بلیط هواپیما
luchtvaartmaatschappij (de)	šerkat-e havāpeymāyi	شرکت هواپیمایی
luchthaven (de)	forudgāh	فرودگاه
supersonisch (bn)	māvarā sowt	ماوراء صوت
gezagvoerder (de)	kāpitān	کاپیتان
bemanning (de)	xadame	خدمه
piloot (de)	xalabān	خلبان
stewardess (de)	mehmāndār-e havāpeymā	مهماندار هواپیما
stuurman (de)	nāvbar	ناوبر
vleugels (mv.)	bāl-hā	بال ها
staart (de)	dam	دم
cabine (de)	kābin	کابین
motor (de)	motor	موتور
landingsgestel (het)	šāssi	شاسی
turbine (de)	turbin	توربین
propeller (de)	parvāne	پروانه
zwarte doos (de)	ja'be-ye siyāh	جعبه سیاه
stuur (het)	farmān	فرمان
brandstof (de)	suxt	سوخت
veiligheidskaart (de)	dasturol'amal	دستورالعمل
zuurstofmasker (het)	māsk-e oksižen	ماسک اکسیژن
uniform (het)	oniform	اونیفورم
reddingsvest (de)	jeliqe-ye nejāt	جلیقهٔ نجات
parachute (de)	čatr-e nejāt	چترنجات
opstijgen (het)	parvāz	پرواز
opstijgen (ww)	parvāz kardan	پرواز کردن
startbaan (de)	bānd-e forudgāh	باند فرودگاه
zicht (het)	meydān did	میدان دید
vlucht (de)	parvāz	پرواز
hoogte (de)	ertefā'	ارتفاع
luchtzak (de)	čāle-ye havāyi	چاله هوایی
plaats (de)	jā	جا
koptelefoon (de)	guši	گوشی
tafeltje (het)	sini-ye tāšow	سینی تاشو
venster (het)	panjere	پنجره
gangpad (het)	rāhrow	راهرو

170. Trein

trein (de)	qatār	قطار
elektrische trein (de)	qatār-e barqi	قطار برقی
sneltrein (de)	qatār-e sari'osseyr	قطارسریع السیر
diesellocomotief (de)	lokomotiv-e dizel	لوکوموتیو دیزل
stoomlocomotief (de)	lokomotiv-e boxar	لوکوموتیو بخار
rijtuig (het)	vāgon	واگن
restauratierijtuig (het)	vāgon-e resturān	واگن رستوران
rails (mv.)	reyl-hā	ریل ها
spoorweg (de)	rāh āhan	راه آهن
dwarsligger (de)	reyl-e band	ریل بند
perron (het)	sakku-ye rāh-āhan	سکوی راه آهن
spoor (het)	masir	مسیر
semafoor (de)	nešanar	نشانبر
halte (bijv. kleine treinhalte)	istgāh	ایستگاه
machinist (de)	rānande	راننده
kruier (de)	bārbar	باربر
conducteur (de)	rāhnamā-ye qatār	راهنمای قطار
passagier (de)	mosāfer	مسافر
controleur (de)	kontorol či	کنترل چی
gang (in een trein)	rāhrow	راهرو
noodrem (de)	tormoz-e ezterāri	ترمز اضطراری
coupé (de)	kupe	کوپه
bed (slaapplaats)	taxt-e kupe	تخت کوپه
bovenste bed (het)	taxt-e bālā	تخت بالا
onderste bed (het)	taxt-e pāyin	تخت پایین
beddengoed (het)	raxt-e xāb	رخت خواب
kaartje (het)	belit	بلیط
dienstregeling (de)	barnāme	برنامه
informatiebord (het)	barnāme-ye zamāni	برنامه زمانی
vertrekken (De trein vertrekt ...)	tark kardan	ترک کردن
vertrek (ov. een trein)	harekat	حرکت
aankomen (ov. de treinen)	residan	رسیدن
aankomst (de)	vorud	ورود
aankomen per trein	bā qatār āmadan	با قطار آمدن
in de trein stappen	savār-e qatār šodan	سوار قطار شدن
uit de trein stappen	az qatār piyāde šodan	از قطار پیاده شدن
treinwrak (het)	sānehe	سانحه
ontspoord zijn	az xat xārej šodan	از خط خارج شدن
stoomlocomotief (de)	lokomotiv-e boxar	لوکوموتیو بخار
stoker (de)	ātaškār	آتشکار
stookplaats (de)	ātašdān	آتشدان
steenkool (de)	zoqāl sang	زغال سنگ

171. Schip

schip (het)	kešti	کشتی
vaartuig (het)	kešti	کشتی
stoomboot (de)	kešti-ye boxāri	کشتی بخاری
motorschip (het)	qāyeq-e rudxāne	قایق رودخانه
lijnschip (het)	kešti-ye tafrihi	کشتی تفریحی
kruiser (de)	razm nāv	رزم ناو
jacht (het)	qāyeq-e tafrihi	قایق تفریحی
sleepboot (de)	yadak keš	یدک کش
duwbak (de)	kešti-ye bārkeše yadaki	کشتی بارکش یدکی
ferryboot (de)	kešti-ye farābar	کشتی فرابر
zeilboot (de)	kešti-ye bādbāni	کشتی بادبانی
brigantijn (de)	košti dozdān daryā-yi	کشتی دزدان دریایی
ijsbreker (de)	kešti-ye yaxšekan	کشتی یخ شکن
duikboot (de)	zirdaryāyi	زیردریایی
boot (de)	qāyeq	قایق
sloep (de)	qāyeq-e tafrihi	قایق تفریحی
reddingssloep (de)	qāyeq-e nejāt	قایق نجات
motorboot (de)	qāyeq-e motori	قایق موتوری
kapitein (de)	kāpitān	کاپیتان
zeeman (de)	malavān	ملوان
matroos (de)	malavān	ملوان
bemanning (de)	xadame	خدمه
bootsman (de)	sar malavān	سر ملوان
scheepsjongen (de)	šāgerd-e malavān	شاگرد ملوان
kok (de)	āšpaz-e kešti	آشپز کشتی
scheepsarts (de)	pezešk-e kešti	پزشک کشتی
dek (het)	arše-ye kešti	عرشهٔ کشتی
mast (de)	dakal	دکل
zeil (het)	bādbān	بادبان
ruim (het)	anbār	انبار
voorsteven (de)	sine-ye kešti	سینه کشتی
achtersteven (de)	aqab kešti	عقب کشتی
roeispaan (de)	pāru	پارو
schroef (de)	parvāne	پروانه
kajuit (de)	otāq-e kešti	اتاق کشتی
officierskamer (de)	otāq-e afsarān	اتاق افسران
machinekamer (de)	motor xāne	موتور خانه
brug (de)	pol-e farmāndehi	پل فرماندهی
radiokamer (de)	kābin-e bisim	کابین بی سیم
radiogolf (de)	mowj	موج
logboek (het)	roxdād nāme	رخداد نامه
verrekijker (de)	teleskop	تلسکوپ
klok (de)	nāqus	ناقوس

vlag (de)	parčam	پرچم
kabel (de)	tanāb	طناب
knoop (de)	gereh	گره

leuning (de)	narde	نرده
trap (de)	pol	پل

anker (het)	langar	لنگر
het anker lichten	langar kešidan	لنگر کشیدن
het anker neerlaten	langar andāxtan	لنگر انداختن
ankerketting (de)	zanjir-e langar	زنجیر لنگر

haven (bijv. containerhaven)	bandar	بندر
kaai (de)	eskele	اسکله
aanleggen (ww)	pahlu gereftan	پهلو گرفتن
wegvaren (ww)	tark kardan	ترک کردن

reis (de)	mosāferat	مسافرت
cruise (de)	safar-e daryāyi	سفر دریایی
koers (de)	masir	مسیر
route (de)	masir	مسیر

vaarwater (het)	kešti-ye ru	کشتی رو
zandbank (de)	mahall-e kam omq	محل کم عمق
stranden (ww)	be gel nešastan	به گل نشستن

storm (de)	tufān	طوفان
signaal (het)	alāmat	علامت
zinken (ov. een boot)	qarq šodan	غرق شدن
Man overboord!	kas-i dar hāl-e qarq šodan-ast!	کسی در حال غرق شدن است!

SOS (noodsignaal)	sos	SOS
reddingsboei (de)	kamarband-e nejāt	کمربند نجات

172. Vliegveld

luchthaven (de)	forudgāh	فرودگاه
vliegtuig (het)	havāpeymā	هواپیما
luchtvaartmaatschappij (de)	šerkat-e havāpeymāyi	شرکت هواپیمایی
luchtverkeersleider (de)	ma'mur-e kontorol-e terāfik-e havāyi	مأمور کنترل ترافیک هوایی

vertrek (het)	azimat	عزیمت
aankomst (de)	vorud	ورود
aankomen (per vliegtuig)	residan	رسیدن

vertrektijd (de)	zamān-e parvāz	زمان پرواز
aankomstuur (het)	zamān-e vorud	زمان ورود

vertraagd zijn (ww)	ta'xir kardan	تأخیر کردن
vluchtvertraging (de)	ta'xir-e parvāz	تأخیر پرواز

informatiebord (het)	tāblo-ye ettelā'āt	تابلوی اطلاعات
informatie (de)	ettelā'āt	اطلاعات

aankondigen (ww)	e'lām kardan	اعلام کردن
vlucht (bijv. KLM ~)	parvāz	پرواز
douane (de)	gomrok	گمرک
douanier (de)	ma'mur-e gomrok	مأمور گمرک
douaneaangifte (de)	ežhār-nāme	اظهارنامه
invullen (douaneaangifte ~)	por kardan	پر کردن
een douaneaangifte invullen	ezhār-nāme rā por kardan	اظهارنامه را پر کردن
paspoortcontrole (de)	kontorol-e gozarnāme	کنترل گذرنامه
bagage (de)	bār	بار
handbagage (de)	bār-e dasti	بار دستی
bagagekarretje (het)	čarx-e hamle bar	چرخ حمل بار
landing (de)	forud	فرود
landingsbaan (de)	bānd-e forudgāh	باند فرودگاه
landen (ww)	nešastan	نشستن
vliegtuigtrap (de)	pellekān	پلکان
inchecken (het)	ček in	چک این
incheckbalie (de)	bāje-ye kontorol	باجه کنترل
inchecken (ww)	čekin kardan	چکاین کردن
instapkaart (de)	kārt-e parvāz	کارت پرواز
gate (de)	gi-yat xoruj	گیت خروج
transit (de)	terānzit	ترانزیت
wachten (ww)	montazer budan	منتظر بودن
wachtzaal (de)	tālār-e entezār	تالار انتظار
begeleiden (uitwuiven)	badraqe kardan	بدرقه کردن
afscheid nemen (ww)	xodāhāfezi kardan	خداحافظی کردن

173. Fiets. Motorfiets

fiets (de)	dočarxe	دوچرخه
bromfiets (de)	eskuter	اسکوتر
motorfiets (de)	motorsiklet	موتورسیکلت
met de fiets rijden	bā dočarxe raftan	با دوچرخه رفتن
stuur (het)	farmān-e dočarxe	فرمان دوچرخه
pedaal (de/het)	pedāl	پدال
remmen (mv.)	tormoz	ترمز
fietszadel (de/het)	zin	زین
pomp (de)	pomp	پمپ
bagagedrager (de)	tarakband	ترکبند
fietslicht (het)	čerāq-e jelo	چراغ جلو
helm (de)	kolāh-e imeni	کلاه ایمنی
wiel (het)	čarx	چرخ
spatbord (het)	golgir	گلگیر
velg (de)	towqe	طوقه
spaak (de)	parre	پره

Auto's

174. Soorten auto's

auto (de)	otomobil	اتومبیل
sportauto (de)	otomobil-e varzeši	اتومبیل ورزشی
limousine (de)	limozin	لیموزین
terreinwagen (de)	jip	جیپ
cabriolet (de)	kābriyole	کابریولیه
minibus (de)	mini bus	مینی بوس
ambulance (de)	āmbolāns	آمبولانس
sneeuwruimer (de)	māšin-e barfrub	ماشین برف روب
vrachtwagen (de)	kāmiyon	کامیون
tankwagen (de)	tānker	تانکر
bestelwagen (de)	kāmiyon	کامیون
trekker (de)	tereyler	تریلر
aanhangwagen (de)	yadak	یدک
comfortabel (bn)	rāhat	راحت
tweedehands (bn)	dast-e dovvom	دست دوم

175. Auto's. Carrosserie

motorkap (de)	kāput	کاپوت
spatbord (het)	golgir	گلگیر
dak (het)	saqf	سقف
voorruit (de)	šiše-ye jelo	شیشه جلو
achterruit (de)	āyene-ye did-e aqab	آینه دید عقب
ruitensproeier (de)	pak konande	پاک کننده
wisserbladen (mv.)	barf pāk kon	برف پاک کن
zijruit (de)	šiše-ye baqal	شیشه بغل
raamlift (de)	šiše bālābar	شیشه بالابر
antenne (de)	ānten	آنتن
zonnedak (het)	sanrof	سانروف
bumper (de)	separ	سپر
koffer (de)	sanduq-e aqab	صندوق عقب
imperiaal (de/het)	bārband	باربند
portier (het)	darb	درب
handvat (het)	dastgire-ye dar	دستگیرهٔ در
slot (het)	qofl	قفل
nummerplaat (de)	pelāk	پلاک
knalpot (de)	xafe kon	خفه کن

| benzinetank (de) | bāk-e benzin | باک بنزین |
| uitlaatpijp (de) | lule-ye egzoz | لولۀ اگزوز |

gas (het)	gāz	گاز
pedaal (de/het)	pedāl	پدال
gaspedaal (de/het)	pedāl-e gāz	پدال گاز

rem (de)	tormoz	ترمز
rempedaal (de/het)	pedāl-e tormoz	پدال ترمز
remmen (ww)	tormoz kardan	ترمز کردن
handrem (de)	tormoz-e dasti	ترمز دستی

koppeling (de)	kelāč	کلاچ
koppelingspedaal (de/het)	pedāl-e kelāč	پدال کلاچ
koppelingsschijf (de)	disk-e kelāč	دیسک کلاچ
schokdemper (de)	komak-e fanar	کمک فنر

wiel (het)	čarx	چرخ
reservewiel (het)	zāpās	زاپاس
wieldop (de)	qālpāq	قالپاق

aandrijfwielen (mv.)	čarxhā-ye moharrek	چرخ های محرک
met voorwielaandrijving	mehvarhā-ye jelo	محورهای جلو
met achterwielaandrijving	mehvarhā-ye aqab	محورهای عقب
met vierwielaandrijving	tamām-e čarx	تمام چرخ

versnellingsbak (de)	ja'be-ye dande	جعبۀ دنده
automatisch (bn)	otumātik	اتوماتیک
mechanisch (bn)	mekāniki	مکانیکی
versnellingspook (de)	ahrom-e ja'be dande	اهرم جعبه دنده

| voorlicht (het) | čerāq-e jelo | چراغ جلو |
| voorlichten (mv.) | čerāq-hā | چراغ ها |

dimlicht (het)	nur-e pāin	نور پائین
grootlicht (het)	nur-e bālā	نور بالا
stoplicht (het)	čerāq-e tormoz	چراغ ترمز

standlichten (mv.)	čerāqhā-ye pārk	چراغ های پارک
noodverlichting (de)	čerāqha-ye xatar	چراغ های خطر
mistlichten (mv.)	čerāqhā-ye meh-e šekan	چراغ های مه شکن
pinker (de)	čerāq-e rāhnamā	چراغ راهنما
achteruitrijdlicht (het)	čerāq-e dande-ye aqab	چراغ دنده عقب

176. Auto's. Passagiersruimte

interieur (het)	dāxel-e xodrow	داخل خودرو
leren (van leer gemaak)	čarmi	چرمی
fluwelen (abn)	maxmali	مخملی
bekleding (de)	tuduzi	تودوزی

toestel (het)	abzār	ابزار
instrumentenbord (het)	safhe-ye dāšbord	صفحه داشبورد
snelheidsmeter (de)	sor'at sanj	سرعت سنج

pijltje (het)	aqrabe	عقربه
kilometerteller (de)	kilumetr-e šomār	کیلومتر شمار
sensor (de)	nešāngar	نشانگر
niveau (het)	sath	سطح
controlelampje (het)	lāmp	لامپ

stuur (het)	farmān	فرمان
toeter (de)	buq	بوق
knopje (het)	dokme	دکمه
schakelaar (de)	kelid	کلید

stoel (bestuurders~)	sandali	صندلی
rugleuning (de)	pošti-ye sandali	پشتی صندلی
hoofdsteun (de)	zir-e seri	زیر سری
veiligheidsgordel (de)	kamarband-e imeni	کمربند ایمنی
de gordel aandoen	kamarband rā bastan	کمربند را بستن
regeling (de)	tanzim	تنظیم

airbag (de)	kise-ye havā	کیسه هوا
airconditioner (de)	tahviye-ye matbu'	تهویه مطبوع

radio (de)	rādiyo	رادیو
CD-speler (de)	paxš konande-ye si di	پخش کننده سی دی
aanzetten (bijv. radio ~)	rowšan kardan	روشن کردن
antenne (de)	ānten	آنتن
handschoenenkastje (het)	dāšbord	داشبورد
asbak (de)	zir-sigāri	زیرسیگاری

177. Auto's. Motor

motor (de)	motor	موتور
diesel- (abn)	dizel	دیزل
benzine- (~motor)	benzin	بنزین

motorinhoud (de)	hajm-e motor	حجم موتور
vermogen (het)	niru	نیرو
paardenkracht (de)	asb-e boxār	اسب بخار
zuiger (de)	pistun	پیستون
cilinder (de)	silandr	سیلندر
klep (de)	supāp	سوپاپ

injectie (de)	anžektor	انژکتور
generator (de)	ženerātor	ژنراتور
carburator (de)	kārborātor	کاربراتور
motorolie (de)	rowqan-e motor	روغن موتور

radiator (de)	rādiyātor	رادیاتور
koelvloeistof (de)	māye-'e sard konande	مایع سرد کننده
ventilator (de)	fan-e xonak konande	فن خنک کننده

accu (de)	bātri-ye māšin	باتری ماشین
starter (de)	estārt	استارت
contact (ontsteking)	ehterāq	احتراق
bougie (de)	šam'-e motor	شمع موتور

pool (de)	pāyāne	پايانه
positieve pool (de)	mosbat	مثبت
negatieve pool (de)	manfi	منفی
zekering (de)	fiyuz	فيوز

luchtfilter (de)	filter-e havā	فيلتر هوا
oliefilter (de)	filter-e rowqan	فيلتر روغن
benzinefilter (de)	filter-e suxt	فيلتر سوخت

178. Auto's. Botsing. Reparatie

auto-ongeval (het)	tasādof	تصادف
verkeersongeluk (het)	tasādof	تصادف
aanrijden (tegen een boom, enz.)	barxord kardan	برخورد کردن
verongelukken (ww)	tasādof kardan	تصادف کردن
beschadiging (de)	āsib	آسيب
heelhuids (bn)	sālem	سالم

pech (de)	xarābi	خرابی
kapot gaan (zijn gebroken)	xarāb šodan	خراب شدن
sleeptouw (het)	sim-e boksel	سيم بكسل

lek (het)	pančar	پنجر
lekke krijgen (band)	pančar šodan	پنجر شدن
oppompen (ww)	bād kardan	باد کردن
druk (de)	fešār	فشار
checken (ww)	barresi kardan	بررسی کردن

reparatie (de)	ta'mir	تعمير
garage (de)	ta'mirgāh-e xodro	تعميرگاه خودرو
wisselstuk (het)	qet'e-ye yadaki	قطعه يدکی
onderdeel (het)	qet'e	قطعه

bout (de)	pič	پيچ
schroef (de)	pič	پيچ
moer (de)	mohre	مهره
sluitring (de)	vāšer	واشر
kogellager (de/het)	yātāqān	ياتاقان

pijp (de)	lule	لوله
pakking (de)	vāšer	واشر
kabel (de)	sim	سيم

dommekracht (de)	jak	جک
moersleutel (de)	āčār	آچار
hamer (de)	čakoš	چکش
pomp (de)	pomp	پمپ
schroevendraaier (de)	pič gušti	پيچ گوشتی

brandblusser (de)	kapsul-e ātašnešāni	کپسول آتش نشانی
gevarendriehoek (de)	alāmat-e ehtiyāt	علامت احتياط
afslaan (ophouden te werken)	xāmuš šodan	خاموش شدن

uitvallen (het)	tavaqqof	توقف
zijn gebroken	xarāb budan	خراب بودن
oververhitten (ww)	juš āvardan	جوش آوردن
verstopt raken (ww)	masdud šodan	مسدود شدن
bevriezen (autodeur, enz.)	yax bastan	يخ بستن
barsten (leidingen, enz.)	tarakidan	ترکیدن
druk (de)	fešār	فشار
niveau (bijv. olieniveau)	sath	سطح
slap (de drijfriem is ~)	za'if	ضعيف
deuk (de)	foruraftegi	فرورفتگی
geklop (vreemde geluiden)	sedā	صدا
barst (de)	tarak	ترک
kras (de)	xarāš	خراش

179. Auto's. Weg

weg (de)	rāh	راه
snelweg (de)	bozorgrāh	بزرگراه
autoweg (de)	āzād-e rāh	آزاد راه
richting (de)	samt	سمت
afstand (de)	masāfat	مسافت
brug (de)	pol	پل
parking (de)	pārking	پارکینگ
plein (het)	meydān	میدان
verkeersknooppunt (het)	dowr bargardān	دوربرگردان
tunnel (de)	tunel	تونل
benzinestation (het)	pomp-e benzin	پمپ بنزین
parking (de)	pārking	پارکینگ
benzinepomp (de)	pomp-e benzin	پمپ بنزین
garage (de)	ta'mirgāh-e xodro	تعمیرگاه خودرو
tanken (ww)	benzin zadan	بنزین زدن
brandstof (de)	suxt	سوخت
jerrycan (de)	dabbe	دبه
asfalt (het)	āsfālt	آسفالت
markering (de)	alāmat-e gozari	علامت گذاری
trottoirband (de)	labe-ye jadval	لبه جدول
geleiderail (de)	narde	نرده
greppel (de)	juy	جوی
vluchtstrook (de)	kenār rāh	کنار راه
lichtmast (de)	tir-e barq	تیر برق
besturen (een auto ~)	rāndan	راندن
afslaan (naar rechts ~)	pičidan	پیچیدن
U-bocht maken (ww)	dowr zadan	دور زدن
achteruit (de)	dande aqab	دنده عقب
toeteren (ww)	buq zadan	بوق زدن
toeter (de)	buq	بوق

vastzitten (in modder)	gir kardan	گیر کردن
spinnen (wielen gaan ~)	sor xordan	سر خوردن
uitzetten (ww)	xāmuš kardan	خاموش کردن

snelheid (de)	sor'at	سرعت
een snelheidsovertreding maken	az sor'at-e mojāz gozāštan	ازسرعت مجاز گذشتن
bekeuren (ww)	jarime kardan	جریمه کردن
verkeerslicht (het)	čerāq-e rāhnamā	چراغ راهنما
rijbewijs (het)	govāhi-nāme-ye rānandegi	گواهینامهٔ رانندگی

overgang (de)	taqāto'	تقاطع
kruispunt (het)	čahārrāh	چهارراه
zebrapad (oversteekplaats)	xatt-e āber-e piyāde	خط عابرپیاده
bocht (de)	pič	پیچ
voetgangerszone (de)	mantaqe-ye āber-e piyāde	منطقهٔ عابر پیاده

180. Verkeersborden

| verkeersregels (mv.) | āyinnāme-ye rāhnamāyi va rānandegi | آیین نامهٔ راهنمایی ورانندگی |
| verkeersbord (het) | alāem-e rāhnamāyi-yo rānandegi | علائم راهنمایی ورانندگی |

inhalen (het)	sebqat	سبقت
bocht (de)	pič	پیچ
U-bocht, kering (de)	dowr	دور
Rotonde (de)	harekat dar meydān	حرکت درمیدان

| Verboden richting | vorud-e mamnu' | ورود ممنوع |
| Verboden toegang | obur-e vasāyel-e naqliye mamnu' | عبور وسایل نقلیه ممنوع |

Inhalen verboden	sebqat mamnu'	سبقت ممنوع
Parkeerverbod	pārk-e mamnu'	پارک ممنوع
Verbod stil te staan	tavaqqof mamnu'	توقف ممنوع

Gevaarlijke bocht	pič-e xatarnāk	پیچ خطرناک
Gevaarlijke daling	sarāšibi-ye tond	سراشیبی تند
Eenrichtingsweg	masir-e yektarafe	مسیر یک طرفه
Voetgangers	xatt-e āber-e piyāde	خط عابرپیاده
Slipgevaar	jādde-ye laqzande	جاده لغزنده
Voorrang verlenen	re'āyat-e haq-e taqaddom	رعایت حق تقدم

MENSEN. GEBEURTENISSEN IN HET LEVEN

Gebeurtenissen in het leven

181. Vakanties. Evenement

feest (het)	jašn	جشن
nationale feestdag (de)	eyd-e melli	عید ملی
feestdag (de)	ruz-e jašn	روز جشن
herdenken (ww)	jašn gereftan	جشن گرفتن
gebeurtenis (de)	vāqe'e	واقعه
evenement (het)	ruydād	رویداد
banket (het)	ziyāfat	ضیافت
receptie (de)	ziyāfat	ضیافت
feestmaal (het)	jašn	جشن
verjaardag (de)	sālgard	سالگرد
jubileum (het)	sālgard	سالگرد
vieren (ww)	jašn gereftan	جشن گرفتن
Nieuwjaar (het)	sāl-e now	سال نو
Gelukkig Nieuwjaar!	sāl-e now mobārak	سال نو مبارک
Sinterklaas (de)	bābā noel	بابا نوئل
Kerstfeest (het)	kerismas	کریسمس
Vrolijk kerstfeest!	kerismas mobārak!	کریسمس مبارک!
kerstboom (de)	kāj kerismas	کاج کریسمس
vuurwerk (het)	ātaš-e bāzi	آتش بازی
bruiloft (de)	arusi	عروسی
bruidegom (de)	dāmād	داماد
bruid (de)	arus	عروس
uitnodigen (ww)	da'vat kardan	دعوت کردن
uitnodigingskaart (de)	da'vatnāme	دعوتنامه
gast (de)	mehmān	مهمان
op bezoek gaan	be mehmāni raftan	به مهمانی رفتن
gasten verwelkomen	az mehmānān esteqbāl kardan	از مهمانان استقبال کردن
geschenk, cadeau (het)	hedye	هدیه
geven (iets cadeau ~)	hadye dādan	هدیه دادن
geschenken ontvangen	hediye gereftan	هدیه گرفتن
boeket (het)	daste-ye gol	دسته گل
felicitaties (mv.)	tabrik	تبریک
feliciteren (ww)	tabrik goftan	تبریک گفتن

wenskaart (de)	kārt-e tabrik	کارت تبریک
een kaartje versturen	kārt-e tabrik ferestādan	کارت تبریک فرستادن
een kaartje ontvangen	kārt-e tabrik gereftan	کارت تبریک گرفتن

toast (de)	be salāmati-ye kas-i nušidan	به سلامتی کسی نوشیدن
aanbieden (een drankje ~)	pazirāyi kardan	پذیرایی کردن
champagne (de)	šāmpāyn	شامپاین

plezier hebben (ww)	šādi kardan	شادی کردن
plezier (het)	šādi	شادی
vreugde (de)	maserrat	مسرت

| dans (de) | raqs | رقص |
| dansen (ww) | raqsidan | رقصیدن |

| wals (de) | raqs-e vāls | رقص والس |
| tango (de) | raqs tāngo | رقص تانگو |

182. Begrafenissen. Begrafenis

kerkhof (het)	qabrestān	قبرستان
graf (het)	qabr	قبر
kruis (het)	salib	صلیب
grafsteen (de)	sang-e qabr	سنگ قبر
omheining (de)	hesār	حصار
kapel (de)	kelisā-ye kučak	کلیسای کوچک

dood (de)	marg	مرگ
sterven (ww)	mordan	مردن
overledene (de)	marhum	مرحوم
rouw (de)	azā	عزا

begraven (ww)	dafn kardan	دفن کردن
begrafenisonderneming (de)	xadamat-e kafno dafn	خدمات کفن ودفن
begrafenis (de)	tašyi-'e jenāze	تشییع جنازه
krans (de)	tāj-e gol	تاج گل
doodskist (de)	tābut	تابوت
lijkwagen (de)	na'š keš	نعش کش
lijkkleed (de)	kafan	کفن

begrafenisstoet (de)	tašyi-'e jenāze	تشییع جنازه
urn (de)	zarf-e xākestar-e morde	ظرف خاکستر مرده
crematorium (het)	morde suz xāne	مرده سوز خانه

overlijdensbericht (het)	āgahi-ye tarhim	آگهی ترحیم
huilen (wenen)	gerye kardan	گریه کردن
snikken (huilen)	zār zār gerye kardan	زار زارگریه کردن

183. Oorlog. Soldaten

| peloton (het) | daste | دسته |
| compagnie (de) | goruhān | گروهان |

regiment (het)	hang	هنگ
leger (armee)	arteš	ارتش
divisie (de)	laškar	لشکر
sectie (de)	daste	دسته
troep (de)	laškar	لشکر
soldaat (militair)	sarbāz	سرباز
officier (de)	afsar	افسر
soldaat (rang)	sarbāz	سرباز
sergeant (de)	goruhbān	گروهبان
luitenant (de)	sotvān	ستوان
kapitein (de)	kāpitān	کاپیتان
majoor (de)	sargord	سرگرد
kolonel (de)	sarhang	سرهنگ
generaal (de)	ženerāl	ژنرال
matroos (de)	malavān	ملوان
kapitein (de)	kāpitān	کاپیتان
bootsman (de)	sar malavān	سر ملوان
artillerist (de)	tupči	توپچی
valschermjager (de)	sarbāz-e čatrbāz	سرباز چترباز
piloot (de)	xalabān	خلبان
stuurman (de)	nāvbar	ناوبر
mecanicien (de)	mekānik	مکانیک
sappeur (de)	mohandes estehkāmāt	مهندس استحکامات
parachutist (de)	čatr bāz	چترباز
verkenner (de)	ettelā'āti	اطلاعاتی
scherpschutter (de)	tak tir andāz	تک تیر انداز
patrouille (de)	gašt	گشت
patrouilleren (ww)	gašt zadan	گشت زدن
wacht (de)	negahbān	نگهبان
krijger (de)	jangju	جنگجو
patriot (de)	mihan parast	میهن پرست
held (de)	qahremān	قهرمان
heldin (de)	qahremān-e zan	قهرمان زن
verrader (de)	xāen	خائن
verraden (ww)	xiyānat kardan	خیانت کردن
deserteur (de)	farāri	فراری
deserteren (ww)	farāri budan	فراری بودن
huurling (de)	mozdur	مزدور
rekruut (de)	sarbāz-e jadid	سرباز جدید
vrijwilliger (de)	dāvtalab	داوطلب
gedode (de)	morde	مرده
gewonde (de)	zaxmi	زخمی
krijgsgevangene (de)	asir	اسیر

184. Oorlog. Militaire acties. Deel 1

oorlog (de)	jang	جنگ
oorlog voeren (ww)	jangidan	جنگیدن
burgeroorlog (de)	jang-e dāxeli	جنگ داخلی
achterbaks (bw)	xāenāne	خائنانه
oorlogsverklaring (de)	e'lān-e jang	اعلان جنگ
verklaren (de oorlog ~)	e'lān kardan	اعلان کردن
agressie (de)	tajāvoz	تجاوز
aanvallen (binnenvallen)	hamle kardan	حمله کردن
binnenvallen (ww)	tajāvoz kardan	تجاوز کردن
invaller (de)	tajāvozgar	تجاوزگر
veroveraar (de)	fāteh	فاتح
verdediging (de)	defā'	دفاع
verdedigen (je land ~)	defā' kardan	دفاع کردن
zich verdedigen (ww)	az xod defā' kardan	از خود دفاع کردن
vijand (de)	došman	دشمن
tegenstander (de)	moxālef	مخالف
vijandelijk (bn)	došman	دشمن
strategie (de)	rāhbord	راهبرد
tactiek (de)	tāktik	تاکتیک
order (de)	farmān	فرمان
bevel (het)	dastur	دستور
bevelen (ww)	farmān dādan	فرمان دادن
opdracht (de)	ma'muriyat	مأموریت
geheim (bn)	mahramāne	محرمانه
veldslag (de)	jang	جنگ
strijd (de)	nabard	نبرد
aanval (de)	hamle	حمله
bestorming (de)	yureš	یورش
bestormen (ww)	yureš bordan	یورش بردن
bezetting (de)	mohāsere	محاصره
aanval (de)	hamle	حمله
in het offensief te gaan	hamle kardan	حمله کردن
terugtrekking (de)	aqab nešini	عقب نشینی
zich terugtrekken (ww)	aqab nešini kardan	عقب نشینی کردن
omsingeling (de)	mohāsere	محاصره
omsingelen (ww)	mohāsere kardan	محاصره کردن
bombardement (het)	bombārān-e havāyi	بمباران هوایی
een bom gooien	bomb āndaxtan	بمب انداختن
bombarderen (ww)	bombārān kardan	بمباران کردن
ontploffing (de)	enfejār	انفجار
schot (het)	tirandāzi	تیراندازی

| een schot lossen | tirandāzi kardan | تیراندازی کردن |
| schieten (het) | tirandāzi | تیراندازی |

mikken op (ww)	nešāne raftan	نشانه رفتن
aanleggen (een wapen ~)	šhellik kardan	شلیک کردن
treffen (doelwit ~)	residan	رسیدن

zinken (tot zinken brengen)	qarq šodan	غرق شدن
kogelgat (het)	surāx	سوراخ
zinken (gezonken zijn)	qarq šodan	غرق شدن

front (het)	jebhe	جبهه
evacuatie (de)	taxliye	تخلیه
evacueren (ww)	taxliye kardan	تخلیه کردن

loopgraaf (de)	sangar	سنگر
prikkeldraad (de)	sim-e xārdār	سیم خاردار
verdedigingsobstakel (het)	hesār	حصار
wachttoren (de)	borj	برج

hospitaal (het)	bimārestān-e nezāmi	بیمارستان نظامی
verwonden (ww)	majruh kardan	مجروح کردن
wond (de)	zaxm	زخم
gewonde (de)	zaxmi	زخمی
gewond raken (ww)	zaxmi šodan	زخمی شدن
ernstig (~e wond)	zaxm-e saxt	زخم سخت

185. Oorlog. Militaire acties. Deel 2

krijgsgevangenschap (de)	esārat	اسارت
krijgsgevangen nemen	be esārat gereftan	به اسارت گرفتن
krijgsgevangene zijn	dar esārat budan	در اسارت بودن
krijgsgevangen genomen worden	be esārat oftādan	به اسارت افتادن

concentratiekamp (het)	ordugāh-e kār-e ejbāri	اردوگاه کار اجباری
krijgsgevangene (de)	asir	اسیر
vluchten (ww)	farār kardan	فرار کردن

verraden (ww)	xiyānat kardan	خیانت کردن
verrader (de)	xāen	خائن
verraad (het)	xiyānat	خیانت

| fusilleren (executeren) | tirbārān kardan | تیرباران کردن |
| executie (de) | tirbārān | تیرباران |

uitrusting (de)	uniform	یونیفرم
schouderstuk (het)	daraje-ye sarduši	درجه سردوشی
gasmasker (het)	māsk-e zedd-e gāz	ماسک ضد گاز

portofoon (de)	dastgāh-e bisim	دستگاه بی سیم
geheime code (de)	ramz	رمز
samenzwering (de)	mahramāne budan	محرمانه بودن
wachtwoord (het)	ramz	رمز

mijn (landmijn)	min	مین
ondermijnen (legden mijnen)	min gozāštan	مین گذاشتن
mijnenveld (het)	meydān-e min	میدان مین

luchtalarm (het)	āžir-e havāyi	آژیر هوایی
alarm (het)	āžir	آژیر
signaal (het)	alāmat	علامت
vuurpijl (de)	monavvar	منور

staf (generale ~)	setād	ستاد
verkenning (de)	šenāsāyi	شناسایی
toestand (de)	vaz'iyat	وضعیت
rapport (het)	gozāreš	گزارش
hinderlaag (de)	kamin	کمین
versterking (de)	taqviyat	تقویت
doel (bewegend ~)	hadaf giri	هدف گیری
proefterrein (het)	meydān-e tir	میدان تیر
manoeuvres (mv.)	mānovr	مانور

paniek (de)	vahšat	وحشت
verwoesting (de)	xarābi	خرابی
verwoestingen (mv.)	xarābi-hā	خرابی ها
verwoesten (ww)	xarāb kardan	خراب کردن

overleven (ww)	zende māndan	زنده ماندن
ontwapenen (ww)	xal'-e selāh kardan	خلع سلاح کردن
behandelen (een pistool ~)	be kār bordan	به کار بردن

| Geeft acht! | xabardār! | خبردار! |
| Op de plaats rust! | āzād! | آزاد! |

heldendaad (de)	delāvari	دلاوری
eed (de)	sowgand	سوگند
zweren (een eed doen)	sowgand xordan	سوگند خوردن

decoratie (de)	pādāš	پاداش
onderscheiden (een ereteken geven)	medāl dādan	مدال دادن
medaille (de)	medāl	مدال
orde (de)	nešān	نشان

overwinning (de)	piruzi	پیروزی
verlies (het)	šekast	شکست
wapenstilstand (de)	ātaš bas	آتش بس

wimpel (vaandel)	parčam	پرچم
roem (de)	eftexār	افتخار
parade (de)	reže	رژه
marcheren (ww)	reže raftan	رژه رفتن

186. Wapens

| wapens (mv.) | selāh | سلاح |
| vuurwapens (mv.) | aslahe-ye garm | اسلحهٔ گرم |

koude wapens (mv.)	aslahe-ye sard	اسلحهٔ سرد
chemische wapens (mv.)	taslihāt-e šimiyāyi	تسلیحات شیمیایی
kern-, nucleair (bn)	haste i	هسته ای
kernwapens (mv.)	taslihāt-e hastei	تسلیحات هسته ای

| bom (de) | bomb | بمب |
| atoombom (de) | bomb-e atomi | بمب اتمی |

pistool (het)	kolt	کلت
geweer (het)	tofang	تفنگ
machinepistool (het)	mosalsal-e xodkār	مسلسل خودکار
machinegeweer (het)	mosalsal	مسلسل

loop (schietbuis)	sar-e lule-ye tofang	سر لوله تفنگ
loop (bijv. geweer met kortere ~)	lule-ye tofang	لوله تفنگ
kaliber (het)	kālibr	کالیبر

trekker (de)	māše	ماشه
korrel (de)	nešāne ravi	نشانه روی
magazijn (het)	xešāb	خشاب
geweerkolf (de)	qondāq	قنداق

| granaat (handgranaat) | nārenjak | نارنجک |
| explosieven (mv.) | mādde-ye monfajere | مادهٔ منفجره |

kogel (de)	golule	گلوله
patroon (de)	fešang	فشنگ
lading (de)	mohemmāt	مهمات
ammunitie (de)	mohemmāt	مهمات

bommenwerper (de)	bomb-afkan	بمب‌افکن
straaljager (de)	jangande	جنگنده
helikopter (de)	helikopter	هلیکوپتر

afweergeschut (het)	tup-e zedd-e havāyi	توپ ضد هوایی
tank (de)	tānk	تانک
kanon (tank met een ~ van 76 mm)	tup	توپ

artillerie (de)	tupxāne	توپخانه
kanon (het)	tofang	تفنگ
aanleggen (een wapen ~)	šellik kardan	شلیک کردن

projectiel (het)	xompāre	خمپاره
mortiergranaat (de)	xompāre	خمپاره
mortier (de)	xompāre andāz	خمپاره انداز
granaatscherf (de)	tarkeš	ترکش

duikboot (de)	zirdaryāyi	زیردریایی
torpedo (de)	eždar	اژدر
raket (de)	mušak	موشک

laden (geweer, kanon)	por kardan	پر کردن
schieten (ww)	tirandāzi kardan	تیراندازی کردن
richten op (mikken)	nešāne raftan	نشانه رفتن

bajonet (de)	sarneyze	سرنیزه
degen (de)	šamšir	شمشیر
sabel (de)	šamšir	شمشیر
speer (de)	neyze	نیزه
boog (de)	kamān	کمان
pijl (de)	tir	تیر
musket (de)	tofang fetile-i	تفنگ فتیله‌ای
kruisboog (de)	kamān zanburak-i	کمان زنبورکی

187. Oude mensen

primitief (bn)	avvaliye	اولیه
voorhistorisch (bn)	piš az tārix	پیش از تاریخ
eeuwenoude (~ beschaving)	qadimi	قدیمی

Steentijd (de)	asr-e hajar	عصر حجر
Bronstijd (de)	asr-e mafraq	عصر مفرغ
IJstijd (de)	dowre-ye yaxbandān	دورۀ یخبندان

stam (de)	qabile	قبیله
menseneter (de)	ādam xār	آدم خوار
jager (de)	šekārči	شکارچی
jagen (ww)	šekār kardan	شکار کردن
mammoet (de)	māmut	ماموت

grot (de)	qār	غار
vuur (het)	ātaš	آتش
kampvuur (het)	ātaš	آتش
rotstekening (de)	qār negāre	غار نگاره

werkinstrument (het)	abzār-e kār	ابزار کار
speer (de)	neyze	نیزه
stenen bijl (de)	tabar-e sangi	تبر سنگی
oorlog voeren (ww)	jangidan	جنگیدن
temmen (bijv. wolf ~)	rām kardan	رام کردن

idool (het)	bot	بت
aanbidden (ww)	parastidan	پرستیدن
bijgeloof (het)	xorāfe	خرافه
ritueel (het)	marāsem	مراسم

evolutie (de)	takāmol	تکامل
ontwikkeling (de)	pišraft	پیشرفت
verdwijning (de)	enqerāz	انقراض
zich aanpassen (ww)	sāzgār šodan	سازگار شدن

archeologie (de)	bāstān-šenāsi	باستان شناسی
archeoloog (de)	bāstān-šenās	باستان شناس
archeologisch (bn)	bāstān-šenāsi	باستان شناسی

opgravingsplaats (de)	mahall-e haffārihā	محل حفاری ها
opgravingen (mv.)	haffāri-hā	حفاری ها
vondst (de)	yāfteh	یافته
fragment (het)	qet'e	قطعه

188. Middeleeuwen

volk (het)	mellat	ملت
volkeren (mv.)	mellat-hā	ملت ها
stam (de)	qabile	قبيله
stammen (mv.)	qabāyel	قبايل

barbaren (mv.)	barbar-hā	بربر ها
Galliërs (mv.)	gul-hā	گول ها
Goten (mv.)	gat-hā	گت ها
Slaven (mv.)	eslāv-hā	اسلاو ها
Vikings (mv.)	vāyking-hā	وايكينگ ها

| Romeinen (mv.) | rumi-hā | رومی ها |
| Romeins (bn) | rumi | رومی |

Byzantijnen (mv.)	bizānsi-hā	بيزانسی ها
Byzantium (het)	bizāns	بيزانس
Byzantijns (bn)	bizānsi	بيزانسی

keizer (bijv. Romeinse ~)	emperātur	امپراطور
opperhoofd (het)	rahbar	رهبر
machtig (bn)	moqtader	مقتدر
koning (de)	šāh	شاه
heerser (de)	hākem	حاكم

ridder (de)	šovālie	شواليه
feodaal (de)	feodāl	فئودال
feodaal (bn)	feodāli	فئودالی
vazal (de)	ra'yat	رعيت

hertog (de)	duk	دوک
graaf (de)	kont	كنت
baron (de)	bāron	بارون
bisschop (de)	osqof	اسقف

harnas (het)	zereh	زره
schild (het)	separ	سپر
zwaard (het)	šamšir	شمشير
vizier (het)	labe-ye kolāh	لبه كلاه
maliënkolder (de)	jowšan	جوشن

| kruistocht (de) | jang-e salibi | جنگ صليبی |
| kruisvaarder (de) | jangju-ye salibi | جنگجوی صليبی |

gebied (bijv. bezette ~en)	qalamrow	قلمرو
aanvallen (binnenvallen)	hamle kardan	حمله كردن
veroveren (ww)	fath kardan	فتح كردن
innemen (binnenvallen)	ešqāl kardan	اشغال كردن

bezetting (de)	mohāsere	محاصره
belegerd (bn)	mahsur	محصور
belegeren (ww)	mohāsere kardan	محاصره كردن
inquisitie (de)	taftiš-e aqāyed	تفتيش عقايد
inquisiteur (de)	mofatteš	مفتش

foltering (de)	šekanje	شكنجه
wreed (bn)	bi rahm	بی رحم
ketter (de)	molhed	ملحد
ketterij (de)	ertedād	ارتداد

zeevaart (de)	daryānavardi	دریانوردی
piraat (de)	dozd-e daryāyi	دزد دریایی
piraterij (de)	dozdi-ye daryāyi	دزدی دریایی
enteren (het)	hamle ruye arše	حمله روی عرشه
buit (de)	qanimat	غنیمت
schatten (mv.)	ganj	گنج

ontdekking (de)	kašf	کشف
ontdekken (bijv. nieuw land)	kašf kardan	کشف کردن
expeditie (de)	safar	سفر

musketier (de)	tofangdār	تفنگدار
kardinaal (de)	kārdināl	کاردینال
heraldiek (de)	nešān-šenāsi	نشان شناسی
heraldisch (bn)	manquš	منقوش

189. Leider. Baas. Autoriteiten

koning (de)	šāh	شاه
koningin (de)	maleke	ملکه
koninklijk (bn)	šāhi	شاهی
koninkrijk (het)	pādšāhi	پادشاهی

prins (de)	šāhzāde	شاهزاده
prinses (de)	pranses	پرنسس

president (de)	ra'is jomhur	رئیس جمهور
vicepresident (de)	mo'āven-e rais-e jomhur	معاون رئیس جمهور
senator (de)	senātor	سناتور

monarch (de)	pādšāh	پادشاه
heerser (de)	hākem	حاکم
dictator (de)	diktātor	دیکتاتور
tiran (de)	zālem	ظالم
magnaat (de)	najib zāde	نجیب زاده

directeur (de)	modir	مدیر
chef (de)	ra'is	رئیس
beheerder (de)	modir	مدیر
baas (de)	ra'is	رئیس
eigenaar (de)	sāheb	صاحب

leider (de)	rahbar	رهبر
hoofd (bijv. ~ van de delegatie)	ra'is	رئیس
autoriteiten (mv.)	maqāmāt	مقامات
superieuren (mv.)	roasā	رؤسا
gouverneur (de)	farmāndār	فرماندار
consul (de)	konsul	کنسول

diplomaat (de)	diplomāt	ديپلمات
burgemeester (de)	šahrdār	شهردار
sheriff (de)	kalāntar	كلانتر

keizer (bijv. Romeinse ~)	emperātur	امپراطور
tsaar (de)	tezār	تزار
farao (de)	fer'own	فرعون
kan (de)	xān	خان

190. Weg. Weg. Routebeschrijving

| weg (de) | rāh | راه |
| route (de kortste ~) | rāh | راه |

autoweg (de)	āzād-e rāh	آزاد راه
snelweg (de)	bozorgrāh	بزرگراه
rijksweg (de)	rāh-e beyn-e eyālati	راه بين ايالتى

| hoofdweg (de) | rāh-e asli | راه اصلى |
| landweg (de) | jādde-ye xāki | جاده خاكى |

| pad (het) | gozargāh | گذرگاه |
| paadje (het) | kure-ye rāh | كوره راه |

Waar?	kojā?	كجا؟
Waarheen?	kojā?	كجا؟
Waarvandaan?	az kojā?	از كجا؟

| richting (de) | samt | سمت |
| aanwijzen (de weg ~) | nešān dādan | نشان دادن |

naar links (bw)	be čap	به چپ
naar rechts (bw)	be rāst	به راست
rechtdoor (bw)	mostaqim be jelo	مستقيم به جلو
terug (bijv. ~ keren)	be aqab	به عقب

bocht (de)	pič	پيچ
afslaan (naar rechts ~)	pičidan	پيچيدن
U-bocht maken (ww)	dowr zadan	دور زدن

| zichtbaar worden (ww) | qābel-e mošāhede budan | قابل مشاهده بودن |
| verschijnen (in zicht komen) | padidār šodan | پديدار شدن |

stop (korte onderbreking)	tavaqqof	توقف
zich verpozen (uitrusten)	esterāhat kardan	استراحت كردن
rust (de)	esterāhat	استراحت

verdwalen (de weg kwijt zijn)	gom šodan	گم شدن
leiden naar ... (de weg)	be jā-yi bordan	به جايى بردن
bereiken (ergens aankomen)	residan be	رسيدن به
deel (~ van de weg)	emtedād	امتداد

| asfalt (het) | āsfālt | آسفالت |
| trottoirband (de) | labe-ye jadval | لبه جدول |

greppel (de)	juy	جوی
putdeksel (het)	dariče	دریچه
vluchtstrook (de)	kenār rāh	کنار راه
kuil (de)	gowdāl	گودال

| gaan (te voet) | raftan | رفتن |
| inhalen (voorbijgaan) | sebqat gereftan | سبقت گرفتن |

| stap (de) | gām | گام |
| te voet (bw) | piyāde | پیاده |

blokkeren (de weg ~)	masdud kardan	مسدود کردن
slagboom (de)	māne'	مانع
doodlopende straat (de)	bon bast	بن بست

191. De wet overtreden. Criminelen. Deel 1

bandiet (de)	rāhzan	راهزن
misdaad (de)	jenāyat	جنایت
misdadiger (de)	jenāyatkār	جنایتکار

dief (de)	dozd	دزد
stelen (ww)	dozdidan	دزدیدن
stelen (de)	dozdi	دزدی
diefstal (de)	serqat	سرقت

kidnappen (ww)	ādam robudan	آدم ربودن
kidnapping (de)	ādam robāyi	آدم ربایی
kidnapper (de)	ādam robā	آدم ربا

| losgeld (het) | bāj | باج |
| eisen losgeld (ww) | bāj xāstan | باج خواستن |

overvallen (ww)	serqat kardan	سرقت کردن
overval (de)	serqat	سرقت
overvaller (de)	qāratgar	غارتگر

afpersen (ww)	axxāzi kardan	اخاذی کردن
afperser (de)	axxāz	اخاذ
afpersing (de)	axxāzi	اخاذی

vermoorden (ww)	koštan	کشتن
moord (de)	qatl	قتل
moordenaar (de)	qātel	قاتل

schot (het)	tirandāzi	تیراندازی
een schot lossen	tirandāzi kardan	تیراندازی کردن
neerschieten (ww)	bā tir zadan	با تیر زدن
schieten (ww)	tirandāzi kardan	تیراندازی کردن
schieten (het)	tirandāzi	تیراندازی

ongeluk (gevecht, enz.)	vāqe'e	واقعه
gevecht (het)	zad-o xord	زد و خورد
Help!	komak!	کمک!

slachtoffer (het)	qorbāni	قربانی
beschadigen (ww)	xesārat resāndan	خسارت رساندن
schade (de)	xesārat	خسارت
lijk (het)	jasad	جسد
zwaar (~ misdrijf)	vaxim	وخیم
aanvallen (ww)	hamle kardan	حمله کردن
slaan (iemand ~)	zadan	زدن
in elkaar slaan (toetakelen)	kotak zadan	کتک زدن
ontnemen (beroven)	bezur gereftan	به زور گرفتن
steken (met een mes)	čāqu zadan	چاقو زدن
verminken (ww)	ma'yub kardan	معیوب کردن
verwonden (ww)	majruh kardan	مجروح کردن
chantage (de)	šāntāž	شانتاژ
chanteren (ww)	axxāzi kardan	اخاذی کردن
chanteur (de)	axxāz	اخاذ
afpersing (de)	axxāzi	اخاذی
afperser (de)	axxāz	اخاذ
gangster (de)	gāngester	گانگستر
maffia (de)	māfiyā	مافیا
kruimeldief (de)	jib bor	جیب بر
inbreker (de)	sāreq	سارق
smokkelen (het)	qāčāq	قاچاق
smokkelaar (de)	qāčāqči	قاچاقچی
namaak (de)	qollābi	قلابی
namaken (ww)	ja'l kardan	جعل کردن
namaak-, vals (bn)	ja'li	جعلی

192. De wet overtreden. Criminelen. Deel 2

verkrachting (de)	tajāvoz be nāmus	تجاوز به ناموس
verkrachten (ww)	tajāvoz kardan	تجاوز کردن
verkrachter (de)	zenā konande	زنا کننده
maniak (de)	majnun	مجنون
prostituee (de)	fāheše	فاحشه
prostitutie (de)	fāhešegi	فاحشگی
pooier (de)	jākeš	جاکش
drugsverslaafde (de)	mo'tād	معتاد
drugshandelaar (de)	forušande-ye mavādd-e moxadder	فروشندۀ مواد مخدر
opblazen (ww)	monfajer kardan	منفجر کردن
explosie (de)	enfejār	انفجار
in brand steken (ww)	ātaš zadan	آتش زدن
brandstichter (de)	ātaš afruz	آتش افروز
terrorisme (het)	terorism	تروریسم
terrorist (de)	terorist	تروریست

gijzelaar (de)	gerowgān	گروگان
bedriegen (ww)	farib dādan	فریب دادن
bedrog (het)	farib	فریب
oplichter (de)	hoqqe bāz	حقه باز
omkopen (ww)	rešve dādan	رشوه دادن
omkoperij (de)	rešve	رشوه
smeergeld (het)	rešve	رشوه
vergif (het)	zahr	زهر
vergiftigen (ww)	masmum kardan	مسموم کردن
vergif innemen (ww)	masmum šodan	مسموم شدن
zelfmoord (de)	xod-koši	خودکشی
zelfmoordenaar (de)	xod-koši konande	خودکشی کننده
bedreigen (bijv. met een pistool)	tahdid kardan	تهدید کردن
bedreiging (de)	tahdid	تهدید
een aanslag plegen	su'-e qasd kardan	سوء قصد کردن
aanslag (de)	su'-e qasd	سوء قصد
stelen (een auto)	robudan	ربودن
kapen (een vliegtuig)	havāpeymā robāyi	هواپیما ربایی
wraak (de)	enteqām	انتقام
wreken (ww)	enteqām gereftan	انتقام گرفتن
martelen (gevangenen)	šekanje dādan	شکنجه دادن
foltering (de)	šekanje	شکنجه
folteren (ww)	aziyat kardan	اذیت کردن
piraat (de)	dozd-e daryāyi	دزد دریایی
straatschender (de)	owbāš	اوباش
gewapend (bn)	mosallah	مسلح
geweld (het)	xošunat	خشونت
onwettig (strafbaar)	qeyr-e qānuni	غیر قانونی
spionage (de)	jāsusi	جاسوسی
spioneren (ww)	jāsusi kardan	جاسوسی کردن

193. Politie. Wet. Deel 1

justitie (de)	edālat	عدالت
gerechtshof (het)	dādgāh	دادگاه
rechter (de)	qāzi	قاضی
jury (de)	hey'at-e monsefe	هیئت منصفه
juryrechtspraak (de)	hey'at-e monsefe	هیئت منصفه
berechten (ww)	mohākeme kardan	محاکمه کردن
advocaat (de)	vakil	وکیل
beklaagde (de)	mottaham	متهم
beklaagdenbank (de)	jāygāh-e mottaham	جایگاه متهم

| beschuldiging (de) | ettehām | اتهام |
| beschuldigde (de) | mottaham | متهم |

vonnis (het)	hokm	حکم
veroordelen	mahkum kardan	محکوم کردن
(in een rechtszaak)		

schuldige (de)	moqasser	مقصر
straffen (ww)	mojāzāt kardan	مجازات کردن
bestraffing (de)	mojāzāt	مجازات

boete (de)	jarime	جریمه
levenslange opsluiting (de)	habs-e abad	حبس ابد
doodstraf (de)	e'dām	اعدام
elektrische stoel (de)	sandali-ye barqi	صندلی برقی
schavot (het)	čube-ye dār	چوبه دار

| executeren (ww) | e'dām kardan | اعدام کردن |
| executie (de) | e'dām | اعدام |

| gevangenis (de) | zendān | زندان |
| cel (de) | sellul-e zendān | سلول زندان |

konvooi (het)	eskort	اسکورت
gevangenisbewaker (de)	negahbān zendān	نگهبان زندان
gedetineerde (de)	zendāni	زندانی

| handboeien (mv.) | dastband | دستبند |
| handboeien omdoen | dastband zadan | دستبند زدن |

ontsnapping (de)	farār	فرار
ontsnappen (ww)	farār kardan	فرار کردن
verdwijnen (ww)	nāpadid šodan	ناپدید شدن

| vrijlaten (uit de gevangenis) | āzād kardan | آزاد کردن |
| amnestie (de) | afv-e omumi | عفو عمومی |

politie (de)	polis	پلیس
politieagent (de)	polis	پلیس
politiebureau (het)	kalāntari	کلانتری

| knuppel (de) | bātum | باتوم |
| megafoon (de) | bolandgu | بلندگو |

| patrouilleerwagen (de) | māšin-e gašt | ماشین گشت |
| sirene (de) | āžir-e xatar | آژیر خطر |

| de sirene aansteken | āžir rā rowšan kardan | آژیررا روشن کردن |
| geloei (het) van de sirene | sedā-ye āžir | صدای آژیر |

plaats delict (de)	mahall-e jenāyat	محل جنایت
getuige (de)	šāhed	شاهد
vrijheid (de)	āzādi	آزادی
handlanger (de)	hamdast	همدست
ontvluchten (ww)	maxfi šodan	مخفی شدن
spoor (het)	rad	رد

194. Politie. Wet. Deel 2

opsporing (de)	jostoju	جستجو
opsporen (ww)	jostoju kardan	جستجو کردن
verdenking (de)	šok	شک
verdacht (bn)	maškuk	مشکوک
aanhouden (stoppen)	motevaghef kardan	متوقف کردن
tegenhouden (ww)	dastgir kardan	دستگیر کردن

strafzaak (de)	parvande	پرونده
onderzoek (het)	tahqiq	تحقیق
detective (de)	kārāgāh	کارآگاه
onderzoeksrechter (de)	bāzpors	بازپرس
versie (de)	farziye	فرضیه

motief (het)	angize	انگیزه
verhoor (het)	bāzporsi	بازپرسی
ondervragen (door de politie)	bāzporsi kardan	بازپرسی کردن
ondervragen (omstanders ~)	estentāq kardan	استنطاق کردن
controle (de)	taftiš	تفتیش

razzia (de)	mohāsere	محاصره
huiszoeking (de)	taftiš	تفتیش
achtervolging (de)	ta'qib	تعقیب
achtervolgen (ww)	ta'qib kardan	تعقیب کردن
opsporen (ww)	donbāl kardan	دنبال کردن

arrest (het)	bāzdāšt	بازداشت
arresteren (ww)	bāzdāšt kardan	بازداشت کردن
vangen, aanhouden (een dief, enz.)	dastgir kardan	دستگیر کردن
aanhouding (de)	dastgiri	دستگیری

document (het)	sanad	سند
bewijs (het)	esbāt	اثبات
bewijzen (ww)	esbāt kardan	اثبات کردن
voetspoor (het)	rad-e pā	رد پا
vingerafdrukken (mv.)	asar-e angošt	اثر انگشت
bewijs (het)	šavāhed	شواهد

alibi (het)	ozr-e qeybat	عذر غیبت
onschuldig (bn)	bi gonāh	بی گناه
onrecht (het)	bi edālati	بی عدالتی
onrechtvaardig (bn)	qeyr-e ādelāne	غیر عادلانه

crimineel (bn)	jenāyi	جنایی
confisqueren (in beslag nemen)	mosādere kardan	مصادره کردن
drug (de)	mavādd-e moxadder	مواد مخدر
wapen (het)	selāh	سلاح
ontwapenen (ww)	xal'-e selāh kardan	خلع سلاح کردن
bevelen (ww)	farmān dādan	فرمان دادن
verdwijnen (ww)	nāpadid šodan	ناپدید شدن
wet (de)	qānun	قانون
wettelijk (bn)	qānuni	قانونی

onwettelijk (bn)	qeyr-e qānuni	غیر قانونی
verantwoordelijkheid (de)	mas'uliyat	مسئولیت
verantwoordelijk (bn)	mas'ul	مسئول

NATUUR

De Aarde. Deel 1

195. De kosmische ruimte

kosmos (de)	fazā	فضا
kosmisch (bn)	fazāyi	فضایی
kosmische ruimte (de)	fazā-ye keyhān	فضای کیهان
wereld (de)	jahān	جهان
heelal (het)	giti	گیتی
sterrenstelsel (het)	kahkešān	کهکشان
ster (de)	setāre	ستاره
sterrenbeeld (het)	surat-e falaki	صورت فلکی
planeet (de)	sayyāre	سیاره
satelliet (de)	māhvāre	ماهواره
meteoriet (de)	sang-e āsmāni	سنگ آسمانی
komeet (de)	setāre-ye donbāle dār	ستارۀ دنباله دار
asteroïde (de)	šahāb	شهاب
baan (de)	madār	مدار
draaien (om de zon, enz.)	gardidan	گردیدن
atmosfeer (de)	jav	جو
Zon (de)	āftāb	آفتاب
zonnestelsel (het)	manzume-ye šamsi	منظومه شمسی
zonsverduistering (de)	kosuf	کسوف
Aarde (de)	zamin	زمین
Maan (de)	māh	ماه
Mars (de)	merrix	مریخ
Venus (de)	zahre	زهره
Jupiter (de)	moštari	مشتری
Saturnus (de)	zohal	زحل
Mercurius (de)	atārod	عطارد
Uranus (de)	orānus	اورانوس
Neptunus (de)	nepton	نپتون
Pluto (de)	poloton	پلوتون
Melkweg (de)	kahkešān rāh-e širi	کهکشان راه شیری
Grote Beer (de)	dobb-e akbar	دب اکبر
Poolster (de)	setāre-ye qotbi	ستاره قطبی
marsmannetje (het)	merrixi	مریخی
buitenaards wezen (het)	farā zamini	فرا زمینی

| bovenaards (het) | mowjud fazāyi | موجود فضایی |
| vliegende schotel (de) | bošqāb-e parande | بشقاب پرنده |

ruimtevaartuig (het)	fazā peymā	فضا پیما
ruimtestation (het)	istgāh-e fazāyi	ایستگاه فضایی
start (de)	rāh andāzi	راه اندازی

motor (de)	motor	موتور
straalpijp (de)	nāzel	نازل
brandstof (de)	suxt	سوخت

cabine (de)	kābin	کابین
antenne (de)	ānten	آنتن
patrijspoort (de)	panjere	پنجره
zonnebatterij (de)	bātri-ye xoršidi	باطری خورشیدی
ruimtepak (het)	lebās-e fazānavardi	لباس فضانوردی

| gewichtloosheid (de) | bi vazni | بی وزنی |
| zuurstof (de) | oksižen | اکسیژن |

| koppeling (de) | vasl | وصل |
| koppeling maken | vasl kardan | وصل کردن |

observatorium (het)	rasadxāne	رصدخانه
telescoop (de)	teleskop	تلسکوپ
waarnemen (ww)	mošāhede kardan	مشاهده کردن
exploreren (ww)	kašf kardan	کشف کردن

196. De Aarde

Aarde (de)	zamin	زمین
aardbol (de)	kare-ye zamin	کرۀ زمین
planeet (de)	sayyāre	سیاره

atmosfeer (de)	jav	جو
aardrijkskunde (de)	joqrāfiyā	جغرافیا
natuur (de)	tabi'at	طبیعت

wereldbol (de)	kare-ye joqrāfiyāvi	کرۀ جغرافیایی
kaart (de)	naqše	نقشه
atlas (de)	atlas	اطلس

| Europa (het) | orupā | اروپا |
| Azië (het) | āsiyā | آسیا |

| Afrika (het) | āfriqā | آفریقا |
| Australië (het) | ostorāliyā | استرالیا |

Amerika (het)	emrikā	امریکا
Noord-Amerika (het)	emrikā-ye šomāli	امریکای شمالی
Zuid-Amerika (het)	emrikā-ye jonubi	امریکای جنوبی

| Antarctica (het) | qotb-e jonub | قطب جنوب |
| Arctis (de) | qotb-e šomāl | قطب شمال |

197. Windrichtingen

noorden (het)	šomāl	شمال
naar het noorden	be šomāl	به شمال
in het noorden	dar šomāl	در شمال
noordelijk (bn)	šomāli	شمالی

zuiden (het)	jonub	جنوب
naar het zuiden	be jonub	به جنوب
in het zuiden	dar jonub	در جنوب
zuidelijk (bn)	jonubi	جنوبی

westen (het)	qarb	غرب
naar het westen	be qarb	به غرب
in het westen	dar qarb	در غرب
westelijk (bn)	qarbi	غربی

oosten (het)	šarq	شرق
naar het oosten	be šarq	به شرق
in het oosten	dar šarq	در شرق
oostelijk (bn)	šarqi	شرقی

198. Zee. Oceaan

zee (de)	daryā	دریا
oceaan (de)	oqyānus	اقیانوس
golf (baai)	xalij	خلیج
straat (de)	tange	تنگه

| grond (vaste grond) | zamin | زمین |
| continent (het) | qāre | قاره |

eiland (het)	jazire	جزیره
schiereiland (het)	šeb-e jazire	شبه جزیره
archipel (de)	majma'-ol-jazāyer	مجمع‌الجزایر

baai, bocht (de)	xalij-e kučak	خلیج کوچک
haven (de)	langargāh	لنگرگاه
lagune (de)	mordāb	مرداب
kaap (de)	damāqe	دماغه

atol (de)	jazire-ye marjāni	جزیره مرجانی
rif (het)	tappe-ye daryāyi	تپه دریایی
koraal (het)	marjān	مرجان
koraalrif (het)	tappe-ye marjāni	تپه مرجانی

diep (bn)	amiq	عمیق
diepte (de)	omq	عمق
diepzee (de)	partgāh	پرتگاه
trog (bijv. Marianentrog)	derāz godāl	درازگودال

| stroming (de) | jaryān | جریان |
| omspoelen (ww) | ehāte kardan | احاطه کردن |

oever (de)	sāhel	ساحل
kust (de)	sāhel	ساحل

vloed (de)	mod	مد
eb (de)	jazr	جزر
ondiepte (ondiep water)	sāhel-e šeni	ساحل شنی
bodem (de)	qa'r	قعر

golf (hoge ~)	mowj	موج
golfkam (de)	nok	نوک
schuim (het)	kaf	کف

storm (de)	tufān-e daryāyi	طوفان دریایی
orkaan (de)	tufān	طوفان
tsunami (de)	sonāmi	سونامی
windstilte (de)	sokun-e daryā	سکون دریا
kalm (bijv. ~e zee)	ārām	آرام

pool (de)	qotb	قطب
polair (bn)	qotbi	قطبی

breedtegraad (de)	arz-e joqrāfiyāyi	عرض جغرافیایی
lengtegraad (de)	tul-e joqrāfiyāyi	طول جغرافیایی
parallel (de)	movāzi	موازی
evenaar (de)	xatt-e ostavā	خط استوا

hemel (de)	āsemān	آسمان
horizon (de)	ofoq	افق
lucht (de)	havā	هوا

vuurtoren (de)	fānus-e daryāyi	فانوس دریایی
duiken (ww)	širje raftan	شیرجه رفتن
zinken (ov. een boot)	qarq šodan	غرق شدن
schatten (mv.)	ganj	گنج

199. Namen van zeeën en oceanen

Atlantische Oceaan (de)	oqyānus-e atlas	اقیانوس اطلس
Indische Oceaan (de)	oqyānus o hond	اقیانوس هند
Stille Oceaan (de)	oqyānus-e ārām	اقیانوس آرام
Noordelijke IJszee (de)	oqyānus-e monjamed-e šomāli	اقیانوس منجمد شمالی

Zwarte Zee (de)	daryā-ye siyāh	دریای سیاه
Rode Zee (de)	daryā-ye sorx	دریای سرخ
Gele Zee (de)	daryā-ye zard	دریای زرد
Witte Zee (de)	daryā-ye sefid	دریای سفید

Kaspische Zee (de)	daryā-ye xazar	دریای خزر
Dode Zee (de)	daryā-ye morde	دریای مرده
Middellandse Zee (de)	daryā-ye meditarāne	دریای مدیترانه

Egeïsche Zee (de)	daryā-ye eže	دریای اژه
Adriatische Zee (de)	daryā-ye ādriyātik	دریای آدریاتیک

Arabische Zee (de)	daryā-ye arab	دریای عرب
Japanse Zee (de)	daryā-ye žāpon	دریای ژاپن
Beringzee (de)	daryā-ye brinq	دریای برینگ
Zuid-Chinese Zee (de)	daryā-ye čin-e jonubi	دریای چین جنوبی

Koraalzee (de)	daryā-ye marjān	دریای مرجان
Tasmanzee (de)	daryā-ye tās-emān	دریای تاسمان
Caribische Zee (de)	daryā-ye kārāib	دریای کارائیب

| Barentszzee (de) | daryā-ye barntz | دریای بارنتز |
| Karische Zee (de) | daryā-ye kārā | دریای کارا |

Noordzee (de)	daryā-ye šomāl	دریای شمال
Baltische Zee (de)	daryā-ye bāltik	دریای بالتیک
Noorse Zee (de)	daryā-ye norvež	دریای نروژ

200. Bergen

berg (de)	kuh	کوه
bergketen (de)	rešte-ye kuh	رشته کوه
gebergte (het)	selsele-ye jebāl	سلسله جبال

bergtop (de)	qolle	قله
bergpiek (de)	qolle	قله
voet (ov. de berg)	dāmane-ye kuh	دامنۀ کوه
helling (de)	šib	شیب

vulkaan (de)	ātaš-fešān	آتشفشان
actieve vulkaan (de)	ātaš-fešān-e fa'āl	آتش فشان فعال
uitgedoofde vulkaan (de)	ātaš-fešān-e xāmuš	آتش فشان خاموش

uitbarsting (de)	favarān	فوران
krater (de)	dahāne-ye ātašfešān	دهانۀ آتش فشان
magma (het)	māgmā	ماگما
lava (de)	godāze	گدازه
gloeiend (~e lava)	godāxte	گداخته

kloof (canyon)	tange	تنگ
bergkloof (de)	darre-ye tang	دره تنگ
spleet (de)	tange	تنگ
afgrond (de)	partgāh	پرتگاه

bergpas (de)	gozargāh	گذرگاه
plateau (het)	falāt	فلات
klip (de)	saxre	صخره
heuvel (de)	tappe	تپه

gletsjer (de)	yaxčāl	یخچال
waterval (de)	ābšār	آبشار
geiser (de)	češme-ye āb-e garm	چشمۀ آب گرم
meer (het)	daryāče	دریاچه

| vlakte (de) | jolge | جلگه |
| landschap (het) | manzare | منظره |

echo (de)	en'ekās-e sowt	انعکاس صوت
alpinist (de)	kuhnavard	کوهنورد
bergbeklimmer (de)	saxre-ye navard	صخره نورد
trotseren (berg ~)	fath kardan	فتح کردن
beklimming (de)	so'ud	صعود

201. Bergen namen

Alpen (de)	ālp	آلپ
Mont Blanc (de)	moan belān	مون بلان
Pyreneeën (de)	pirene	پیرنه
Karpaten (de)	kuhhā-ye kārpāt	کوههای کارپات
Oeralgebergte (het)	kuhe-i orāl	کوههای اورال
Kaukasus (de)	qafqāz	قفقاز
Elbroes (de)	alborz	البرز
Altaj (de)	āltāy	آلتای
Tiensjan (de)	tiyān šān	تیان شان
Pamir (de)	pāmir	پامیر
Himalaya (de)	himāliyā-vo	هیمالیا
Everest (de)	everest	اورست
Andes (de)	ānd	آند
Kilimanjaro (de)	kelimānjāro	کلیمانجارو

202. Rivieren

rivier (de)	rudxāne	رودخانه
bron (~ van een rivier)	češme	چشمه
rivierbedding (de)	bastar	بستر
rivierbekken (het)	howze	حوضه
uitmonden in ...	rixtan	ریختن
zijrivier (de)	enše'āb	انشعاب
oever (de)	sāhel	ساحل
stroming (de)	jaryān	جریان
stroomafwaarts (bw)	be samt-e pāin-e rudxāne	به سمت پائین رودخانه
stroomopwaarts (bw)	be samt-e bālā-ye rudxāne	به سمت بالای رودخانه
overstroming (de)	seyl	سیل
overstroming (de)	toqyān	طغیان
buiten zijn oevers treden	toqyān kardan	طغیان کردن
overstromen (ww)	toqyān kardan	طغیان کردن
zandbank (de)	tangāb	تنگاب
stroomversnelling (de)	tondāb	تندآب
dam (de)	sad	سد
kanaal (het)	kānāl	کانال
spaarbekken (het)	maxzan-e āb	مخزن آب

sluis (de)	ābgir	آبگیر
waterlichaam (het)	maxzan-e āb	مخزن آب
moeras (het)	bātlāq	باتلاق
broek (het)	lajan zār	لجن زار
draaikolk (de)	gerdāb	گرداب

stroom (de)	ravad	رود
drink- (abn)	āšāmidani	آشامیدنی
zoet (~ water)	širin	شیرین

| ijs (het) | yax | یخ |
| bevriezen (rivier, enz.) | yax bastan | یخ بستن |

203. Namen van rivieren

| Seine (de) | sen | سن |
| Loire (de) | lavār | لوآر |

Theems (de)	timz	تیمز
Rijn (de)	rāyn	راین
Donau (de)	dānub	دانوب

Wolga (de)	volgā	ولگا
Don (de)	don	دن
Lena (de)	lenā	لنا

Gele Rivier (de)	rud-e zard	رود زرد
Blauwe Rivier (de)	yāng tese	یانگ تسه
Mekong (de)	mekung	مکونگ
Ganges (de)	gong	گنگ

Nijl (de)	neyl	نیل
Kongo (de)	kongo	کنگو
Okavango (de)	okavango	اوکاوانگو
Zambezi (de)	zāmbezi	زامبزی
Limpopo (de)	rud-e limpupu	رود لیمپوپو
Mississippi (de)	mi si si pi	می سی سی پی

204. Bos

| bos (het) | jangal | جنگل |
| bos- (abn) | jangali | جنگلی |

oerwoud (dicht bos)	jangal-e anbuh	جنگل انبوه
bosje (klein bos)	biše	بیشه
open plek (de)	marqzār	مرغزار

| struikgewas (het) | biše-hā | بیشه ها |
| struiken (mv.) | bute zār | بوته زار |

| paadje (het) | kure-ye rāh | کوره راه |
| ravijn (het) | darre | دره |

boom (de)	deraxt	درخت
blad (het)	barg	برگ
gebladerte (het)	šāx-o barg	شاخ و برگ

vallende bladeren (mv.)	barg rizi	برگ ریزی
vallen (ov. de bladeren)	rixtan	ریختن
boomtop (de)	nok	نوک

tak (de)	šāxe	شاخه
ent (de)	šāxe	شاخه
knop (de)	šokufe	شکوفه
naald (de)	suzan	سوزن
dennenappel (de)	maxrut-e kāj	مخروط کاج

boom holte (de)	surāx	سوراخ
nest (het)	lāne	لانه
hol (het)	lāne	لانه

stam (de)	tane	تنه
wortel (bijv. boom~s)	riše	ریشه
schors (de)	pust	پوست
mos (het)	xaze	خزه

ontwortelen (een boom)	rišekan kardan	ریشه کن کردن
kappen (een boom ~)	boridan	بریدن
ontbossen (ww)	boridan	بریدن
stronk (de)	kande-ye deraxt	کندهٔ درخت

kampvuur (het)	ātaš	آتش
bosbrand (de)	ātaš suzi	آتش سوزی
blussen (ww)	xāmuš kardan	خاموش کردن

boswachter (de)	jangal bān	جنگل بان
bescherming (de)	mohāfezat	محافظت
beschermen (bijv. de natuur ~)	mohāfezat kardan	محافظت کردن
stroper (de)	šekārči-ye qeyr-e qānuni	شکارچی غیر قانونی
val (de)	tale	تله

| plukken (vruchten, enz.) | čidan | چیدن |
| verdwalen (de weg kwijt zijn) | gom šodan | گم شدن |

205. Natuurlijke hulpbronnen

natuurlijke rijkdommen (mv.)	manābe-'e tabii	منابع طبیعی
delfstoffen (mv.)	mavādd-e ma'dani	مواد معدنی
lagen (mv.)	tah nešast	ته نشست
veld (bijv. olie~)	meydān	میدان

winnen (uit erts ~)	estexrāj kardan	استخراج کردن
winning (de)	estexrāj	استخراج
erts (het)	sang-e ma'dani	سنگ معدنی
mijn (bijv. kolenmijn)	ma'dan	معدن
mijnschacht (de)	ma'dan	معدن

mijnwerker (de)	ma'danči	معدنچی
gas (het)	gāz	گاز
gasleiding (de)	lule-ye gāz	لولۀ گاز

olie (aardolie)	naft	نفت
olieleiding (de)	lule-ye naft	لولۀ نفت
oliebron (de)	čāh-e naft	چاه نفت
boortoren (de)	dakal-e haffāri	دکل حفاری
tanker (de)	tānker	تانکر

zand (het)	šen	شن
kalksteen (de)	sang-e āhak	سنگ آهک
grind (het)	sangrize	سنگریزه
veen (het)	turb	تورب
klei (de)	xāk-e ros	خاک رس
steenkool (de)	zoqāl sang	زغال سنگ

ijzer (het)	āhan	آهن
goud (het)	talā	طلا
zilver (het)	noqre	نقره
nikkel (het)	nikel	نیکل
koper (het)	mes	مس

zink (het)	ruy	روی
mangaan (het)	mangenez	منگنز
kwik (het)	jive	جیوه
lood (het)	sorb	سرب

mineraal (het)	mādde-ye ma'dani	مادۀ معدنی
kristal (het)	bolur	بلور
marmer (het)	marmar	مرمر
uraan (het)	orāniyom	اورانیوم

De Aarde. Deel 2

206. Weer

Nederlands	Transcriptie	Perzisch
weer (het)	havā	هوا
weersvoorspelling (de)	piš bini havā	پیش بینی هوا
temperatuur (de)	damā	دما
thermometer (de)	damāsanj	دماسنج
barometer (de)	havāsanj	هواسنج
vochtig (bn)	martub	مرطوب
vochtigheid (de)	rotubat	رطوبت
hitte (de)	garmā	گرما
heet (bn)	dāq	داغ
het is heet	havā xeyli garm ast	هوا خیلی گرم است
het is warm	havā garm ast	هوا گرم است
warm (bn)	garm	گرم
het is koud	sard ast	سرد است
koud (bn)	sard	سرد
zon (de)	āftāb	آفتاب
schijnen (de zon)	tābidan	تابیدن
zonnig (~e dag)	āftābi	آفتابی
opgaan (ov. de zon)	tolu' kardan	طلوع کردن
ondergaan (ww)	qorob kardan	غروب کردن
wolk (de)	abr	ابر
bewolkt (bn)	abri	ابری
regenwolk (de)	abr-e bārānzā	ابر باران زا
somber (bn)	tire	تیره
regen (de)	bārān	باران
het regent	bārān mibārad	باران می بارد
regenachtig (bn)	bārāni	بارانی
motregenen (ww)	nam-nam bāridan	نم نم باریدن
plensbui (de)	bārān šodid	باران شدید
stortbui (de)	ragbār	رگبار
hard (bn)	šadid	شدید
plas (de)	čāle	چاله
nat worden (ww)	xis šodan	خیس شدن
mist (de)	meh	مه
mistig (bn)	meh ālud	مه آلود
sneeuw (de)	barf	برف
het sneeuwt	barf mibārad	برف می بارد

207. Zwaar weer. Natuurrampen

noodweer (storm)	tufān	طوفان
bliksem (de)	barq	برق
flitsen (ww)	barq zadan	برق زدن
donder (de)	ra'd	رعد
donderen (ww)	qorridan	غریدن
het dondert	ra'd mizanad	رعد می زند
hagel (de)	tagarg	تگرگ
het hagelt	tagarg mibārad	تگرگ می بارد
overstromen (ww)	toqyān kardan	طغیان کردن
overstroming (de)	seyl	سیل
aardbeving (de)	zamin-larze	زمین لرزه
aardschok (de)	tekān	تکان
epicentrum (het)	kānun-e zaminlarze	کانون زمین لرزه
uitbarsting (de)	favarān	فوران
lava (de)	godāze	گدازه
wervelwind, windhoos (de)	gerdbād	گردباد
tyfoon (de)	tufān	طوفان
orkaan (de)	tufān	طوفان
storm (de)	tufān	طوفان
tsunami (de)	sonāmi	سونامی
cycloon (de)	gerdbād	گردباد
onweer (het)	havā-ye bad	هوای بد
brand (de)	ātaš suzi	آتش سوزی
ramp (de)	balā-ye tabi'i	بلای طبیعی
meteoriet (de)	sang-e āsmāni	سنگ آسمانی
lawine (de)	bahman	بهمن
sneeuwverschuiving (de)	bahman	بهمن
sneeuwjacht (de)	kulāk	کولاک
sneeuwstorm (de)	barf-o burān	برف و بوران

208. Geluiden. Geluiden

stilte (de)	sokut	سکوت
geluid (het)	sedā	صدا
lawaai (het)	sar-o sedā	سر و صدا
lawaai maken (ww)	sar-o sedā kardan	سر و صدا کردن
lawaaierig (bn)	por sar-o sedā	پر سر و صدا
luid (~ spreken)	boland	بلند
luid (bijv. ~e stem)	boland	بلند
aanhoudend (voortdurend)	dāemi	دائمی
schreeuw (de)	faryād	فریاد

schreeuwen (ww)	faryād zadan	فریاد زدن
gefluister (het)	najvā	نجوا
fluisteren (ww)	najvā kardan	نجوا کردن
geblaf (het)	vāq vāq	واق واق
blaffen (ww)	vāq-vāq kardan	واق واق کردن
gekreun (het)	nāle	ناله
kreunen (ww)	nāle kardan	ناله کردن
hoest (de)	sorfe	سرفه
hoesten (ww)	sorfe kardan	سرفه کردن
gefluit (het)	sut	سوت
fluiten (op het fluitje blazen)	sut zadan	سوت زدن
geklop (het)	dar zadan	درزدن
kloppen (aan een deur)	dar zadan	درزدن
kraken (hout, ijs)	šekastan	شکستن
gekraak (het)	tarak	ترک
sirene (de)	āžir-e xatar	آژیر خطر
fluit (stoom ~)	buq	بوق
fluiten (schip, trein)	buq zadan	بوق زدن
toeter (de)	buq	بوق
toeteren (ww)	buq zadan	بوق زدن

209. Winter

winter (de)	zemestān	زمستان
winter- (abn)	zemestāni	زمستانی
in de winter (bw)	dar zemestān	در زمستان
sneeuw (de)	barf	برف
het sneeuwt	barf mibārad	برف می بارد
sneeuwval (de)	bāreš-e barf	بارش برف
sneeuwhoop (de)	tappe-ye barf	تپهٔ برف
sneeuwvlok (de)	barf-e rize	برف ریزه
sneeuwbal (de)	golule-ye barf	گلولهٔ برف
sneeuwman (de)	ādam-e barfi	آدم برفی
ijspegel (de)	qandil	قندیل
december (de)	desāmr	دسامبر
januari (de)	žānvie	ژانویه
februari (de)	fevriye	فوریه
vorst (de)	yaxbandān	یخبندان
vries- (abn)	sard	سرد
onder nul (bw)	zir-e sefr	زیر صفر
eerste vorst (de)	avalin moje sarmā	اولین موج سرما
rijp (de)	barf-e rize	برف ریزه
koude (de)	sarmā	سرما
het is koud	sard ast	سرد است

bontjas (de)	pālto-ye pustin	پالتوی پوستین
wanten (mv.)	dastkeš-e yek angošti	دستکش یک انگشتی
ziek worden (ww)	bimār šodan	بیمار شدن
verkoudheid (de)	sarmā xordegi	سرما خوردگی
verkouden raken (ww)	sarmā xordan	سرما خوردن
ijs (het)	yax	یخ
ijzel (de)	lāye-ye yax	لایه یخ
bevriezen (rivier, enz.)	yax bastan	یخ بستن
ijsschol (de)	tekke-ye yax-e šenāvar	تکه یخ شناور
ski's (mv.)	eski	اسکی
skiër (de)	eski bāz	اسکی باز
skiën (ww)	eski kardan	اسکی کردن
schaatsen (ww)	eskeyt bāzi kardan	اسکیت بازی کردن

Fauna

210. Zoogdieren. Roofdieren

roofdier (het)	heyvān-e darande	حیوان درنده
tijger (de)	bebar	ببر
leeuw (de)	šir	شیر
wolf (de)	gorg	گرگ
vos (de)	rubāh	روباه
jaguar (de)	jagvār	جگوار
luipaard (de)	palang	پلنگ
jachtluipaard (de)	yuzpalang	یوزپلنگ
panter (de)	palang-e siyāh	پلنگ سیاه
poema (de)	yuzpalang	یوزپلنگ
sneeuwluipaard (de)	palang-e barfi	پلنگ برفی
lynx (de)	siyāh guš	سیاه گوش
coyote (de)	gorg-e sahrāyi	گرگ صحرایی
jakhals (de)	šoqāl	شغال
hyena (de)	kaftār	کفتار

211. Wilde dieren

dier (het)	heyvān	حیوان
beest (het)	heyvān	حیوان
eekhoorn (de)	sanjāb	سنجاب
egel (de)	xārpošt	خارپشت
haas (de)	xarguš	خرگوش
konijn (het)	xarguš	خرگوش
das (de)	gurkan	گورکن
wasbeer (de)	rākon	راکون
hamster (de)	muš-e bozorg	موش بزرگ
marmot (de)	muš-e xormā-ye kuhi	موش خرمای کوهی
mol (de)	muš-e kur	موش کور
muis (de)	muš	موش
rat (de)	muš-e sahrāyi	موش صحرایی
vleermuis (de)	xoffāš	خفاش
hermelijn (de)	qāqom	قاقم
sabeldier (het)	samur	سمور
marter (de)	samur	سمور
wezel (de)	rāsu	راسو
nerts (de)	tire-ye rāsu	تیره راسو

bever (de)	sag-e ābi	سگ آبی
otter (de)	samur ābi	سمور آبی
paard (het)	asb	اسب
eland (de)	gavazn	گوزن
hert (het)	āhu	آهو
kameel (de)	šotor	شتر
bizon (de)	gāvmiš	گاومیش
oeros (de)	gāv miš	گاو میش
buffel (de)	bufālo	بوفالو
zebra (de)	gurexar	گورخر
antilope (de)	boz-e kuhi	بز کوهی
ree (de)	šukā	شوکا
damhert (het)	qazāl	غزال
gems (de)	boz-e kuhi	بز کوهی
everzwijn (het)	gorāz	گراز
walvis (de)	nahang	نهنگ
rob (de)	fak	فک
walrus (de)	širmāhi	شیرماهی
zeehond (de)	gorbe-ye ābi	گربۀ آبی
dolfijn (de)	delfin	دلفین
beer (de)	xers	خرس
ijsbeer (de)	xers-e sefid	خرس سفید
panda (de)	pāndā	پاندا
aap (de)	meymun	میمون
chimpansee (de)	šampānze	شمپانزه
orang-oetan (de)	orāngutān	اورانگوتان
gorilla (de)	guril	گوریل
makaak (de)	mākāk	ماکاک
gibbon (de)	gibon	گیبون
olifant (de)	fil	فیل
neushoorn (de)	kargadan	کرگدن
giraffe (de)	zarrāfe	زرافه
nijlpaard (het)	asb-e ābi	اسب آبی
kangoeroe (de)	kāngoro	کانگورو
koala (de)	kovālā	کوالا
mangoest (de)	xadang	خدنگ
chinchilla (de)	čin čila	چین چیلا
stinkdier (het)	rāsu-ye badbu	راسوی بدبو
stekelvarken (het)	taši	تشی

212. Huisdieren

poes (de)	gorbe	گربه
kater (de)	gorbe-ye nar	گربۀ نر
hond (de)	sag	سگ

paard (het)	asb	اسب
hengst (de)	asb-e nar	اسب نر
merrie (de)	mādiyān	مادیان

koe (de)	gāv	گاو
stier (de)	gāv-e nar	گاو نر
os (de)	gāv-e axte	گاو اخته

schaap (het)	gusfand	گوسفند
ram (de)	gusfand-e nar	گوسفند نر
geit (de)	boz-e mādde	بز ماده
bok (de)	boz-e nar	بز نر

| ezel (de) | xar | خر |
| muilezel (de) | qāter | قاطر |

varken (het)	xuk	خوک
biggetje (het)	bače-ye xuk	بچۀ خوک
konijn (het)	xarguš	خرگوش

| kip (de) | morq | مرغ |
| haan (de) | xorus | خروس |

eend (de)	ordak	اردک
woerd (de)	ordak-e nar	اردک نر
gans (de)	qāz	غاز

| kalkoen haan (de) | buqalamun-e nar | بوقلمون نر |
| kalkoen (de) | buqalamun-e māde | بوقلمون ماده |

huisdieren (mv.)	heyvānāt-e ahli	حیوانات اهلی
tam (bijv. hamster)	ahli	اهلی
temmen (tam maken)	rām kardan	رام کردن
fokken (bijv. paarden ~)	parvareš dādan	پرورش دادن

boerderij (de)	mazrae	مزرعه
gevogelte (het)	morq-e xānegi	مرغ خانگی
rundvee (het)	dām	دام
kudde (de)	galle	گله

paardenstal (de)	establ	اصطبل
zwijnenstal (de)	āqol xuk	آغل خوک
koeienstal (de)	āqol gāv	آغل گاو
konijnenhok (het)	lanye xarguš	لانه خرگوش
kippenhok (het)	morq dāni	مرغ دانی

213. Honden. Hondenrassen

hond (de)	sag	سگ
herdershond (de)	sag-e gele	سگ گله
Duitse herdershond (de)	sag-e jerman šeperd	سگ ژرمن شپرد
poedel (de)	pudel	پودل
teckel (de)	sag-e pākutāh	سگ پاکوتاه
buldog (de)	buldāg	بولداگ

boxer (de)	boksor	بوکسور
mastiff (de)	māstif	ماستیف
rottweiler (de)	rotveylir	روتویلیر
doberman (de)	dobermen	دوبرمن

basset (de)	ba's-at	باسیت
bobtail (de)	dam čatri	دم چتری
dalmatiër (de)	dālmāsi	دالماسی
cockerspaniël (de)	kākir spāniyel	کاکیر سپانییل

newfoundlander (de)	nyufāundland	نیوفاوندلند
sint-bernard (de)	sant bernārd	سنت برنارد

poolhond (de)	sag-e surtme	سگ سورتمه
chowchow (de)	čāu-čāu	چاو-چاو
spits (de)	espitz	اسپیتز
mopshond (de)	pāg	پاگ

214. Dierengeluiden

geblaf (het)	vāq vāq	واق واق
blaffen (ww)	vāq-vāq kardan	واق واق کردن
miauwen (ww)	miyu-miyu kardan	میو میو کردن
spinnen (katten)	xor-xor kardan	خرخر کردن

loeien (ov. een koe)	mu-mu kardan	مو مو کردن
brullen (stier)	na're kešidan	نعره کشیدن
grommen (ov. de honden)	qorqor kardan	غرغر کردن

gehuil (het)	zuze	زوزه
huilen (wolf, enz.)	zuze kešidan	زوزه کشیدن
janken (ov. een hond)	zuze kešidan	زوزه کشیدن

mekkeren (schapen)	ba'ba' kardan	بع بع کردن
knorren (varkens)	xor-xor kardan	خرخر کردن
gillen (bijv. varken)	jiq zadan	جیغ زدن

kwaken (kikvorsen)	qur-qur kardan	قورقور کردن
zoemen (hommel, enz.)	vez-vez kardan	وزوز کردن
tjirpen (sprinkhanen)	jir-jir kardan	جیر جیر کردن

215. Jonge dieren

jong (het)	tule	توله
poesje (het)	bačče gorbe	بچه گربه
muisje (het)	bače-ye muš	بچهٔ موش
puppy (de)	tule-ye sag	تولهٔ سگ

jonge haas (de)	bače-ye xarguš	بچهٔ خرگوش
konijntje (het)	bače-ye xarguš	بچهٔ خرگوش
wolfje (het)	bače-ye gorg	بچهٔ گرگ
vosje (het)	bače-ye rubāh	بچهٔ روباه

beertje (het)	bače-ye xers	بچهٔ خرس
leeuwenjong (het)	bače-ye šir	بچهٔ شیر
tijgertje (het)	bače-ye bebar	بچهٔ ببر
olifantenjong (het)	bače-ye fil	بچهٔ فیل
biggetje (het)	bače-ye xuk	بچهٔ خوک
kalf (het)	gusāle	گوساله
geitje (het)	bozqāle	بزغاله
lam (het)	barre	بره
reekalf (het)	bače-ye gavazn	بچهٔ گوزن
jonge kameel (de)	bače-ye šotor	بچهٔ شتر
slangenjong (het)	bače-ye mār	بچهٔ مار
kikkertje (het)	bače-ye qurbāqe	بچهٔ قورباغه
vogeltje (het)	juje	جوجه
kuiken (het)	juje	جوجه
eendje (het)	juje-ye ordak	جوجهٔ اردک

216. Vogels

vogel (de)	parande	پرنده
duif (de)	kabutar	کبوتر
mus (de)	gonješk	گنجشک
koolmees (de)	morq-e zanburxār	مرغ زنبورخوار
ekster (de)	zāqi	زاغی
raaf (de)	kalāq-e siyāh	کلاغ سیاه
kraai (de)	kalāq	کلاغ
kauw (de)	zāq	زاغ
roek (de)	kalāq-e siyāh	کلاغ سیاه
eend (de)	ordak	اردک
gans (de)	qāz	غاز
fazant (de)	qarqāvol	قرقاول
arend (de)	oqāb	عقاب
havik (de)	qerqi	قرقی
valk (de)	šāhin	شاهین
gier (de)	karkas	کرکس
condor (de)	karkas-e emrikāyi	کرکس امریکایی
zwaan (de)	qu	قو
kraanvogel (de)	dornā	درنا
ooievaar (de)	lak lak	لک لک
papegaai (de)	tuti	طوطی
kolibrie (de)	morq-e magas-e xār	مرغ مگس خوار
pauw (de)	tāvus	طاووس
struisvogel (de)	šotormorq	شترمرغ
reiger (de)	havāsil	حواصیل
flamingo (de)	felāmingo	فلامینگو
pelikaan (de)	pelikān	پلیکان

| nachtegaal (de) | bolbol | بلبل |
| zwaluw (de) | parastu | پرستو |

lijster (de)	bāstarak	باسترک
zanglijster (de)	torqe	طرقه
merel (de)	tukā-ye siyāh	توکای سیاه

gierzwaluw (de)	bādxorak	بادخورک
leeuwerik (de)	čakāvak	چکاوک
kwartel (de)	belderčin	بلدرچین

specht (de)	dārkub	دارکوب
koekoek (de)	fāxte	فاخته
uil (de)	joqd	جغد
oehoe (de)	šāh buf	شاه بوف
auerhoen (het)	siāh xorus	سیاه خروس
korhoen (het)	siāh xorus-e jangali	سیاه خروس جنگلی
patrijs (de)	kabk	کبک

spreeuw (de)	sār	سار
kanarie (de)	qanāri	قناری
hazelhoen (het)	siyāh xorus-e fandoqi	سیاه خروس فندقی
vink (de)	sehre-ye jangali	سهره جنگلی
goudvink (de)	sohre sar-e siyāh	سهره سر سیاه

meeuw (de)	morq-e daryāyi	مرغ دریایی
albatros (de)	morq-e daryāyi	مرغ دریایی
pinguïn (de)	pangoan	پنگوئن

217. Vogels. Zingen en geluiden

fluiten, zingen (ww)	xāndan	خواندن
schreeuwen (dieren, vogels)	faryād kardan	فریاد کردن
kraaien (ov. een haan)	ququli ququ kardan	قوقولی قوقو کردن
kukeleku	ququli ququ	قوقولی قوقو

klokken (hen)	qodqod kardan	قدقد کردن
krassen (kraai)	qār-qār kardan	قارقار کردن
kwaken (eend)	qāt-qāt kardan	قات قات کردن
piepen (kuiken)	jir-jir kardan	جیر جیر کردن
tjilpen (bijv. een mus)	jik-jik kardan	جیک جیک کردن

218. Vis. Zeedieren

brasem (de)	māhi-ye sim	ماهی سیم
karper (de)	kapur	کپور
baars (de)	māhi-e luti	ماهی لوتی
meerval (de)	gorbe-ye māhi	گربه ماهی
snoek (de)	ordak māhi	اردک ماهی

| zalm (de) | māhi-ye salemon | ماهی سالمون |
| steur (de) | māhi-ye xāviār | ماهی خاویار |

haring (de)	māhi-ye šur	ماهی شور
atlantische zalm (de)	sālmon-e atlāntik	سالمون اتلانتیک
makreel (de)	māhi-ye esqumeri	ماهی اسقومری
platvis (de)	sofre māhi	سفره ماهی
snoekbaars (de)	suf	سوف
kabeljauw (de)	māhi-ye rowqan	ماهی روغن
tonijn (de)	tan māhi	تن ماهی
forel (de)	māhi-ye qezelālā	ماهی قزل آلا
paling (de)	mārmāhi	مارماهی
sidderrog (de)	partomahiye barqi	پرتوماهی برقی
murene (de)	mārmāhi	مارماهی
piranha (de)	pirānā	پیرانا
haai (de)	kuse-ye māhi	کوسه ماهی
dolfijn (de)	delfin	دلفین
walvis (de)	nahang	نهنگ
krab (de)	xarčang	خرچنگ
kwal (de)	arus-e daryāyi	عروس دریایی
octopus (de)	hašt pā	هشت پا
zeester (de)	setāre-ye daryāyi	ستاره دریایی
zee-egel (de)	xārpošt-e daryāyi	خارپشت دریایی
zeepaardje (het)	asb-e daryāyi	اسب دریایی
oester (de)	sadaf-e xorāki	صدف خوراکی
garnaal (de)	meygu	میگو
kreeft (de)	xarčang-e daryāyi	خرچنگ دریایی
langoest (de)	xarčang-e xārdār	خرچنگ خاردار

219. Amfibieën. Reptielen

slang (de)	mār	مار
giftig (slang)	sammi	سمی
adder (de)	af'i	افعی
cobra (de)	kobrā	کبرا
python (de)	mār-e pinton	مار پیتون
boa (de)	mār-e bwa	مار بوا
ringslang (de)	mār-e čaman	مار چمن
ratelslang (de)	mār-e zangi	مار زنگی
anaconda (de)	mār-e ānākondā	مار آناکوندا
hagedis (de)	susmār	سوسمار
leguaan (de)	susmār-e deraxti	سوسمار درختی
varaan (de)	bozmajje	بزمجه
salamander (de)	samandar	سمندر
kameleon (de)	āftāb-parast	آفتاب پرست
schorpioen (de)	aqrab	عقرب
schildpad (de)	lāk pošt	لاک پشت
kikker (de)	qurbāqe	قورباغه

| pad (de) | vazaq | وزغ |
| krokodil (de) | temsāh | تمساح |

220. Insecten

insect (het)	hašare	حشره
vlinder (de)	parvāne	پروانه
mier (de)	murče	مورچه
vlieg (de)	magas	مگس
mug (de)	paše	پشه
kever (de)	susk	سوسک

wesp (de)	zanbur	زنبور
bij (de)	zanbur-e asal	زنبور عسل
hommel (de)	xar zanbur	خرزنبور
horzel (de)	xarmagas	خرمگس

| spin (de) | ankabut | عنکبوت |
| spinnenweb (het) | tār-e ankabut | تارعنکبوت |

libel (de)	sanjāqak	سنجاقک
sprinkhaan (de)	malax	ملخ
nachtvlinder (de)	bid	بید

kakkerlak (de)	susk	سوسک
teek (de)	kane	کنه
vlo (de)	kak	کک
kriebelmug (de)	paše-ye rize	پشه ریزه

treksprinkhaan (de)	malax	ملخ
slak (de)	halazun	حلزون
krekel (de)	jirjirak	جیرجیرک
glimworm (de)	kerm-e šab-tāb	کرم شب تاب
lieveheersbeestje (het)	kafšduzak	کفشدوزک
meikever (de)	susk bāldār	سوسک بالدار

bloedzuiger (de)	zālu	زالو
rups (de)	kerm-e abrišam	کرم ابریشم
aardworm (de)	kerm	کرم
larve (de)	lārv	لارو

221. Dieren. Lichaamsdelen

snavel (de)	nok	نوک
vleugels (mv.)	bāl-hā	بال ها
poot (ov. een vogel)	panje	پنجه
verenkleed (het)	por-o bāl	پر و بال
veer (de)	por	پر
kuifje (het)	kākol	کاکل

| kieuwen (mv.) | ābšoš | آبشش |
| kuit, dril (de) | toxme mahi | تخم ماهی |

larve (de)	lārv	لارو
vin (de)	bāle-ye māhi	باله ماهی
schubben (mv.)	fals	فلس

slagtand (de)	niš	نیش
poot (bijv. ~ van een kat)	panje	پنجه
muil (de)	puze	پوزه
bek (mond van dieren)	dahān	دهان
staart (de)	dam	دم
snorharen (mv.)	sebil	سبیل

| hoef (de) | sam | سم |
| hoorn (de) | šāx | شاخ |

schild (schildpad, enz.)	lāk	لاک
schelp (de)	sadaf	صدف
eierschaal (de)	puste	پوسته

| vacht (de) | pašm | پشم |
| huid (de) | pust | پوست |

222. Acties van de dieren

| vliegen (ww) | parvāz kardan | پرواز کردن |
| cirkelen (vogel) | dowr zadan | دور زدن |

| wegvliegen (ww) | parvāz kardan | پرواز کردن |
| klapwieken (ww) | bāl zadan | بال زدن |

| pikken (vogels) | nok zadan | نوک زدن |
| broeden (de eend zit te ~) | ru-ye toxm xābidan | روی تخم خوابیدن |

| uitbroeden (ww) | az toxm birun āmadan | از تخم بیرون آمدن |
| een nest bouwen | lāne sāxtan | لانه ساختن |

kruipen (ww)	xazidan	خزیدن
steken (bij)	gozidan	گزیدن
bijten (de hond, enz.)	gāz gereftan	گاز گرفتن

snuffelen (ov. de dieren)	buyidan	بوییدن
blaffen (ww)	vāq-vāq kardan	واق واق کردن
sissen (slang)	his kardan	هیس کردن

| doen schrikken (ww) | tarsāndan | ترساندن |
| aanvallen (ww) | hamle kardan | حمله کردن |

knagen (ww)	javidan	جویدن
schrammen (ww)	čang zadan	چنگ زدن
zich verbergen (ww)	penhān šodan	پنهان شدن

spelen (ww)	bāzi kardan	بازی کردن
jagen (ww)	šekār kardan	شکار کردن
winterslapen	dar xāb-e zemestāni budan	درخواب زمستانی بودن
uitsterven (dinosauriërs, enz.)	monqarez šodan	منقرض شدن

223. Dieren. Leefomgevingen

leefgebied (het)	zistgāh	زیستگاه
migratie (de)	mohājerat	مهاجرت
berg (de)	kuh	کوه
rif (het)	tappe-ye daryāyi	تپه دریایی
klip (de)	saxre	صخره
bos (het)	jangal	جنگل
jungle (de)	jangal	جنگل
savanne (de)	sāvānā	ساوانا
toendra (de)	tondrā	توندرا
steppe (de)	estep	استپ
woestijn (de)	biyābān	بیابان
oase (de)	vāhe	واحه
zee (de)	daryā	دریا
meer (het)	daryāče	دریاچه
oceaan (de)	oqyānus	اقیانوس
moeras (het)	bātlāq	باتلاق
zoetwater- (abn)	ab-e širin	آب شیرین
vijver (de)	tālāb	تالاب
rivier (de)	rudxāne	رودخانه
berenhol (het)	lāne-ye xers	لانه خرس
nest (het)	lāne	لانه
boom holte (de)	surāx	سوراخ
hol (het)	lāne	لانه
mierenhoop (de)	lāne-ye murče	لانة مورچه

224. Dierverzorging

dierentuin (de)	bāq-e vahš	باغ وحش
natuurreservaat (het)	mantaqe hefāzat šode	منطقه حفاظت شده
fokkerij (de)	zaxire-ye gāh	ذخیره گاه
openluchtkooi (de)	lāne	لانه
kooi (de)	qafas	قفس
hondenhok (het)	lāne-ye sag	لانه سگ
duiventil (de)	lāne-ye kabutar	لانه کبوتر
aquarium (het)	ākvāriyom	آکواریوم
dolfinarium (het)	delfin xane	دلفین خانه
fokken (bijv. honden ~)	parvareš dādan	پرورش دادن
nakomelingen (mv.)	juje, tule	جوجه، توله
temmen (tam maken)	rām kardan	رام کردن
dresseren (ww)	tarbiyat kardan	تربیت کردن
voeding (de)	xorāk	خوراک
voederen (ww)	xorāk dādan	خوراک دادن

dierenwinkel (de)	forušgāh-e heyvānāt-e ahli	فروشگاه حیوانات اهلی
muilkorf (de)	puze band	پوزه بند
halsband (de)	qallāde	قلاده
naam (ov. een dier)	laqab	لقب
stamboom (honden met ~)	nežād	نژاد

225. Dieren. Diversen

meute (wolven)	daste	دسته
zwerm (vogels)	daste	دسته
school (vissen)	daste	دسته
kudde (wilde paarden)	galle	گله

| mannetje (het) | nar | نر |
| vrouwtje (het) | mādde | ماده |

hongerig (bn)	gorosne	گرسنه
wild (bn)	vahši	وحشی
gevaarlijk (bn)	xatarnāk	خطرناک

226. Paarden

| paard (het) | asb | اسب |
| ras (het) | nežād | نژاد |

| veulen (het) | korre asb | کره اسب |
| merrie (de) | mādiyān | مادیان |

mustang (de)	asb-e vahš-i	اسب وحشی
pony (de)	asbče	اسبچه
koudbloed (de)	asb-e bārkeš	اسب بارکش

| manen (mv.) | yāl | یال |
| staart (de) | dam | دم |

hoef (de)	sam	سم
hoefijzer (het)	na'l	نعل
beslaan (ww)	na'l zadan	نعل زدن
paardensmid (de)	āhangar	آهنگر

zadel (het)	zin	زین
stijgbeugel (de)	rekāb	رکاب
breidel (de)	lejām	لجام
leidsels (mv.)	afsār	افسار
zweep (de)	tāziyāne	تازیانه

ruiter (de)	savārkār	سوارکار
zadelen (ww)	zin kardan	زین کردن
een paard bestijgen	ruy-ye zin nešastan	روی زین نشستن

| galop (de) | čāhārna'l | چهارنعل |
| galopperen (ww) | čāhārna'l tāxtan | چهارنعل تاختن |

draf (de)	yurtme	یورتمه
in draf (bw)	yurtme	یورتمه
draven (ww)	yurtme raftan	یورتمه رفتن
renpaard (het)	asb-e mosābeqe	اسب مسابقه
paardenrace (de)	asb-e davāni	اسب دوانی
paardenstal (de)	establ	اصطبل
voederen (ww)	xorāk dādan	خوراک دادن
hooi (het)	alaf-e xošk	علف خشک
water geven (ww)	āb dādan	آب دادن
wassen (paard ~)	pāk kardan	پاک کردن
paardenkar (de)	gāri	گاری
grazen (gras eten)	čaridan	چریدن
hinniken (ww)	šeyhe kešidan	شیهه کشیدن
een trap geven	lagad zadan	لگد زدن

Flora

227. Bomen

boom (de)	deraxt	درخت
loof- (abn)	barg riz	برگ ریز
dennen- (abn)	maxrutiyān	مخروطیان
groenblijvend (bn)	hamiše sabz	همیشه سبز
appelboom (de)	deraxt-e sib	درخت سیب
perenboom (de)	golābi	گلابی
zoete kers (de)	gilās	گیلاس
zure kers (de)	ālbālu	آلبالو
pruimelaar (de)	ālu	آلو
berk (de)	tus	توس
eik (de)	balut	بلوط
linde (de)	zirfun	زیرفون
esp (de)	senowbar-e larzān	صنوبر لرزان
esdoorn (de)	afrā	افرا
spar (de)	senowbar	صنوبر
den (de)	kāj	کاج
lariks (de)	senowbar-e ārāste	صنوبر آراسته
zilverspar (de)	šāh deraxt	شاه درخت
ceder (de)	sedr	سدر
populier (de)	sepidār	سپیدار
lijsterbes (de)	zabān gonješk-e kuhi	زبان گنجشک کوهی
wilg (de)	bid	بید
els (de)	tuskā	توسکا
beuk (de)	rāš	راش
iep (de)	nārvan-e qermez	نارون قرمز
es (de)	zabān-e gonješk	زبان گنجشک
kastanje (de)	šāh balut	شاه بلوط
magnolia (de)	māgnoliyā	ماگنولیا
palm (de)	naxl	نخل
cipres (de)	sarv	سرو
mangrove (de)	karnā	کرنا
baobab (apenbroodboom)	bāobāb	بائوباب
eucalyptus (de)	okaliptus	اوکالیپتوس
mammoetboom (de)	sorx-e čub	سرخ چوب

228. Heesters

struik (de)	bute	بوته
heester (de)	bute zār	بوته زار

wijnstok (de)	angur	انگور
wijngaard (de)	tākestān	تاكستان

frambozenstruik (de)	tamešk	تمشک
zwarte bes (de)	angur-e farangi-ye siyāh	انگور فرنگی سیاه
rode bessenstruik (de)	angur-e farangi-ye sorx	انگور فرنگی سرخ
kruisbessenstruik (de)	angur-e farangi	انگور فرنگی

acacia (de)	aqāqiyā	اقاقیا
zuurbes (de)	zerešk	زرشک
jasmijn (de)	yāsaman	یاسمن

jeneverbes (de)	ardaj	اردج
rozenstruik (de)	bute-ye gol-e mohammadi	بوتۀ گل محمدی
hondsroos (de)	nastaran	نسترن

229. Champignons

paddenstoel (de)	qārč	قارچ
eetbare paddenstoel (de)	qārč-e xorāki	قارچ خوراکی
giftige paddenstoel (de)	qārč-e sammi	قارچ سمی
hoed (de)	kolāhak-e qārč	کلاهک قارچ
steel (de)	pāye	پایه

gewoon eekhoorntjesbrood (het)	qārč-e sefid	قارچ سفید
rosse populierenboleet (de)	samāruq	سماروغ
berkenboleet (de)	qārč-e bulet	قارچ بولت
cantharel (de)	qārč-e zard	قارچ زرد
russula (de)	qārč-e tiqe-ye tord	قارچ تیغه ترد

morielje (de)	qārč-e morkelā	قارچ مورکلا
vliegenzwam (de)	qārč-e magas	قارچ مگس
groene knolamaniet (de)	kolāhak-e marg	کلاهک مرگ

230. Vruchten. Bessen

vrucht (de)	mive	میوه
vruchten (mv.)	mive jāt	میوه جات

appel (de)	sib	سیب
peer (de)	golābi	گلابی
pruim (de)	ālu	آلو

aardbei (de)	tut-e farangi	توت فرنگی
zure kers (de)	ālbālu	آلبالو
zoete kers (de)	gilās	گیلاس
druif (de)	angur	انگور

framboos (de)	tamešk	تمشک
zwarte bes (de)	angur-e farangi-ye siyāh	انگور فرنگی سیاه
rode bes (de)	angur-e farangi-ye sorx	انگور فرنگی سرخ

| kruisbes (de) | angur-e farangi | انگور فرنگی |
| veenbes (de) | nārdānak-e vahši | ناردانک وحشی |

sinaasappel (de)	porteqāl	پرتقال
mandarijn (de)	nārengi	نارنگی
ananas (de)	ānānās	آناناس
banaan (de)	mowz	موز
dadel (de)	xormā	خرما

citroen (de)	limu	لیمو
abrikoos (de)	zardālu	زردآلو
perzik (de)	holu	هلو
kiwi (de)	kivi	کیوی
grapefruit (de)	gerip forut	گریپ فروت

bes (de)	mive-ye butei	میوۀ بوته ای
bessen (mv.)	mivehā-ye butei	میوه های بوته ای
vossenbes (de)	tut-e farangi-ye jangali	توت فرنگی جنگلی
bosaardbei (de)	zoqāl axte	زغال اخته
bosbes (de)	zoqāl axte	زغال اخته

231. Bloemen. Planten

| bloem (de) | gol | گل |
| boeket (het) | daste-ye gol | دسته گل |

roos (de)	gol-e sorx	گل سرخ
tulp (de)	lāle	لاله
anjer (de)	mixak	میخک
gladiool (de)	susan-e sefid	سوسن سفید

korenbloem (de)	gol-e gandom	گل گندم
klokje (het)	gol-e estekāni	گل استکانی
paardenbloem (de)	gol-e qāsedak	گل قاصدک
kamille (de)	bābune	بابونه

aloë (de)	oloviye	آلوئه
cactus (de)	kāktus	کاکتوس
ficus (de)	fikus	فیکوس

lelie (de)	susan	سوسن
geranium (de)	gol-e šam'dāni	گل شمعدانی
hyacint (de)	sonbol	سنبل

mimosa (de)	mimosā	میموسا
narcis (de)	narges	نرگس
Oostindische kers (de)	gol-e lādan	گل لادن

orchidee (de)	orkide	ارکیده
pioenroos (de)	gol-e ašrafi	گل اشرفی
viooltje (het)	banafše	بنفشه

| driekleurig viooltje (het) | banafše-ye farangi | بنفشه فرنگی |
| vergeet-mij-nietje (het) | gol-e farāmuš-am makon | گل فراموشم مکن |

madeliefje (het)	gol-e morvārid	گل مروارید
papaver (de)	xašxāš	خشخاش
hennep (de)	šāh dāne	شاه دانه
munt (de)	na'nā'	نعناع

| lelietje-van-dalen (het) | muge | موگه |
| sneeuwklokje (het) | gol-e barfi | گل برفی |

brandnetel (de)	gazane	گزنه
veldzuring (de)	toršak	ترشک
waterlelie (de)	nilufar-e abi	نیلوفر آبی
varen (de)	saraxs	سرخس
korstmos (het)	golesang	گلسنگ

oranjerie (de)	golxāne	گلخانه
gazon (het)	čaman	چمن
bloemperk (het)	baqče-ye gol	باغچه گل

plant (de)	giyāh	گیاه
gras (het)	alaf	علف
grasspriet (de)	alaf	علف

blad (het)	barg	برگ
bloemblad (het)	golbarg	گلبرگ
stengel (de)	sāqe	ساقه
knol (de)	riše	ریشه

| scheut (de) | javāne | جوانه |
| doorn (de) | xār | خار |

bloeien (ww)	gol kardan	گل کردن
verwelken (ww)	pažmorde šodan	پژمرده شدن
geur (de)	bu	بو
snijden (bijv. bloemen ~)	boridan	بریدن
plukken (bloemen ~)	kandan	کندن

232. Granen, graankorrels

graan (het)	dāne	دانه
graangewassen (mv.)	qallāt	غلات
aar (de)	xuše	خوشه

tarwe (de)	gandom	گندم
rogge (de)	čāvdār	چاودار
haver (de)	jow-e sahrāyi	جو صحرایی
gierst (de)	arzan	ارزن
gerst (de)	jow	جو

maïs (de)	zorrat	ذرت
rijst (de)	berenj	برنج
boekweit (de)	gandom-e siyāh	گندم سیاه

| erwt (de) | noxod | نخود |
| boon (de) | lubiyā qermez | لوبیا قرمز |

soja (de)	sowyā	سويا
linze (de)	adas	عدس
bonen (mv.)	lubiyā	لوبيا

233. Groenten. Groene groenten

| groenten (mv.) | sabzijāt | سبزيجات |
| verse kruiden (mv.) | sabzi | سبزى |

tomaat (de)	gowje farangi	گوجه فرنگى
augurk (de)	xiyār	خيار
wortel (de)	havij	هويج
aardappel (de)	sib zamini	سيب زمينى
ui (de)	piyāz	پياز
knoflook (de)	sir	سير

kool (de)	kalam	كلم
bloemkool (de)	gol kalam	گل كلم
spruitkool (de)	koll-am boruksel	كلم بروكسل
broccoli (de)	kalam borokli	كلم بروكلى

rode biet (de)	čoqondar	چغندر
aubergine (de)	bādenjān	بادنجان
courgette (de)	kadu sabz	كدو سبز
pompoen (de)	kadu tanbal	كدو تنبل
knolraap (de)	šalqam	شلغم

peterselie (de)	ja'fari	جعفرى
dille (de)	šavid	شويد
sla (de)	kāhu	كاهو
selderij (de)	karafs	كرفس
asperge (de)	mārčube	مارچوبه
spinazie (de)	esfenāj	اسفناج

erwt (de)	noxod	نخود
bonen (mv.)	lubiyā	لوبيا
maïs (de)	zorrat	ذرت
boon (de)	lubiyā qermez	لوبيا قرمز

peper (de)	felfel	فلفل
radijs (de)	torobče	تربچه
artisjok (de)	kangar farangi	كنگرفرنگى

REGIONALE AARDRIJKSKUNDE

Landen. Nationaliteiten

234. West-Europa

Europa (het)	orupā	اروپا
Europese Unie (de)	ettehādiye-ye orupā	اتحادیه اروپا
Europeaan (de)	orupāyi	اروپایی
Europees (bn)	orupāyi	اروپایی
Oostenrijk (het)	otriš	اتریش
Oostenrijker (de)	mard-e otriši	مرد اتریشی
Oostenrijkse (de)	zan-e otriši	زن اتریشی
Oostenrijks (bn)	otriši	اتریشی
Groot-Brittannië (het)	beritāniyā-ye kabir	بریتانیای کبیر
Engeland (het)	engelestān	انگلستان
Engelsman (de)	mard-e engelisi	مرد انگلیسی
Engelse (de)	zan-e engelisi	زن انگلیسی
Engels (bn)	engelisi	انگلیسی
België (het)	belžik	بلژیک
Belg (de)	mard-e belžiki	مرد بلژیکی
Belgische (de)	zan-e belžiki	زن بلژیکی
Belgisch (bn)	belžiki	بلژیکی
Duitsland (het)	ālmān	آلمان
Duitser (de)	mard-e ālmāni	مرد آلمانی
Duitse (de)	zan-e ālmāni	زن آلمانی
Duits (bn)	ālmāni	آلمانی
Nederland (het)	holand	هلند
Holland (het)	holand	هلند
Nederlander (de)	mard-e holandi	مرد هلندی
Nederlandse (de)	zan-e holandi	زن هلندی
Nederlands (bn)	holandi	هلندی
Griekenland (het)	yunān	یونان
Griek (de)	mard-e yunāni	مرد یونانی
Griekse (de)	zan-e yunāni	زن یونانی
Grieks (bn)	yunāni	یونانی
Denemarken (het)	dānmārk	دانمارک
Deen (de)	mard-e dānmārki	مرد دانمارکی
Deense (de)	zan-e dānmārki	زن دانمارکی
Deens (bn)	dānmārki	دانمارکی
Ierland (het)	irland	ایرلند
Ier (de)	mard-e irlandi	مرد ایرلندی

Ierse (de)	zan-e irlandi	زن ایرلندی
Iers (bn)	irlandi	ایرلندی
IJsland (het)	island	ایسلند
IJslander (de)	mard-e island-i	مرد ایسلندی
IJslandse (de)	zan-e island-i	زن ایسلندی
IJslands (bn)	island-i	ایسلندی
Spanje (het)	espāniyā	اسپانیا
Spanjaard (de)	mard-e espāniyāyi	مرد اسپانیایی
Spaanse (de)	zan-e espāniyāyi	زن اسپانیایی
Spaans (bn)	espāniyāyi	اسپانیایی
Italië (het)	itāliyā	ایتالیا
Italiaan (de)	mard-e itāliyāyi	مرد ایتالیایی
Italiaanse (de)	zan-e itāliyāyi	زن ایتالیایی
Italiaans (bn)	itāliyāyi	ایتالیایی
Cyprus (het)	qebres	قبرس
Cyprioot (de)	mard-e qebresi	مرد قبرسی
Cypriotische (de)	zan-e qebresi	زن قبرسی
Cypriotisch (bn)	qebresi	قبرسی
Malta (het)	mālt	مالت
Maltees (de)	mard-e mālti	مرد مالتی
Maltese (de)	zan-e mālti	زن مالتی
Maltees (bn)	mālti	مالتی
Noorwegen (het)	norvež	نروژ
Noor (de)	mard-e norveži	مرد نروژی
Noorse (de)	zan-e norveži	زن نروژی
Noors (bn)	norveži	نروژی
Portugal (het)	porteqāl	پرتغال
Portugees (de)	mard-e porteqāli	مرد پرتغالی
Portugese (de)	zan-e porteqāli	زن پرتغالی
Portugees (bn)	porteqāli	پرتغالی
Finland (het)	fanlānd	فنلاند
Fin (de)	mard-e fanlāndi	مرد فنلاندی
Finse (do)	zan-e fanlāndi	زن فنلاندی
Fins (bn)	fanlāndi	فنلاندی
Frankrijk (het)	farānse	فرانسه
Fransman (de)	mard-e farānsavi	مرد فرانسوی
Française (de)	zan-e farānsavi	زن فرانسوی
Frans (bn)	farānsavi	فرانسوی
Zweden (het)	sued	سوئد
Zweed (de)	mard-e suedi	مرد سوئدی
Zweedse (de)	zan-e suedi	زن سوئدی
Zweeds (bn)	suedi	سوئدی
Zwitserland (het)	suis	سوئیس
Zwitser (de)	mard-e suisi	مرد سوئیسی
Zwitserse (de)	zan-e suisi	زن سوئیسی

Zwitsers (bn)	suisi	سوئیسی
Schotland (het)	eskātland	اسکاتلند
Schot (de)	mard-e eskātlandi	مرد اسکاتلندی
Schotse (de)	zan-e eskātlandi	زن اسکاتلندی
Schots (bn)	eskātlandi	اسکاتلندی

Vaticaanstad (de)	vātikān	واتیکان
Liechtenstein (het)	lixteneštāyn	لیختن‌اشتاین
Luxemburg (het)	lokzāmborg	لوکزامبورگ
Monaco (het)	monāko	موناکو

235. Centraal- en Oost-Europa

Albanië (het)	ālbāni	آلبانی
Albanees (de)	mard-e ālbāniyāyi	مرد آلبانیایی
Albanese (de)	zan-e ālbāniyāyi	زن آلبانیایی
Albanees (bn)	ālbāniyāyi	آلبانیایی

Bulgarije (het)	bolqārestān	بلغارستان
Bulgaar (de)	mard-e bolqāri	مرد بلغاری
Bulgaarse (de)	zan-e bolqāri	زن بلغاری
Bulgaars (bn)	bolqāri	بلغاری

Hongarije (het)	majārestān	مجارستان
Hongaar (de)	mard-e majāri	مرد مجاری
Hongaarse (de)	zan-e majāri	زن مجاری
Hongaars (bn)	majāri	مجاری

Letland (het)	letuni	لتونی
Let (de)	mard-e letoniyāyi	مرد لتونیایی
Letse (de)	zan-e letoniyāyi	زن لتونیایی
Lets (bn)	letuniyāyi	لتونیایی

Litouwen (het)	litvāni	لیتوانی
Litouwer (de)	mard-e litvāniyāyi	مرد لیتوانیایی
Litouwse (de)	zan-e litvāniyāyi	زن لیتوانیایی
Litouws (bn)	litvāniyāyi	لیتوانیایی

Polen (het)	lahestān	لهستان
Pool (de)	mard-e lahestāni	مرد لهستانی
Poolse (de)	zan-e lahestāni	زن لهستانی
Pools (bn)	lahestāni	لهستانی

Roemenië (het)	romāni	رومانی
Roemeen (de)	mard-e romāniyāyi	مرد رومانیایی
Roemeense (de)	zan-e romāniyāyi	زن رومانیایی
Roemeens (bn)	romāniyāyi	رومانیایی

Servië (het)	serbestān	صربستان
Serviër (de)	mard-e serb	مرد صرب
Servische (de)	zan-e serb	زن صرب
Servisch (bn)	serb	صرب
Slowakije (het)	eslovāki	اسلواکی
Slowaak (de)	mard-e eslovāk	مرد اسلواک

| Slowaakse (de) | zan-e eslovāk | زن اسلواک |
| Slowaakse (bn) | eslovāk | اسلواک |

Kroatië (het)	korovāsi	کرواسی
Kroaat (de)	mard-e korovāt	مرد کروات
Kroatische (de)	zan-e korovāt	زن کروات
Kroatisch (bn)	korovāt	کروات

Tsjechië (het)	jomhuri-ye ček	جمهوری چک
Tsjech (de)	mard-e ček	مرد چک
Tsjechische (de)	zan-e ček	زن چک
Tsjechisch (bn)	ček	چک

Estland (het)	estoni	استونی
Est (de)	mard-e estuniyāyi	مرد استونیایی
Estse (de)	zan-e estuniyāyi	زن استونیایی
Ests (bn)	estuniyāyi	استونیایی

Bosnië en Herzegovina (het)	bosni-yo herzogovin	بوسنی وهرزگوین
Macedonië (het)	jomhuri-ye maqduniye	جمهوری مقدونیه
Slovenië (het)	eslovoni	اسلوونی
Montenegro (het)	montenegro	مونته‌نگرو

236. Voormalige USSR landen

Azerbeidzjan (het)	āzarbāyjān	آذربایجان
Azerbeidzjaan (de)	mard-e āzarbāyejāni	مرد آذربایجانی
Azerbeidjaanse (de)	zan-e āzarbāyejāni	زن آذربایجانی
Azerbeidjaans (bn)	āzarbāyejāni	آذربایجانی

Armenië (het)	armanestān	ارمنستان
Armeen (de)	mard-e armani	مرد ارمنی
Armeense (de)	zan-e armani	زن ارمنی
Armeens (bn)	armani	ارمنی

Wit-Rusland (het)	belārus	بلاروس
Wit-Rus (de)	mard belārus-i	مرد بلاروسی
Wit-Russische (de)	zan belārus-i	زن بلاروسی
Wit-Russisch (bn)	belārus-i	بلاروسی

Georgië (het)	gorjestān	گرجستان
Georgiër (de)	mard-e gorji	مرد گرجی
Georgische (de)	zan-e gorji	زن گرجی
Georgisch (bn)	gorji	گرجی

Kazakstan (het)	qazzāqestān	قزاقستان
Kazak (de)	mard-e qazzāq	مرد قزاق
Kazakse (de)	zan-e qazzāq	زن قزاق
Kazakse (bn)	qazzāqi	قزاقی

Kirgizië (het)	qerqizestān	قرقیزستان
Kirgiziër (de)	mard-e qerqiz	مرد قرقیز
Kirgizische (de)	zan-e qerqiz	زن قرقیز
Kirgizische (bn)	qerqiz	قرقیز

Moldavië (het)	moldāvi	مولداوی
Moldaviër (de)	mard-e moldāv	مرد مولداو
Moldavische (de)	zan-e moldāv	زن مولداو
Moldavisch (bn)	moldāv	مولداو

Rusland (het)	rusiye	روسیه
Rus (de)	mard-e rusi	مرد روسی
Russin (de)	zan-e rusi	زن روسی
Russisch (bn)	rusi	روسی

Tadzjikistan (het)	tājikestān	تاجیکستان
Tadzjiek (de)	mard-e tājik	مرد تاجیک
Tadzjiekse (de)	zan-e tājik	زن تاجیک
Tadzjieks (bn)	tājik	تاجیک

Turkmenistan (het)	torkamanestān	ترکمنستان
Turkmeen (de)	mard-e torkaman	مرد ترکمن
Turkmeense (de)	zan-e torkaman	زن ترکمن
Turkmeens (bn)	torkaman	ترکمن

Oezbekistan (het)	ozbakestān	ازبکستان
Oezbeek (de)	mard-e ozbak	مرد ازبک
Oezbeekse (de)	zan-e ozbak	زن ازبک
Oezbeeks (bn)	ozbak	ازبک

Oekraïne (het)	okrāyn	اوکراین
Oekraïner (de)	mard-e okrāyni	مرد اوکراینی
Oekraïense (de)	zan-e okrāyni	زن اوکراینی
Oekraïens (bn)	okrāyni	اوکراینی

237. Azië

| Azië (het) | āsiyā | آسیا |
| Aziatisch (bn) | āsiyāyi | آسیایی |

Vietnam (het)	viyetnām	ویتنام
Vietnamees (de)	mard-e viyetnāmi	مرد ویتنامی
Vietnamese (de)	zan-e viyetnāmi	زن ویتنامی
Vietnamees (bn)	viyetnāmi	ویتنامی

India (het)	hendustān	هندوستان
Indiër (de)	mard-e hendi	مرد هندی
Indische (de)	zan-e hendi	زن هندی
Indisch (bn)	hendi	هندی

Israël (het)	esrāil	اسرائیل
Israëliër (de)	mard-e esrāili	مرد اسرائیلی
Israëlische (de)	zan-e esrāili	زن اسرائیلی
Israëlisch (bn)	esrāili	اسرائیلی

Jood (etniciteit)	mard-e yahudi	مرد یهودی
Jodin (de)	zan-e yahudi	زن یهودی
Joods (bn)	yahudi	یهودی
China (het)	čin	چین

Chinees (de)	mard-e čini	مرد چینی
Chinese (de)	zan-e čini	زن چینی
Chinees (bn)	čini	چینی
Koreaan (de)	mard-e karei	مرد کره ای
Koreaanse (de)	zan-e karei	زن کره ای
Koreaans (bn)	kare i	کره ای
Libanon (het)	lobnān	لبنان
Libanees (de)	mard-e lobnāni	مرد لبنانی
Libanese (de)	zan-e lobnāni	زن لبنانی
Libanees (bn)	lobnāni	لبنانی
Mongolië (het)	moqolestān	مغولستان
Mongool (de)	mard-e moqol	مرد مغول
Mongoolse (de)	zan-e moqol	زن مغول
Mongools (bn)	moqol	مغول
Maleisië (het)	mālezi	مالزی
Maleisiër (de)	mard-e māleziāyi	مرد مالزیایی
Maleisische (de)	zan-e māleziāyi	زن مالزیایی
Maleisisch (bn)	māleziāyi	مالزیایی
Pakistan (het)	pākestān	پاکستان
Pakistaan (de)	mard-e pākestāni	مرد پاکستانی
Pakistaanse (de)	zan-e pākestāni	زن پاکستانی
Pakistaans (bn)	pākestāni	پاکستانی
Saoedi-Arabië (het)	arabestān-e soʻudi	عربستان سعودی
Arabier (de)	mard-e arab	مرد عرب
Arabische (de)	zan-e arab	زن عرب
Arabisch (bn)	arab	عرب
Thailand (het)	tāyland	تایلند
Thai (de)	mard-e tāylandi	مرد تایلندی
Thaise (de)	zan-e tāylandi	زن تایلندی
Thai (bn)	tāylandi	تایلندی
Taiwan (het)	tāyvān	تایوان
Taiwanees (de)	mard-e tāyvāni	مرد تایوانی
Taiwanese (de)	zan-e tāyvāni	زن تایوانی
Taiwanees (bn)	tāyvāni	تایوانی
Turkije (het)	torkiye	ترکیه
Turk (de)	mard-e tork	مرد ترک
Turkse (de)	zan-e tork	زن ترک
Turks (bn)	tork	ترک
Japan (het)	žāpon	ژاپن
Japanner (de)	mard-e žāponi	مرد ژاپنی
Japanse (de)	zan-e žāponi	زن ژاپنی
Japans (bn)	žāponi	ژاپنی
Afghanistan (het)	afqānestān	افغانستان
Bangladesh (het)	bangelādeš	بنگلادش
Indonesië (het)	andonezi	اندونزی

Jordanië (het)	ordon	اردن
Irak (het)	arāq	عراق
Iran (het)	irān	ایران
Cambodja (het)	kāmboj	کامبوج
Koeweit (het)	koveyt	کویت

Laos (het)	lāus	لائوس
Myanmar (het)	miyānmār	میانمار
Nepal (het)	nepāl	نپال
Verenigde Arabische Emiraten	emārāt-e mottahede-ye arabi	امارات متحده عربی

Syrië (het)	suriye	سوریه
Palestijnse autonomie (de)	felestin	فلسطین
Zuid-Korea (het)	kare-ye jonubi	کرۀ جنوبی
Noord-Korea (het)	kare-ye šomāli	کرۀ شمالی

238. Noord-Amerika

Verenigde Staten van Amerika	eyālāt-e mottahede-ye emrikā	ایالات متحدۀ امریکا
Amerikaan (de)	mard-e emrikāyi	مرد امریکایی
Amerikaanse (de)	zan-e emrikāyi	زن امریکایی
Amerikaans (bn)	emrikāyi	امریکایی

Canada (het)	kānādā	کانادا
Canadees (de)	mard-e kānādāyi	مرد کانادایی
Canadese (de)	zan-e kānādāyi	زن کانادایی
Canadees (bn)	kānādāyi	کانادایی

Mexico (het)	mekzik	مکزیک
Mexicaan (de)	mard-e mekziki	مرد مکزیکی
Mexicaanse (de)	zan-e mekziki	زن مکزیکی
Mexicaans (bn)	mekziki	مکزیکی

239. Midden- en Zuid-Amerika

Argentinië (het)	āržāntin	آرژانتین
Argentijn (de)	mard-e āržāntini	مرد آرژانتینی
Argentijnse (de)	zan-e āržāntini	زن آرژانتینی
Argentijns (bn)	āržāntini	آرژانتینی

Brazilië (het)	berezil	برزیل
Braziliaan (de)	mard-e berezili	مرد برزیلی
Braziliaanse (de)	zan-e berezili	زن برزیلی
Braziliaans (bn)	berezili	برزیلی

Colombia (het)	kolombiyā	کلمبیا
Colombiaan (de)	mard-e kolombiyāyi	مرد کلمبیایی
Colombiaanse (de)	zan-e kolombiyāyi	زن کلمبیایی
Colombiaans (bn)	kolombiyāyi	کلمبیایی
Cuba (het)	kubā	کوبا

Cubaan (de)	mard-e kubāyi	مرد کوبایی
Cubaanse (de)	zan-e kubāyi	زن کوبایی
Cubaans (bn)	kubāyi	کوبایی

Chili (het)	šhili	شیلی
Chileen (de)	mard-e šhiliyāyi	مرد شیلیایی
Chileense (de)	zan-e šhiliyāyi	زن شیلیایی
Chileens (bn)	šhiliyāyi	شیلیایی

Bolivia (het)	bulivi	بولیوی
Venezuela (het)	venezuelā	ونزوئلا
Paraguay (het)	pārāgue	پاراگوئه
Peru (het)	porov	پرو

Suriname (het)	surinām	سورینام
Uruguay (het)	orogue	اوروگوئه
Ecuador (het)	ekvādor	اکوادور

Bahama's (mv.)	bāhāmā	باهاما
Haïti (het)	hāiti	هائیتی
Dominicaanse Republiek (de)	jomhuri-ye dominikan	جمهوری دومینیکن
Panama (het)	pānāmā	پاناما
Jamaica (het)	jāmāikā	جامائیکا

240. Afrika

Egypte (het)	mesr	مصر
Egyptenaar (de)	mard-e mesri	مرد مصری
Egyptische (de)	zan-e mesri	زن مصری
Egyptisch (bn)	mesri	مصری

Marokko (het)	marākeš	مراکش
Marokkaan (de)	mard-e marākeši	مرد مراکشی
Marokkaanse (de)	zan-e marākeši	زن مراکشی
Marokkaans (bn)	marākeši	مراکشی

Tunesië (het)	tunes	تونس
Tunesiër (de)	mard-e tunesi	مرد تونسی
Tunesische (de)	zan-e tunesi	زن تونسی
Tunesisch (bn)	tunesi	تونسی
Ghana (het)	qanā	غنا
Zanzibar (het)	zangbār	زنگبار
Kenia (het)	keniyā	کنیا
Libië (het)	libi	لیبی
Madagaskar (het)	mādāgāskār	ماداگاسکار

Namibië (het)	nāmibiyā	نامیبیا
Senegal (het)	senegāl	سنگال
Tanzania (het)	tānzāniyā	تانزانیا
Zuid-Afrika (het)	jomhuri-ye āfriqā-ye jonubi	جمهوری آفریقای جنوبی

Afrikaan (de)	mard-e āfriqāyi	مرد آفریقایی
Afrikaanse (de)	zan-e āfriqāyi	زن آفریقایی
Afrikaans (bn)	āfriqāyi	آفریقایی

241. Australië. Oceanië

Australië (het)	ostorāliyā	استرالیا
Australiër (de)	mard-e ostorāliyāyi	مرد استرالیایی
Australische (de)	zan-e ostorāliyāyi	زن استرالیایی
Australisch (bn)	ostorāliyāyi	استرالیایی
Nieuw-Zeeland (het)	niyuzland	نیوزلند
Nieuw-Zeelander (de)	mard-e niyuzlandi	مرد نیوزلندی
Nieuw-Zeelandse (de)	zan-e niyuzlandi	زن نیوزلندی
Nieuw-Zeelands (bn)	niyuzlandi	نیوزلندی
Tasmanië (het)	tāsmāni	تاسمانی
Frans-Polynesië	polinezi-ye farānse	پلینزی فرانسه

242. Steden

Amsterdam	āmesterdām	آمستردام
Ankara	ānkārā	آنکارا
Athene	āten	آتن
Bagdad	baqdād	بغداد
Bangkok	bānkok	بانکوک
Barcelona	bārselon	بارسلون
Beiroet	beyrut	بیروت
Berlijn	berlin	برلین
Boedapest	budāpest	بوداپست
Boekarest	boxārest	بخارست
Bombay, Mumbai	bombai	بمبئی
Bonn	bon	بن
Bordeaux	bordo	بوردو
Bratislava	bratislav	براتیسلاو
Brussel	boruksel	بروکسل
Caïro	qāhere	قاهره
Calcutta	kalkate	کلکته
Chicago	šikāgo	شیکاگو
Dar Es Salaam	dārossalām	دارالسلام
Delhi	dehli	دهلی
Den Haag	lāhe	لاهه
Dubai	debi	دبی
Dublin	dublin	دوبلین
Düsseldorf	duseldorf	دوسلدورف
Florence	felorāns	فلورانس
Frankfort	ferānkfort	فرانکفورت
Genève	ženev	ژنو
Hamburg	hāmborg	هامبورگ
Hanoi	hānoy	هانوی
Havana	hāvānā	هاوانا
Helsinki	helsinki	هلسینکی

Hiroshima	hirošimā	هیروشیما
Hongkong	hong kong	هنگ کنگ
Istanbul	estānbol	استامبول
Jeruzalem	beytolmoqaddas	بیت المقدس
Kiev	keyf	کیف

Kopenhagen	kopenhāk	کپنهاک
Kuala Lumpur	kuālālāmpur	کوالالامپور
Lissabon	lisbun	لیسبون
Londen	landan	لندن
Los Angeles	losānjeles	لس آنجلس

Lyon	liyon	لیون
Madrid	mādrid	مادرید
Marseille	mārsey	مارسی
Mexico-Stad	mekziko	مکزیکو
Miami	mayāmey	میامی

Montreal	montreāl	مونترآل
Moskou	moskow	مسکو
München	munix	مونیخ
Nairobi	nāyrubi	نایروبی
Napels	nāpl	ناپل

New York	niyuyork	نیویورک
Nice	nis	نیس
Oslo	oslo	اسلو
Ottawa	otāvā	اتاوا
Parijs	pāris	پاریس

Peking	pekan	پکن
Praag	perāg	پراگ
Rio de Janeiro	riyo-do-žāniro	ریو دو ژانیرو
Rome	ram	رم
Seoel	seul	سئول
Singapore	sangāpur	سنگاپور

Sint-Petersburg	sān peterzburg	سن پترزبورگ
Sjanghai	šānghāy	شانگهای
Stockholm	āstokholm	استکهلم
Sydney	sidni	سیدنی
Taipei	tāype	تایپه
Tokio	tokiyo	توکیو

Toronto	torento	تورنتو
Venetië	veniz	ونیز
Warschau	varšow	ورشو
Washington	vāšangton	واشنگتن
Wenen	viyan	وین

243. Politiek. Overheid. Deel 1

| politiek (de) | siyāsat | سیاست |
| politiek (bn) | siyāsi | سیاسی |

politicus (de)	siyāsatmadār	سیاستمدار
staat (land)	dowlat	دولت
burger (de)	šahrvand	شهروند
staatsburgerschap (het)	šahrvandi	شهروندی

nationaal wapen (het)	nešān melli	نشان ملی
volkslied (het)	sorud-e melli	سرود ملی

regering (de)	hokumat	حکومت
staatshoofd (het)	rahbar-e dowlat	رهبر دولت
parlement (het)	pārlemān	پارلمان
partij (de)	hezb	حزب

kapitalisme (het)	sarmāye dāri	سرمایه داری
kapitalistisch (bn)	kāpitālisti	کاپیتالیستی

socialisme (het)	sosiyālism	سوسیالیسم
socialistisch (bn)	sosiyālisti	سوسیالیستی

communisme (het)	komonism	کمونیسم
communistisch (bn)	komonisti	کمونیستی
communist (de)	komonist	کمونیست

democratie (de)	demokrāsi	دموکراسی
democraat (de)	demokrāt	دموکرات
democratisch (bn)	demokrātik	دموکراتیک
democratische partij (de)	hezb-e demokrāt	حزب دموکرات

liberaal (de)	liberāl	لیبرال
liberaal (bn)	liberāli	لیبرالی

conservator (de)	mohāfeze kār	محافظه کار
conservatief (bn)	mohāfeze kāri	محافظه کاری

republiek (de)	jomhuri	جمهوری
republikein (de)	jomhuri xāh	جمهوری خواه
Republikeinse Partij (de)	hezb-e jomhurixāh	حزب جمهوری خواه

verkiezing (de)	entexābāt	انتخابات
kiezen (ww)	entexāb kardan	انتخاب کردن
kiezer (de)	entexāb konande	انتخاب کننده
verkiezingscampagne (de)	kampeyn-e entexābāti	کمپین انتخاباتی

stemming (de)	axz-e ra'y	اخذ رأی
stemmen (ww)	ra'y dādan	رأی دادن
stemrecht (het)	haqq-e ra'y	حق رأی

kandidaat (de)	nāmzad	نامزد
zich kandideren	nāmzad šodan	نامزد شدن
campagne (de)	kampeyn	کمپین

oppositie- (abn)	moxālef	مخالف
oppositie (de)	opozisyon	اپوزیسیون

bezoek (het)	vizit	ویزیت
officieel bezoek (het)	vizit-e rasmi	ویزیت رسمی

internationaal (bn)	beynolmelali	بین المللی
onderhandelingen (mv.)	mozăkerăt	مذاکرات
onderhandelen (ww)	mozăkere kardan	مذاکره کردن

244. Politiek. Overheid. Deel 2

maatschappij (de)	jam'iyat	جمعیت
grondwet (de)	qănun-e asăsi	قانون اساسی
macht (politieke ~)	hăkemiyat	حاکمیت
corruptie (de)	fesăd	فساد

| wet (de) | qănun | قانون |
| wettelijk (bn) | qănuni | قانونی |

| rechtvaardigheid (de) | edălat | عدالت |
| rechtvaardig (bn) | ădel | عادل |

comité (het)	komite	کمیته
wetsvoorstel (het)	lăyehe-ye qănun	لایحهٔ قانون
begroting (de)	budje	بودجه
beleid (het)	siyăsat	سیاست
hervorming (de)	eslăhăt	اصلاحات
radicaal (bn)	efrăti	افراطی

macht (vermogen)	niru	نیرو
machtig (bn)	moqtader	مقتدر
aanhanger (de)	tarafdăr	طرفدار
invloed (de)	ta'sir	تأثیر

regime (het)	nezăm	نظام
conflict (het)	dargiri	درگیری
samenzwering (de)	towtee	توطئه
provocatie (de)	tahrik	تحریک

omverwerpen (ww)	sarnegun kardan	سرنگون کردن
omverwerping (de)	sarneguni	سرنگونی
revolutie (de)	enqelăb	انقلاب

| staatsgreep (de) | kudetă | کودتا |
| militaire coup (de) | kudetă-ye nezămi | کودتای نظامی |

crisis (de)	bohrăn	بحران
economische recessie (de)	rokud-e eqtesădi	رکود اقتصادی
betoger (de)	tazăhorăt konande	تظاهرات کننده
betoging (de)	tazăhorăt	تظاهرات
krijgswet (de)	hălat-e nezămi	حالت نظامی
militaire basis (de)	păygăh-e nezămi	پایگاه نظامی

| stabiliteit (de) | sobăt | ثبات |
| stabiel (bn) | băsobăt | باثبات |

uitbuiting (de)	bahre bardăr-i	بهره برداری
uitbuiten (ww)	bahre bardăr-i kardan	بهره برداری کردن
racisme (het)	nežădparasti	نژادپرستی

racist (de)	nežādparast	نژادپرست
fascisme (het)	fāšizm	فاشیزم
fascist (de)	fāšist	فاشیست

245. Landen. Diversen

vreemdeling (de)	xāreji	خارجی
buitenlands (bn)	xāreji	خارجی
in het buitenland (bw)	dar xārej	در خارج

emigrant (de)	mohājer	مهاجر
emigratie (de)	mohājerat	مهاجرت
emigreren (ww)	mohājerat kardan	مهاجرت کردن

Westen (het)	qarb	غرب
Oosten (het)	xāvar	خاور
Verre Oosten (het)	xāvar-e-dur	خاوردور
beschaving (de)	tamaddon	تمدن
mensheid (de)	ensāniyat	انسانیت
wereld (de)	jahān	جهان
vrede (de)	solh	صلح
wereld- (abn)	jahāni	جهانی

vaderland (het)	vatan	وطن
volk (het)	mellat	ملت
bevolking (de)	mardom	مردم
mensen (mv.)	afrād	افراد
natie (de)	mellat	ملت
generatie (de)	nasl	نسل

gebied (bijv. bezette ~en)	qalamrow	قلمرو
regio, streek (de)	mantaqe	منطقه
deelstaat (de)	eyālat	ایالت
traditie (de)	sonnat	سنت
gewoonte (de)	ādat	عادت
ecologie (de)	mohit-e zist	محیط زیست

Indiaan (de)	hendi	هندی
zigeuner (de)	mard-e kowli	مرد کولی
zigeunerin (de)	zan-e kowli	زن کولی
zigeuner- (abn)	kowli	کولی

rijk (het)	emperāturi	امپراطوری
kolonie (de)	mosta'mere	مستعمره
slavernij (de)	bardegi	بردگی
invasie (de)	tahājom	تهاجم
hongersnood (de)	gorosnegi	گرسنگی

246. Grote religieuze groepen. Bekentenissen

| religie (de) | din | دین |
| religieus (bn) | dini | دینی |

geloof (het)	e'teqād	اعتقاد
geloven (ww)	e'teqād dāštan	اعتقاد داشتن
gelovige (de)	mo'men	مؤمن
atheïsme (het)	bi dini	بی دینی
atheïst (de)	molhed	ملحد
christendom (het)	masihiyat	مسیحیت
christen (de)	masihi	مسیحی
christelijk (bn)	masihi	مسیحی
katholicisme (het)	mazhab-e kātolik	مذهب کاتولیک
katholiek (de)	kātolik	کاتولیک
katholiek (bn)	kātolik	کاتولیک
protestantisme (het)	āin-e porotestān	آئین پروتستان
Protestante Kerk (de)	kelisā-ye porotestān	کلیسای پروتستان
protestant (de)	porotestān	پروتستان
orthodoxie (de)	mazhab-e ortodoks	مذهب ارتدوکس
Orthodoxe Kerk (de)	kelisā-ye ortodoks	کلیسای ارتدوکس
orthodox	ortodoks	ارتدوکس
presbyterianisme (het)	persbiterinism	پرسبیترینیسم
Presbyteriaanse Kerk (de)	kelisā-ye persbiteri	کلیسای پرسبیتری
presbyteriaan (de)	persbiteri	پرسبیتری
lutheranisme (het)	kelisā-ye lutrān	کلیسای لوتران
lutheraan (de)	lutrān	لوتران
baptisme (het)	kelisā-ye baptist	کلیسای باپتیست
baptist (de)	baptist	باپتیست
Anglicaanse Kerk (de)	kelisā-ye anglikān	کلیسای انگلیکان
anglicaan (de)	anglikān	انگلیکان
mormonisme (het)	ferqe-ye mormon	فرقه مورمون
mormoon (de)	mormon	مورمون
Jodendom (het)	yahudiyat	یهودیت
jood (aanhanger van het Jodendom)	yahudi	یهودی
boeddhisme (het)	budism	بودیسم
boeddhist (de)	budāyi	بودایی
hindoeïsme (het)	hendi	هندی
hindoe (de)	hendu	هندو
islam (de)	eslām	اسلام
islamiet (de)	mosalmān	مسلمان
islamitisch (bn)	mosalmāni	مسلمانی
sjiisme (het)	ši'e	شیعه
sjiiet (de)	ši'e	شیعه
soennisme (het)	senni	سنی
soenniet (de)	senni	سنی

247. Religies. Priesters

| priester (de) | kešiš | كشيش |
| paus (de) | pāp | پاپ |

monnik (de)	rāheb	راهب
non (de)	rāhebe	راهبه
pastoor (de)	pišvā-ye ruhān-i	پيشواى روحانى

abt (de)	rāheb-e bozorg	راهب بزرگ
vicaris (de)	keš-yaš baxš	كشيش بخش
bisschop (de)	osqof	اسقف
kardinaal (de)	kārdināl	كاردينال

predikant (de)	vā'ez	واعظ
preek (de)	mo'eze	موعظه
kerkgangers (mv.)	kešiš tabār	كشيش تبار

| gelovige (de) | mo'men | مؤمن |
| atheïst (de) | molhed | ملحد |

248. Geloof. Christendom. Islam

| Adam | ādam | آدم |
| Eva | havvā | حوا |

God (de)	xodā	خدا
Heer (de)	xodā	خدا
Almachtige (de)	xodā	خدا

zonde (de)	gonāh	گناه
zondigen (ww)	gonāh kardan	گناه كردن
zondaar (de)	gonāhkār	گناهكار
zondares (de)	gonāhkār	گناهكار

| hel (de) | jahannam | جهنم |
| paradijs (het) | behešt | بهشت |

| Jezus | isā | عيسى |
| Jezus Christus | isā masih | عيسى مسيح |

Heilige Geest (de)	ruh olqodos	روح القدس
Verlosser (de)	monji	منجى
Maagd Maria (de)	maryam bākere	مريم باكره

duivel (de)	šeytān	شيطان
duivels (bn)	šeytāni	شيطانى
Satan	šeytān	شيطان
satanisch (bn)	šeytāni	شيطانى

engel (de)	ferešte	فرشته
beschermengel (de)	ferešte-ye negahbān	فرشتهٔ نگهبان
engelachtig (bn)	ferešte i	فرشته اى

apostel (de)	havāri	حواری
aartsengel (de)	ferešte-ye moqarrab	فرشتهٔ مقرب
antichrist (de)	dajjāl	دجال
Kerk (de)	kelisā	کلیسا
bijbel (de)	enjil	انجیل
bijbels (bn)	enjili	انجیلی
Oude Testament (het)	ahd-e atiq	عهد عتیق
Nieuwe Testament (het)	ahd-e jadid	عهد جدید
evangelie (het)	enjil	انجیل
Heilige Schrift (de)	ketāb-e moqaddas	کتاب مقدس
Hemel, Hemelrijk (de)	behešt	بهشت
gebod (het)	farmān	فرمان
profeet (de)	payāmbar	پیامبر
profetie (de)	payāmbari	پیامبری
Allah	allāh	الله
Mohammed	mohammad	محمد
Koran (de)	qor'ān	قرآن
moskee (de)	masjed	مسجد
moellah (de)	mala'	ملا
gebed (het)	namāz	نماز
bidden (ww)	do'ā kardan	دعا کردن
pelgrimstocht (de)	ziyārat	زیارت
pelgrim (de)	zāer	زائر
Mekka	makke	مکه
kerk (de)	kelisā	کلیسا
tempel (de)	haram	حرم
kathedraal (de)	kelisā-ye jāme'	کلیسای جامع
gotisch (bn)	gotik	گوتیک
synagoge (de)	kenešt	کنشت
moskee (de)	masjed	مسجد
kapel (de)	kelisā-ye kučak	کلیسای کوچک
abdij (de)	sowme'e	صومعه
nonnenklooster (het)	sowme'e	صومعه
mannenklooster (het)	deyr	دیر
klok (de)	nāqus	ناقوس
klokkentoren (de)	borj-e nāqus	برج ناقوس
luiden (klokken)	sedā kardan	صدا کردن
kruis (het)	salib	صلیب
koepel (de)	gonbad	گنبد
icoon (de)	šamāyel-e moqaddas	شمایل مقدس
ziel (de)	jān	جان
lot, noodlot (het)	sarnevešt	سرنوشت
kwaad (het)	badi	بدی
goed (het)	niki	نیکی
vampier (de)	xun āšām	خون آشام

heks (de)	jādugar	جادوگر
demoon (de)	div	دیو
geest (de)	ruh	روح
verzoeningsleer (de)	talab-e afv	طلب عفو
vrijkopen (ww)	talab-e afv kardan	طلب عفو کردن
mis (de)	ebādat	عبادت
de mis opdragen	ebādat kardan	عبادت کردن
biecht (de)	marāsem-e towbe	مراسم توبه
biechten (ww)	towbe kardan	توبه کردن
heilige (de)	qeddis	قدیس
heilig (bn)	moqaddas	مقدس
wijwater (het)	āb-e moqaddas	آب مقدس
ritueel (het)	marāsem	مراسم
ritueel (bn)	āyini	آیینی
offerande (de)	qorbāni	قربانی
bijgeloof (het)	xorāfe	خرافه
bijgelovig (bn)	xorāfāti	خرافاتی
hiernamaals (het)	zendegi pas az marg	زندگی پس ازمرگ
eeuwige leven (het)	zendegi-ye jāvid	زندگی جاوید

DIVERSEN

249. Diverse nuttige woorden

achtergrond (de)	zamine	زمینه
balans (de)	ta'ādol	تعادل
basis (de)	pāye	پایه
begin (het)	šoru'	شروع
beurt (wie is aan de ~?)	nowbat	نوبت
categorie (de)	tabaqe	طبقه
comfortabel (~ bed, enz.)	rāhat	راحت
compensatie (de)	jobrān	جبران
deel (gedeelte)	joz	جزء
deeltje (het)	zarre	ذره
ding (object, voorwerp)	čiz	چیز
dringend (bn, urgent)	fowri	فوری
dringend (bw, met spoed)	foran	فوراً
effect (het)	asar	اثر
eigenschap (kwaliteit)	xāsiyat	خاصیت
einde (het)	etmām	اتمام
element (het)	onsor	عنصر
feit (het)	haqiqat	حقیقت
fout (de)	eštebāh	اشتباه
geheim (het)	rāz	راز
graad (mate)	daraje	درجه
groei (ontwikkeling)	rošd	رشد
hindernis (de)	hesār	حصار
hinderpaal (de)	māne'	مانع
hulp (de)	komak	کمک
ideaal (het)	ide āl	ایده آل
inspanning (de)	kušeš	کوشش
keuze (een grote ~)	entexāb	انتخاب
labyrint (het)	hezār tuy	هزارتوی
manier (de)	tariq	طریق
moment (het)	lahze	لحظه
nut (bruikbaarheid)	fāyede	فایده
onderscheid (het)	farq	فرق
ontwikkeling (de)	pišraft	پیشرفت
oplossing (de)	hal	حل
origineel (het)	asli	اصلی
pauze (de)	maks	مکث
positie (de)	vaz'	وضع
principe (het)	asl	اصل

probleem (het)	moškel	مشکل
proces (het)	ravand	روند
reactie (de)	vākoneš	واکنش

reden (om ~ van)	sabab	سبب
risico (het)	risk	ریسک
samenvallen (het)	tatāboq	تطابق
serie (de)	seri	سری

situatie (de)	vaz'iyat	وضعیت
soort (bijv. ~ sport)	no'	نوع
standaard (bn)	estāndārd	استاندارد
standaard (de)	estāndārd	استاندارد
stijl (de)	sabok	سبک

stop (korte onderbreking)	tavaqqof	توقف
systeem (het)	sistem	سیستم
tabel (bijv. ~ van Mendelejev)	jadval	جدول
tempo (langzaam ~)	sor'at	سرعت
term (medische ~en)	estelāh	اصطلاح

type (soort)	no'	نوع
variant (de)	moteqayyer	متغیر
veelvuldig (bn)	mokarrar	مکرر
vergelijking (de)	qiyās	قیاس
voorbeeld (het goede ~)	mesāl	مثال

voortgang (de)	taraqqi	ترقی
voorwerp (ding)	mabhas	مبحث
vorm (uiterlijke ~)	šekl	شکل
waarheid (de)	haqiqat	حقیقت
zone (de)	mantaqe	منطقه

250. Beperkende bijwoorden. Bijvoeglijke naamwoorden. Deel 1

accuraat (uurwerk, enz.)	daqiq	دقیق
achter- (abn)	aqab	عقب
additioneel (bn)	ezāfi	اضافی
anders (bn)	motefāvet	متفاوت

arm (bijv. ~e landen)	faqir	فقیر
begrijpelijk (bn)	vāzeh	واضح
belangrijk (bn)	mohem	مهم
belangrijkst (bn)	mohemmtarin	مهمترین

beleefd (bn)	moaddab	مؤدب
beperkt (bn)	mahdud	محدود
betekenisvol (bn)	mohem	مهم
bijziend (bn)	nazdik bin	نزدیک بین
binnen- (abn)	dāxeli	داخلی

bitter (bn)	talx	تلخ
blind (bn)	kur	کور
breed (een ~e straat)	vasi'	وسیع

breekbaar (porselein, glas)	šekanande	شكننده
buiten- (abn)	xāreji	خارجی

buitenlands (bn)	xāreji	خارجی
burgerlijk (bn)	madani	مدنی
centraal (bn)	markazi	مركزی
dankbaar (bn)	sepāsgozār	سپاسگزار
dicht (~e mist)	qaliz	غليظ

dicht (bijv. ~e mist)	zaxim	ضخيم
dicht (in de ruimte)	nazdik	نزدیک
dicht (bn)	nazdik	نزدیک
dichtstbijzijnd (bn)	nazdik tarin	نزدیک ترین

diepvries (~product)	yax zade	يخ زده
dik (bijv. muur)	koloft	كلفت
dof (~ licht)	kam nur	كم نور
dom (dwaas)	ahmaq	احمق

donker (bijv. ~e kamer)	tārik	تاریک
dood (bn)	morde	مرده
doorzichtig (bn)	šaffāf	شفاف
droevig (~ blik)	anduhgin	اندوهگين
droog (bn)	xošk	خشک

dun (persoon)	lāqar	لاغر
duur (bn)	gerān	گران
eender (bn)	yeksān	يكسان
eenvoudig (bn)	āsān	آسان
eenvoudig (bn)	ādi	عادی

eeuwenoude (~ beschaving)	qadimi	قديمی
enorm (bn)	bozorg	بزرگ
geboorte- (stad, land)	bumi	بومی
gebruind (bn)	boronze	برنزه

gelijkend (bn)	šabih	شبيه
gelukkig (bn)	xošbaxt	خوشبخت
gesloten (bn)	baste	بسته
getaand (bn)	sabze ru	سبزه رو

gevaarlijk (bn)	xatarnāk	خطرناک
gewoon (bn)	ādi	عادی
gezamenlijk (~ besluit)	moštarek	مشترک
glad (~ oppervlak)	hamvār	هموار
glad (~ oppervlak)	hamvār	هموار

goed (bn)	xub	خوب
goedkoop (bn)	arzān	ارزان
gratis (bn)	majjāni	مجانی
groot (bn)	bozorg	بزرگ

hard (niet zacht)	soft	سفت
heel (volledig)	kāmel	كامل
heet (bn)	dāq	داغ
hongerig (bn)	gorosne	گرسنه

hoofd- (abn)	asli	اصلی
hoogste (bn)	āli	عالی
huidig (courant)	hāzer nabudan	حاضر
jong (bn)	javān	جوان

juist, correct (bn)	dorost	درست
kalm (bn)	ārām	آرام
kinder- (abn)	kudakāne	کودکانه
klein (bn)	kučak	کوچک
koel (~ weer)	xonak	خنک

kort (kortstondig)	kutāh moddat	کوتاه مدت
kort (niet lang)	kutāh	کوتاه
koud (~ water, weer)	sard	سرد
kunstmatig (bn)	masnu'i	مصنوعی

laatst (bn)	āxarin	آخرین
lang (een ~ verhaal)	derāz	دراز
langdurig (bn)	tulāni	طولانی
lastig (~ probleem)	saxt	سخت

leeg (glas, kamer)	xāli	خالی
lekker (bn)	xoš mazze	خوش مزه
licht (kleur)	rowšan	روشن
licht (niet veel weegt)	sabok	سبک

linker (bn)	čap	چپ
luid (bijv. ~e stem)	boland	بلند
mager (bn)	lāqar	لاغر
mat (bijv. ~ verf)	tār	تار
moe (bn)	xaste	خسته

moeilijk (~ besluit)	moškel	مشکل
mogelijk (bn)	ehtemāli	احتمالی
mooi (bn)	zibā	زیبا
mysterieus (bn)	asrār āmiz	اسرارآرمیز

naburig (bn)	hamsāye	همسایه
nalatig (bn)	bi mas'uliyyat	بی مسئولیت
nat (~te kleding)	xis	خیس
nerveus (bn)	asabi	عصبی
niet groot (bn)	nesbatan kučak	نسبتاً کوچک

niet moeilijk (bn)	āsān	آسان
nieuw (bn)	jadid	جدید
nodig (bn)	lāzem	لازم
normaal (bn)	ma'muli	معمولی

251. Beperkende bijwoorden. Bijvoeglijke naamwoorden. Deel 2

onbegrijpelijk (bn)	nāmafhum	نامفهوم
onbelangrijk (bn)	nāčiz	ناچیز
onbeweeglijk (bn)	bi harekat	بی حرکت
onbewolkt (bn)	sāf	صاف

ondergronds (geheim)	maxfi	مخفى
ondiep (bn)	kam omq	کم عمق
onduidelijk (bn)	nāmo'ayyan	نامعین
onervaren (bn)	bi tajrobe	بی تجربه
onmogelijk (bn)	qeyr-e momken	غیر ممکن
onontbeerlijk (bn)	zaruri	ضروری
onophoudelijk (bn)	modāvem	مداوم
ontkennend (bn)	manfi	منفى
open (bn)	bāz	باز
openbaar (bn)	omumi	عمومى
origineel (ongewoon)	orijināl	اوریژینال
oud (~ huis)	qadimi	قدیمی
overdreven (bn)	ziyād az had	زیاد ازحد
passend (bn)	monāseb	مناسب
permanent (bn)	dāemi	دائمى
persoonlijk (bn)	xosusi	خصوصى
plat (bijv. ~ scherm)	hamvār	هموار
prachtig (~ paleis, enz.)	zibā	زیبا
precies (bn)	daqiq	دقیق
prettig (bn)	delpasand	دلپسند
privé (bn)	xosusi	خصوصى
punctueel (bn)	vaqt šenās	وقت شناس
rauw (niet gekookt)	xām	خام
recht (weg, straat)	rāst	راست
rechter (bn)	rāst	راست
rijp (fruit)	reside	رسیده
riskant (bn)	xatarnāk	خطرناک
ruim (een ~ huis)	vasi'	وسیع
rustig (bn)	ārām	آرام
scherp (bijv. ~ mes)	tiz	تیز
schoon (niet vies)	pāk	پاک
slecht (bn)	bad	بد
slim (verstandig)	bāhuš	باهوش
smal (~le weg)	bārik	باریک
snel (vlug)	oari'	سريع
somber (bn)	tārik	تاریک
speciaal (bn)	maxsus	مخصوص
sterk (bn)	nirumand	نیرومند
stevig (bn)	mohkam	محکم
straatarm (bn)	faqir	فقیر
strak (schoenen, enz.)	tang	تنگ
teder (liefderijk)	mehrbān	مهربان
tegenovergesteld (bn)	moqābel	مقابل
tevreden (bn)	rāzi	راضى
tevreden (klant, enz.)	rāzi	راضى
treurig (bn)	qamgin	غمگین
tweedehands (bn)	dast-e dovvom	دست دوم
uitstekend (bn)	āli	عالى

uitstekend (bn)	āli	عالى
uniek (bn)	kamyāb	كمياب
veilig (niet gevaarlijk)	amn	امن
ver (in de ruimte)	dur	دور

verenigbaar (bn)	sāzgār	سازگار
vermoeiend (bn)	xaste konande	خسته كننده
verplicht (bn)	ejbāri	اجبارى
vers (~ brood)	tāze	تازه
verschillende (bn)	moxtalef	مختلف

verst (meest afgelegen)	dur	دور
vettig (voedsel)	čarb	چرب
vijandig (bn)	xasmāne	خصمانه
vloeibaar (bn)	māye'	مايع
vochtig (bn)	martub	مرطوب
vol (helemaal gevuld)	por	پر

volgend (~ jaar)	digar	ديگر
vorig (bn)	gozašte	گذشته
voornaamste (bn)	asāsi	اساسى
vorig (~ jaar)	piš	پيش
vorig (bijv. ~e baas)	qabli	قبلى

vriendelijk (aardig)	xub	خوب
vriendelijk (goedhartig)	mehrbān	مهربان
vrij (bn)	āzād	آزاد
vrolijk (bn)	šād	شاد
vruchtbaar (~ land)	hāzer	حاصلخيز

vuil (niet schoon)	kasif	كثيف
waarschijnlijk (bn)	mohtamel	محتمل
warm (bn)	garm	گرم
wettelijk (bn)	qānuni	قانونى
zacht (bijv. ~ kussen)	narm	نرم

zacht (bn)	āheste	آهسته
zeldzaam (bn)	nāder	نادر
ziek (bn)	bimār	بيمار
zoet (~ water)	širin	شيرين
zoet (bn)	širin	شيرين

zonnig (~e dag)	āftābi	آفتابى
zorgzaam (bn)	ba molāheze	با ملاحظه
zout (de soep is ~)	šur	شور
zuur (smaak)	torš	ترش
zwaar (~ voorwerp)	sangin	سنگين

DE 500 BELANGRIJKSTE WERKWOORDEN

252. Werkwoorden A-C

aaien (bijv. een konijn ~)	navāzeš kardan	نوازش کردن
aanbevelen (ww)	towsie kardan	توصیه کردن
aandringen (ww)	esrār kardan	اصرار کردن
aankomen (ov. de treinen)	residan	رسیدن
aanleggen (bijv. bij de pier)	pahlu gereftan	پهلو گرفتن
aanraken (met de hand)	lams kardan	لمس کردن
aansteken (kampvuur, enz.)	rowšan kardan	روشن کردن
aanstellen (in functie plaatsen)	ta'yin kardan	تعیین کردن
aanvallen (mil.)	hamle kardan	حمله کردن
aanvoelen (gevaar ~)	hess kardan	حس کردن
aanvoeren (leiden)	rahbari kardan	رهبری کردن
aanwijzen (de weg ~)	nešān dādan	نشان دادن
aanzetten (computer, enz.)	rowšan kardan	روشن کردن
ademen (ww)	nafas kešidan	نفس کشیدن
adverteren (ww)	tabliq kardan	تبلیغ کردن
adviseren (ww)	nasihat kardan	نصیحت کردن
afdalen (on.ww.)	pāyin āmadan	پایین آمدن
afgunstig zijn (ww)	hasad bordan	حسد بردن
afhakken (ww)	boridan	بریدن
afhangen van ...	vābaste budan	وابسته بودن
afluisteren (ww)	esterāq-e sam' kardan	استراق سمع کردن
afnemen (verwijderen)	bardāštan	برداشتن
afrukken (ww)	kandan	کندن
afslaan (naar rechts ~)	pičidan	پیچیدن
afsnijden (ww)	boridan	بریدن
afzeggen (ww)	laqv kardan	لغو کردن
amputeren (ww)	qat' kardan	قطع کردن
amuseren (ww)	sargarm kardan	سرگرم کردن
antwoorden (ww)	javāb dādan	جواب دادن
applaudisseren (ww)	dast zadan	دست زدن
aspireren (iets willen worden)	eštiyāq dāštan	اشتیاق داشتن
assisteren (ww)	mo'āvenat kardan	معاونت کردن
bang zijn (ww)	tarsidan	ترسیدن
barsten (plafond, enz.)	tarak xordan	ترک خوردن
bedienen (in restaurant)	serv kardan	سرو کردن
bedreigen (bijv. met een pistool)	tahdid kardan	تهدید کردن

bedriegen (ww)	farib dādan	فریب دادن
beduiden (betekenen)	ma'ni dādan	معنی دادن
bedwingen (ww)	māne' šodan	مانع شدن
beëindigen (ww)	be pāyān resāndan	به پایان رساندن
begeleiden (vergezellen)	ham-rāhi kardan	همراهی کردن
begieten (water geven)	āb dādan	آب دادن
beginnen (ww)	šoru' kardan	شروع کردن
begrijpen (ww)	fahmidan	فهمیدن
behandelen (patiënt, ziekte)	mo'āleje kardan	معالجه کردن
beheren (managen)	edāre kardan	اداره کردن
beïnvloeden (ww)	ta'sir gozāštan	تأثیر گذاشتن
bekennen (misdadiger)	e'terāf kardan	اعتراف کردن
beledigen (met scheldwoorden)	towhin kardan	توهین کردن
beledigen (ww)	ranjāndan	رنجاندن
beloven (ww)	qowl dādan	قول دادن
beperken (de uitgaven ~)	mahdud kardan	محدود کردن
bereiken (doel ~, enz.)	be natije residan	به نتیجه رسیدن
bereiken (plaats van bestemming ~)	residan	رسیدن
beschermen (bijv. de natuur ~)	mohāfezat kardan	محافظت کردن
beschuldigen (ww)	mottaham kardan	متهم کردن
beslissen (~ iets te doen)	tasmim gereftan	تصمیم گرفتن
besmet worden (met ...)	mobtalā šodan	مبتلا شدن
besmetten (ziekte overbrengen)	mobtalā kardan	مبتلا کردن
bespreken (spreken over)	bahs kardan	بحث کردن
bestaan (een ~ voeren)	zendegi kardan	زندگی کردن
bestellen (eten ~)	sefāreš dādan	سفارش دادن
bestraffen (een stout kind ~)	tanbih kardan	تنبیه کردن
betalen (ww)	pardāxtan	پرداختن
betekenen (beduiden)	ma'ni dāštan	معنی داشتن
betreuren (ww)	afsus xordan	افسوس خوردن
bevallen (prettig vinden)	dust dāštan	دوست داشتن
bevelen (mil.)	farmān dādan	فرمان دادن
bevredigen (ww)	qāne' kardan	قانع کردن
bevrijden (stad, enz.)	āzād kardan	آزاد کردن
bewaren (oude brieven, enz.)	negāh dāštan	نگاه داشتن
bewaren (vrede, leven)	hefz kardan	حفظ کردن
bewijzen (ww)	esbāt kardan	اثبات کردن
bewonderen (ww)	tahsin kardan	تحسین کردن
bezitten (ww)	sāheb budan	صاحب بودن
bezorgd zijn (ww)	negarān šodan	نگران شدن
bezorgd zijn (ww)	negarān šodan	نگران شدن
bidden (praten met God)	do'ā kardan	دعا کردن
bijvoegen (ww)	afzudan	افزودن

| binden (ww) | bastan | بستن |
| binnengaan (een kamer ~) | vāred šodan | وارد شدن |

blazen (ww)	vazidan	وزیدن
blozen (zich schamen)	sorx šodan	سرخ شدن
blussen (brand ~)	xāmuš kardan	خاموش کردن
boos maken (ww)	xašmgin kardan	خشمگین کردن

boos zijn (ww)	baxš-am āmadan	بخشم آمدن
breken	pāre šodan	پاره شدن
(on.ww., van een touw)		
breken (speelgoed, enz.)	šekastan	شکستن
brengen (iets ergens ~)	āvardan	آوردن

charmeren (ww)	del bordan	دل بردن
citeren (ww)	naql-e qowl kardan	نقل قول کردن
compenseren (ww)	jobrān kardan	جبران کردن
compliceren (ww)	pičide kardan	پیچیده کردن

componeren (muziek ~)	tasnif kardan	تصنیف کردن
compromitteren (ww)	badnām kardan	بدنام کردن
concurreren (ww)	reqābat kardan	رقابت کردن
controleren (ww)	kontorol kardan	کنترل کردن

coöpereren (samenwerken)	ham-kāri kardan	همکاری کردن
coördineren (ww)	hamāhang kardan	هماهنگ کردن
corrigeren (fouten ~)	eslāh kardan	اصلاح کردن
creëren (ww)	ijād kardan	ایجاد کردن

253. Werkwoorden D-K

danken (ww)	tašakkor kardan	تشکر کردن
de was doen	šostan-e lebās	شستن لباس
de weg wijzen	hedāyat kardan	هدایت کردن
deelnemen (ww)	šerekat kardan	شرکت کردن
delen (wisk.)	taqsim kardan	تقسیم کردن

denken (ww)	fekr kardan	فکر کردن
doden (ww)	koštan	کشتن
doen (ww)	anjām dādan	انجام دادن
dresseren (ww)	tarbiyat kardan	تربیت کردن

drinken (ww)	nušidan	نوشیدن
drogen (klederen, haar)	xošk kardan	خشک کردن
dromen (in de slaap)	xāb didan	خواب دیدن
dromen (over vakantie ~)	ārezu kardan	آرزو کردن
duiken (ww)	širje raftan	شیرجه رفتن

durven (ww)	jor'at kardan	جرأت کردن
duwen (ww)	hel dādan	هل دادن
een auto besturen	rāndan	راندن
een bad geven	hamām kardan	حمام کردن
een bad nemen	hamām kardan	حمام کردن
een conclusie trekken	estenbāt kardan	استنباط کردن

foto's maken	aks gereftan	عکس گرفتن
eisen (met klem vragen)	darxāst kardan	درخواست کردن
erkennen (schuld)	e'terāf kardan	اعتراف کردن
erven (ww)	be ers bordan	به ارث بردن

eten (ww)	xordan	خوردن
excuseren (vergeven)	baxšidan	بخشیدن
existeren (bestaan)	vojud dāštan	وجود داشتن
feliciteren (ww)	tabrik goftan	تبریک گفتن
gaan (te voet)	raftan	رفتن

gaan slapen	be raxtexāb raftan	به رختخواب رفتن
gaan zitten (ww)	nešastan	نشستن
gaan zwemmen	ābtani kardan	آبتنی کردن
garanderen (garantie geven)	tazmin kardan	تضمین کردن

gebruiken (bijv. een potlood ~)	estefāde kardan	استفاده کردن
gebruiken (woord, uitdrukking)	este'māl kardan	استعمال کردن
geconserveerd zijn (ww)	mahfuz māndan	محفوظ ماندن
gedateerd zijn (ww)	tārix gozāri šodan	تاریخ گذاری شدن
gehoorzamen (ww)	etā'at kardan	اطاعت کردن

gelijken (op elkaar lijken)	šabih budan	شبیه بودن
geloven (vinden)	bāvar kardan	باور کردن
genoeg zijn (ww)	kāfi budan	کافی بودن
geven (ww)	dādan	دادن
gieten (in een beker ~)	rixtan	ریختن

glimlachen (ww)	labxand zadan	لبخند زدن
glimmen (glanzen)	deraxšidan	درخشیدن
gluren (ww)	pāyidan	پاییدن
goed raden (ww)	hads zadan	حدس زدن
gooien (een steen, enz.)	andāxtan	انداختن

grappen maken (ww)	šuxi kardan	شوخی کردن
graven (tunnel, enz.)	kandan	کندن
haasten (iemand ~)	be ajale vā dāštan	به عجله وا داشتن
hebben (ww)	dāštan	داشتن
helpen (hulp geven)	komak kardan	کمک کردن

herhalen (opnieuw zeggen)	tekrār kardan	تکرار کردن
herinneren (ww)	be xāter āvardan	به خاطر آوردن
herinneren aan ... (afspraak, opdracht)	yād-āvari kardan	یادآوری کردن
herkennen (identificeren)	šenāxtan	شناختن
herstellen (repareren)	dorost kardan	درست کردن

het haar kammen	sar xod rā šāne kardan	سر خودرا شانه کردن
hopen (ww)	omid dāštan	امید داشتن
horen (waarnemen met het oor)	šenidan	شنیدن
houden van (muziek, enz.)	dust dāštan	دوست داشتن
huilen (wenen)	gerye kardan	گریه کردن
huiveren (ww)	larzidan	لرزیدن

huren (een boot ~)	keräye kardan	کرایه کردن
huren (huis, kamer)	ejäre kardan	اجاره کردن
huren (personeel)	estexdäm kardan	استخدام کردن
imiteren (ww)	taqlid kardan	تقلید کردن
importeren (ww)	väred kardan	وارد کردن
inenten (vaccineren)	väksine kardan	واکسینه کردن
informeren (informatie geven)	ägah kardan	آگاه کردن
informeren naar ... (navraag doen)	bäxabar šodan	باخبر شدن
inlassen (invoegen)	qarär dädan	قرار دادن
inpakken (in papier)	baste bandi kardan	بسته بندی کردن
inspireren (ww)	elhäm baxšidan	الهام بخشیدن
instemmen (akkoord gaan)	movāfeqat kardan	موافقت کردن
interesseren (ww)	jäleb budan	جالب بودن
irriteren (ww)	xašmgin kardan	خشمگین کردن
isoleren (ww)	jodä kardan	جدا کردن
jagen (ww)	šekär kardan	شکار کردن
kalmeren (kalm maken)	ärām kardan	آرام کردن
kennen (kennis hebben van iemand)	šenäxtan	شناختن
kennismaken (met ...)	äšnä šodan	آشنا شدن
kiezen (ww)	entexäb kardan	انتخاب کردن
kijken (ww)	negäh kardan	نگاه کردن
klaarmaken (een plan ~)	ämäde kardan	آماده کردن
klaarmaken (het eten ~)	häzer kardan	حاضر کردن
klagen (ww)	šekäyat kardan	شکایت کردن
kloppen (aan een deur)	dar zadan	درزدن
kopen (ww)	xarid kardan	خرید کردن
kopieën maken	kopi gereftan	کپی گرفتن
kosten (ww)	qeymat däštan	قیمت داشتن
kunnen (ww)	tavänestan	توانستن
kweken (planten ~)	käštan	کاشتن

254. Werkwoorden L-R

lachen (ww)	xandidan	خندیدن
laden (geweer, kanon)	por kardan	پر کردن
laden (vrachtwagen)	bär kardan	بار کردن
laten vallen (ww)	andäxtan	انداختن
lenen (geld ~)	qarz gereftan	قرض گرفتن
leren (lesgeven)	ämuxtan	آموختن
leven (bijv. in Frankrijk ~)	zendegi kardan	زندگی کردن
lezen (een boek ~)	xändan	خواندن
lid worden (ww)	peyvastan	پیوستن
liefhebben (ww)	dust däštan	دوست داشتن
liegen (ww)	doruq goftan	دروغ گفتن

liggen (op de tafel ~)	qarār dāštan	قرار داشتن
liggen (persoon)	derāz kešidan	دراز کشیدن
lijden (pijn voelen)	ranj didan	رنج دیدن
losbinden (ww)	bāz kardan	باز کردن
luisteren (ww)	guš dādan	گوش دادن
lunchen (ww)	nāhār xordan	ناهار خوردن
markeren (op de kaart, enz.)	nešāne gozāštan	نشانه گذاشتن
melden (nieuws ~)	xabar dādan	خبر دادن
memoriseren (ww)	be xāter sepordan	به خاطر سپردن
mengen (ww)	maxlut kardan	مخلوط کردن
mikken op (ww)	nešāne raftan	نشانه رفتن
minachten (ww)	tahqir kardan	تحقیر کردن
moeten (ww)	bāyad	باید
morsen (koffie, enz.)	rixtan	ریختن
naderen (dichterbij komen)	nazdik šodan	نزدیک شدن
neerlaten (ww)	pāin āvardan	پائین آوردن
nemen (ww)	bardāštan	برداشتن
nodig zijn (ww)	hāmi budan	حامی بودن
noemen (ww)	nāmidan	نامیدن
noteren (opschrijven)	yāddāšt kardan	یادداشت کردن
omhelzen (ww)	dar āquš gereftan	در آغوش گرفتن
omkeren (steen, voorwerp)	qaltāndan	غلتاندن
onderhandelen (ww)	mozākere kardan	مذاکره کردن
ondernemen (ww)	mobāderat kardan	مبادرت کردن
onderschatten (ww)	dast-e kam gereftan	دست کم گرفتن
onderscheiden (een ereteken geven)	medāl dādan	مدال دادن
onderstrepen (ww)	xatt kešidan	خط کشیدن
ondertekenen (ww)	emzā kardan	امضا کردن
onderwijzen (ww)	yād dādan	یاد دادن
onderzoeken (alle feiten, enz.)	barresi kardan	بررسی کردن
bezorgd maken	negarān kardan	نگران کردن
onmisbaar zijn (ww)	zaruri budan	ضروری بودن
ontbijten (ww)	sobhāne xordan	صبحانه خوردن
ontdekken (bijv. nieuw land)	kašf kardan	کشف کردن
ontkennen (ww)	enkār kardan	انکار کردن
ontlopen (gevaar, taak)	duri jostan	دوری جستن
ontnemen (ww)	mahrum kardan	محروم کردن
ontwerpen (machine, enz.)	tarh rizi kardan	طرح ریزی کردن
oorlog voeren (ww)	jangidan	جنگیدن
op orde brengen	morattab kardan	مرتب کردن
opbergen (in de kast, enz.)	morattab kardan	مرتب کردن
opduiken (ov. een duikboot)	bālā-ye āb āmadan	بالای آب آمدن
openen (ww)	bāz kardan	باز کردن
ophangen (bijv. gordijnen ~)	āvizān kardan	آویزان کردن

ophouden (ww)	bas kardan	بس کردن
oplossen (een probleem ~)	hal kardan	حل کردن
opmerken (zien)	motevajjeh šodan	متوجه شدن

opmerken (zien)	didan	دیدن
opscheppen (ww)	be rox kešidan	به رخ کشیدن
opschrijven (op een lijst)	darj kardan	درج کردن
opschrijven (ww)	neveštan	نوشتن

opstaan (uit je bed)	boland šodan	بلند شدن
opstarten (project, enz.)	šoru' kardan	شروع کردن
opstijgen (vliegtuig)	parvāz kardan	پرواز کردن
optreden (resoluut ~)	amal kardan	عمل کردن

organiseren (concert, feest)	taškil dādan	تشکیل دادن
overdoen (ww)	dobāre anjām dādan	دوباره انجام دادن
overheersen (dominant zijn)	bartari dāštan	برتری داشتن
overschatten (ww)	mobāleqe kardan	مبالغه کردن

overtuigd worden (ww)	mo'taqed šodan	معتقد شدن
overtuigen (ww)	moteqā'ed kardan	متقاعد کردن
passen (jurk, broek)	monāseb budan	مناسب بودن
passeren (~ mooie dorpjes, enz.)	gozāštan	گذشتن

peinzen (lang nadenken)	be fekr foru raftan	به فکر فرو رفتن
penetreren (ww)	nofuz kardan	نفوذ کردن
plaatsen (ww)	gozāštan	گذاشتن
plaatsen (zetten)	qarār dādan	قرار دادن

plannen (ww)	barnāmerizi kardan	برنامه ریزی کردن
plezier hebben (ww)	šādi kardan	شادی کردن
plukken (bloemen ~)	kandan	کندن
prefereren (verkiezen)	tarjih dādan	ترجیح دادن

proberen (trachten)	talāš kardan	تلاش کردن
proberen (trachten)	kušidan	کوشیدن
protesteren (ww)	e'terāz kardan	اعتراض کردن
provoceren (uitdagen)	tahrik kardan	تحریک کردن

raadplegen (doktor, enz.)	mošavere šodan	مشاوره شدن
rapporteren (ww)	gozāreš dādan	گزارش دادن
redden (ww)	najāt dādan	نجات دادن
regelen (conflict)	hal-o-fasl kardan	حل و فصل کردن

reinigen (schoonmaken)	pāk kardan	پاک کردن
rekenen op ...	hesāb kardan	حساب کردن
rennen (ww)	davidan	دویدن
reserveren (een hotelkamer ~)	rezerv kardan	رزرو کردن

rijden (per auto, enz.)	raftan	رفتن
rillen (ov. de kou)	larzidan	لرزیدن
riskeren (ww)	risk kardan	ریسک کردن
roepen (met je stem)	sedā kardan	صدا کردن
roepen (om hulp)	komak xāstan	کمک خواستن

ruiken (bepaalde geur verspreiden)	bu dādan	بو دادن
ruiken (rozen)	buidan	بوئيدن
rusten (verpozen)	esterāhat kardan	استراحت کردن

255. Verbs S-V

samenstellen, maken (een lijst ~)	tanzim kardan	تنظيم کردن
schieten (ww)	tirandāzi kardan	تيراندازی کردن
schoonmaken (bijv. schoenen ~)	tamiz kardan	تميز کردن
schoonmaken (ww)	jam-o jur kardan	جمع و جورکردن

schrammen (ww)	čang zadan	چنگ زدن
schreeuwen (ww)	faryād zadan	فرياد زدن
schrijven (ww)	neveštan	نوشتن
schudden (ww)	tekān dādan	تکان دادن

selecteren (ww)	entexāb kardan	انتخاب کردن
simplificeren (ww)	sāde kardan	ساده کردن
slaan (een hond ~)	zadan	زدن
sluiten (ww)	bastan	بستن

smeken (bijv. om hulp ~)	eltemās kardan	التماس کردن
souperen (ww)	šām xordan	شام خوردن
spelen (bijv. filmacteur)	bāzi kardan	بازی کردن
spelen (kinderen, enz.)	bāzi kardan	بازی کردن

spreken met ...	harf zadan bā	حرف زدن با
spuwen (ww)	tof kardan	تف کردن
stelen (ww)	dozdidan	دزديدن
stemmen (verkiezing)	ra'y dādan	رأی دادن
steunen (een goed doel, enz.)	poštibāni kardan	پشتيبانی کردن

stoppen (pauzeren)	motevaghef šhodan	متوقف شدن
storen (lastigvallen)	mozāhem šodan	مزاحم شدن
strijden (tegen een vijand)	mobāreze kardan	مبارزه کردن
strijden (ww)	jangidan	جنگيدن

strijken (met een strijkbout)	oto kardan	اتو کردن
studeren (bijv. wiskunde ~)	dars xāndan	درس خواندن
sturen (zenden)	ferestādan	فرستادن
tellen (bijv. geld ~)	hesāb kardan	حساب کردن

terugkeren (ww)	bargaštan	برگشتن
terugsturen (ww)	pas ferestādan	پس فرستادن
toebehoren aan ...	ta'alloq dāštan	تعلق داشتن
toegeven (zwichten)	taslim šodan	تسليم شدن

toenemen (on. ww)	afzāyeš yāftan	افزايش يافتن
toespreken (zich tot iemand richten)	morāje'e kardan	مراجعه کردن

toestaan (goedkeuren)	ejāze dādan	اجازه دادن
toestaan (ww)	ejāze dādan	اجازه دادن

toewijden (boek, enz.)	ehdā kardan	اهدا کردن
tonen (uitstallen, laten zien)	nešān dādan	نشان دادن
trainen (ww)	tamrin dādan	تمرین دادن
transformeren (ww)	taqyir dādan	تغییر دادن

trekken (touw)	kešidan	کشیدن
trouwen (ww)	ezdevāj kardan	ازدواج کردن
tussenbeide komen (ww)	modāxele kardan	مداخله کردن
twijfelen (onzeker zijn)	šok dāštan	شک داشتن

uitdelen (pamfletten ~)	paxš kardan	پخش کردن
uitdoen (licht)	xāmuš kardan	خاموش کردن
uitdrukken (opinie, gevoel)	bayān kardan	بیان کردن
uitgaan (om te dineren, enz.)	birun raftan	بیرون رفتن
uitlachen (bespotten)	masxare kardan	مسخره کردن

uitnodigen (ww)	da'vat kardan	دعوت کردن
uitrusten (ww)	mojahhaz kardan	مجهز کردن
uitsluiten (wegsturen)	exrāj kardan	اخراج کردن
uitspreken (ww)	talaffoz kardan	تلفظ کردن

uittorenen (boven …)	sar be āsmān kešidan	سر به آسمان کشیدن
uitvaren tegen (ww)	da'vā kardan	دعوا کردن
uitvinden (machine, enz.)	exterā' kardan	اختراع کردن
uitwissen (ww)	pāk kardan	پاک کردن

vangen (ww)	gereftan	گرفتن
vastbinden aan …	bastan	بستن
vechten (ww)	zad-o-xord kardan	زد و خورد کردن
veranderen (bijv. mening ~)	avaz kardan	عوض کردن

verbaasd zijn (ww)	mote'ajjeb šodan	متعجب شدن
verbazen (verwonderen)	mote'ajjeb kardan	متعجب کردن
verbergen (ww)	penhān kardan	پنهان کردن
verbieden (ww)	mamnu' kardan	ممنوع کردن

verblinden (andere chauffeurs)	kur kardan	کور کردن
verbouwereerd zijn (ww)	heyrat kardan	حیرت کردن
verbranden (bijv. papieren ~)	suzāndan	سوزاندن
verdedigen (je land ~)	defā' kardan	دفاع کردن

verdenken (ww)	su'-e zann-e dāštan	سوء ظن داشتن
verdienen (een complimentje, enz.)	šāyeste budan	شایسته بودن
verdragen (tandpijn, enz.)	tāqat āvordan	طاقت آوردن
verdrinken (in het water omkomen)	qarq šodan	غرق شدن

verdubbelen (ww)	do barābar kardan	دو برابر کردن
verdwijnen (ww)	nāpadid šodan	ناپدید شدن
verenigen (ww)	mottahed kardan	متحد کردن
vergelijken (ww)	moqāyse kardan	مقایسه کردن

vergeten (achterlaten)	jā gozāštan	جا گذاشتن
vergeten (ww)	farāmuš kardan	فراموش کردن
vergeven (ww)	baxšidan	بخشیدن
vergroten (groter maken)	afzudan	افزودن
verklaren (uitleggen)	touzih dādan	توضیح دادن

verklaren (volhouden)	ta'kid kardan	تأکید کردن
verklikken (ww)	lo dādan	لو دادن
verkopen (per stuk ~)	foruxtan	فروختن
verlaten (echtgenoot, enz.)	rahā kardan	رها کردن
verlichten (gebouw, straat)	rowšan kardan	روشن کردن

verlichten (gemakkelijker maken)	āsān kardan	آسان کردن
verliefd worden (ww)	āšeq šodan	عاشق شدن
verliezen (bagage, enz.)	gom kardan	گم کردن
vermelden (praten over)	zekr kardan	ذکر کردن

vermenigvuldigen (wisk.)	zarb kardan	ضرب کردن
verminderen (ww)	kam kardan	کم کردن
vermoeid raken (ww)	xaste šodan	خسته شدن
vermoeien (ww)	xaste kardan	خسته کردن

256. Verbs V-Z

vernietigen (documenten, enz.)	az beyn bordan	از بین بردن
veronderstellen (ww)	farz kardan	فرض کردن
verontwaardigd zijn (ww)	xašmgin šodan	خشمگین شدن
veroordelen (in een rechtszaak)	mahkum kardan	محکوم کردن

veroorzaken ... (oorzaak zijn van ...)	sabab budan	سبب بودن
verplaatsen (ww)	jābejā kardan	جابه جا کردن
verpletteren (een insect, enz.)	lah kardan	له کردن
verplichten (ww)	majbur kardan	مجبور کردن
verschijnen (bijv. boek)	montašer šodan	منتشر شدن

verschijnen (in zicht komen)	padidār šodan	پدیدار شدن
verschillen (~ van iets anders)	farq dāštan	فرق داشتن
versieren (decoreren)	tazyin kardan	تزیین کردن
verspreiden (pamfletten, enz.)	towzi' kardan	توزیع کردن

verspreiden (reuk, enz.)	paxš kardan	پخش کردن
versterken (positie ~)	tahkim kardan	تحکیم کردن
verstommen (ww)	sāket šodan	ساکت شدن
vertalen (ww)	tarjome kardan	ترجمه کردن
vertellen (verhaal ~)	hekāyat kardan	حکایت کردن
vertrekken (bijv. naar Mexico ~)	raftan	رفتن

vertrouwen (ww)	etminān kardan	اطمینان کردن
vervolgen (ww)	edāme dādan	ادامه دادن
verwachten (ww)	montazer budan	منتظر بودن
verwarmen (ww)	garm kardan	گرم کردن
verwarren (met elkaar ~)	qāti kardan	قاطی کردن
verwelkomen (ww)	salām kardan	سلام کردن
verwezenlijken (ww)	amali kardan	عملی کردن
verwijderen (een obstakel)	raf' kardan	رفع کردن
verwijderen (een vlek ~)	bardāštan	برداشتن
verwijten (ww)	sarzaneš kardan	سرزنش کردن
verwisselen (ww)	avaz kardan	عوض کردن
verzoeken (ww)	xāstan	خواستن
verzuimen (school, enz.)	qāyeb budan	غایب بودن
vies worden (ww)	kasif šodan	کثیف شدن
vinden (denken)	fekr kardan	فکر کردن
vinden (ww)	peydā kardan	پیدا کردن
vissen (ww)	māhi gereftan	ماهی گرفتن
vleien (ww)	tamalloq goftan	تملق گفتن
vliegen (vogel, vliegtuig)	parvāz kardan	پرواز کردن
voederen (een dier voer geven)	xorāk dādan	خوراک دادن
volgen (ww)	donbāl kardan	دنبال کردن
voorstellen (introduceren)	mo'arrefi kardan	معرفی کردن
voorstellen (Mag ik jullie ~)	mo'arrefi kardan	معرفی کردن
voorstellen (ww)	pišnahād dādan	پیشنهاد دادن
voorzien (verwachten)	pišbini kardan	پیش بینی کردن
vorderen (vooruitgaan)	piš raftan	پیش رفتن
vormen (samenstellen)	bevojud āvardan	بوجود آوردن
vullen (glas, fles)	por kardan	پر کردن
waarnemen (ww)	mošāhede kardan	مشاهده کردن
waarschuwen (ww)	hošdār dādan	هشدار دادن
wachten (ww)	montazer budan	منتظر بودن
wassen (ww)	šostan	شستن
weerspreken (ww)	moxalefat kardan	مخالفت کردن
wegdraaien (ww)	ru bargardāndan	رو برگرداندن
wegdragen (ww)	bā xod bordan	با خود بردن
wegen (gewicht hebben)	vazn dāštan	وزن داشتن
wegjagen (ww)	rāndan	راندن
weglaten (woord, zin)	az qalam andāxtan	از قلم انداختن
wegvaren (uit de haven vertrekken)	tark kardan	ترک کردن
weigeren (iemand ~)	rad kardan	رد کردن
wekken (ww)	bidār kardan	بیدار کردن
wensen (ww)	xāstan	خواستن
werken (ww)	kār kardan	کار کردن
weten (ww)	dānestan	دانستن

willen (verlangen)	xāstan	خواستن
wisselen (omruilen, iets ~)	avaz kardan	عوض کردن
worden (bijv. oud ~)	šodan	شدن
worstelen (sport)	košti gereftan	کشتی گرفتن
wreken (ww)	enteqām gereftan	انتقام گرفتن
zaaien (zaad strooien)	kāštan	کاشتن
zeggen (ww)	goftan	گفتن
zich baseerd op	mottaki budan	متکی بودن
zich bevrijden van ... (afhelpen)	xalās šodan az	خلاص شدن از
zich concentreren (ww)	motemarkez šodan	متمرکز شدن
zich ergeren (ww)	xašmgin šodan	خشمگین شدن
zich gedragen (ww)	raftār kardan	رفتار کردن
zich haasten (ww)	ajale kardan	عجله کردن
zich herinneren (ww)	be xāter āvardan	به خاطر آوردن
zich herstellen (ww)	behbud yāftan	بهبود یافتن
zich indenken (ww)	tasavvor kardan	تصور کردن
zich interesseren voor ...	alāqe dāštan	علاقه داشتن
zich scheren (ww)	riš tarāšidan	ریش تراشیدن
zich trainen (ww)	tamrin kardan	تمرین کردن
zich verdedigen (ww)	az xod defā' kardan	از خود دفاع کردن
zich vergissen (ww)	eštebāh kardan	اشتباه کردن
zich verontschuldigen	ozr xāstan	عذر خواستن
zich verspreiden (meel, suiker, enz.)	rixtan	ریختن
zich vervelen (ww)	hosele sar raftan	حوصله سررفتن
zijn (ww)	budan	بودن
zinspelen (ww)	kenāye zadan	کنایه زدن
zitten (ww)	nešastan	نشستن
zoeken (ww)	jostoju kardan	جستجو کردن
zondigen (ww)	gonāh kardan	گناه کردن
zuchten (ww)	āh kešidan	آه کشیدن
zwaaien (met de hand)	tekān dādan	تکان دادن
zwemmen (ww)	šenā kardan	شنا کردن
zwijgen (ww)	sāket māndan	ساکت ماندن

www.ingramcontent.com/pod-product-compliance
Lightning Source LLC
Chambersburg PA
CBHW071321090426
42738CB00012B/2750